JISHULEI
ZHISHICHANQUAN
ANJIAN
BANAN JINGYAO

技术类
知识产权案件
办案精要

◎ 赵彦雄　著

知识产权出版社

全国百佳图书出版单位

图书在版编目（CIP）数据

技术类知识产权案件办案精要／赵彦雄著 . —北京：知识产权出版社，2018. 11
ISBN 978 - 7 - 5130 - 5963 - 3

Ⅰ. ①技… Ⅱ. ①赵… Ⅲ. ①专利技术—专利权法—案例—中国 Ⅳ. ①D923. 425

中国版本图书馆 CIP 数据核字（2018）第 271986 号

责任编辑：齐梓伊　　　　　　　　执行编辑：雷春丽
封面设计：SUN 工作室　　　　　　责任印制：孙婷婷

技术类知识产权案件办案精要

赵彦雄　著

出版发行：	知识产权出版社 有限责任公司	网　　址：	http：//www. ipph. cn
社　　址：	北京市海淀区气象路 50 号院	邮　　编：	100081
责编电话：	010 - 82000860 转 8176	责编邮箱：	qiziyi2004@ qq. com
发行电话：	010 - 82000860 转 8101/8102	发 行 传 真：	010 - 82000893/82005070/82000270
印　　刷：	北京九州迅驰传媒文化有限公司	经　　销：	各大网上书店、新华书店及相关专业书店
开　　本：	720mm×1000mm　1/16	印　　张：	21
版　　次：	2018 年 11 月第 1 版	印　　次：	2018 年 11 月第 1 次印刷
字　　数：	298 千字	定　　价：	68. 00 元

ISBN 978 - 7 - 5130 - 5963 - 3

序

1980 年中华人民共和国专利局（国家知识产权局前身）的成立是新中国现代知识产权制度建设的一个里程碑。在此之前，我国的现代知识产权制度建设还处于探索和学习期，而在此之后，我们则相继制定了《中华人民共和国商标法》《中华人民共和国专利法》《中华人民共和国著作权法》。在迄今为止的近四十年里，沐浴在改革开放的春风之下，我国的整体社会面貌和经济现实都有了巨大的变化。而与此同时，我国的知识产权制度也不断健全，在稳中有序的发展中为市场竞争秩序的规范、科研创新的激励发挥着重要作用。

在专利制度领域，新中国第一部现代意义上的专利法诞生于 1985 年。在经过三次修改（1992 年、2000 年、2008 年）并辅以配套的规章制度后，我国目前已经初步建成了适应国情和经济发展情况的专利制度。根据国家知识产权局及世界知识产权组织的统计，2016 年我国受理的专利申请量超过了欧洲、日本、韩国和美国的总和。2017 年我国国内（不含港澳台地区）发明专利拥有量达到了 135.6 万件，而每万人口发明专利拥有量则达到了 9.8 件。华为、中兴等科技企业更是在世界 PCT 专利申请量上领跑全球。

当然，在看到我国专利制度建设取得上述斐然成就的同时，也需要正视其中的不足。一方面是观念上的不足，现代专利制度在本质上离不开市场行为。专利最终需要在市场中体现其真正的价值，而不能仅仅作为一种荣誉权、名誉权；另一方面是知识产权保护力度的不足。2008 年，国务院印发的《国家知识产权战略纲要》将知识产权制度的建设上升到了国家战略的层面。在该战略纲要中，加强知识产权保护是其中一项战略重点。在该战略纲要发布实施的十年过程中，我国知识产权保护情况大有改善，知识产权侵权行为显著减少，权利人的维权成本明显下降。党的十九大报告中，进一步强调了要"倡导创新文化，强化知识产权创造、保护、运用"。目前，不断加强知识产权保护以发挥知识产权在经济、文化和社会政策中的导向作用已经是国家战略层面的大趋势。而在此趋势之下，知识产权事业的繁荣则离不开每一个知识产权行业从业人员的奉献。

　　本书的作者赵彦雄律师是我的老朋友，他在知识产权特别是专利领域有三十余年的从业经历。理论功底雄厚，实务经验丰富，本书所精选的三十件案例是赵彦雄律师多年从业的心得体会，也能在一定程度上折射我国知识产权制度的变迁和发展。这些案例，从类型上囊括了专利侵权纠纷、专利无效纠纷、专利权属纠纷、专利行政查处纠纷等各类专利纠纷；从内容上看涉及等同原则适用、禁止反悔原则适用、现有技术抗辩、专利创造性评价等一系列专利纠纷中的问题；从体例上来看，每篇案例的解析均化繁为简，为读者梳理了清晰的案件脉络和争议焦点。本书对这些案例的解读、剖析具有很强的实践价值，相信无论读者是否从事于专利法律事务，都能从本书中有所启发和收获。

目　录

第三章　专利侵权的抗辩

第四章　专利权属纠纷

第七章　其他类知识产权纠纷

第一章　专利权保护范围的确定

一、发明及实用新型专利权的保护范围以权利要求书为准

——吕某与赵某、深圳市阿尔法变频技术有限公司发明专利侵权纠纷案[*]

【本案看点】

发明或者实用新型专利权的保护范围以其权利要求的内容为准，说明书及附图可以用于解释权利要求的内容

【相关法律法规】

《中华人民共和国专利法（2000）》第59条

【案情介绍】

吕某于2008年4月22日就"数控无卡轴旋切机及其专用变频器和进刀自动调速方法"向国家知识产权局申请发明专利，于2009年6月24日获得专利权，专利号为ZL200810094219.7。

涉案专利主要涉及用于自动化木材切割的数控设备，其公告授权文本有18项权利要求，权利要求1及权利要求8为核心的独立权利要求。

---

[*]〔2013〕民提字第164号。

权利要求 1 涉及一种数控无卡轴旋切机，其包括机架，设置在机架上可移动的工作台、与传动系统相连的推进电机，设置在机架上受主电机驱动的上主摩擦辊及下主摩擦辊。所述工作台上固定连接有挤压摩擦辊和切削刀，所述工作台的移动由推进电机通过传动系统驱动，所述推进电机的转速由变频器调节，所述变频器包括 A/D 转换器、主控制单元，其特征在于所述数控无卡轴旋切机还包括传感器，所述传感器将工作台的位置点转换为电信号，所述变频器为专用变频器，所述推进电机、传感器分别与专用变频器电相连。所述专用变频器还包括第一关系储存单元、木材直径运算单元、第二关系储存单元、电机转速运算单元。所述第一关系储存单元储存工作台的位置与木材直径的对应关系；第二关系储存单元储存不同单板厚度下木材直径与推进电机转速的对应关系，传感器将检测到的工作台位置电信号经 A/D 转换器转换为数字信号传递给木材直径运算单元，木材直径运算单元通过调取第一关系储存单元中工作台的位置与木材直径的对应关系得到木材直径，并将木材直径传递给电机转速运算单元，由电机转速运算单元根据该木材直径调取第二关系储存单元中对应的推进电机的转速，然后传递给主控制单元，以控制推进电机的转动，使工作台工进。

权利要求 8 则涉及一种专用变频器，用于自动调节无卡轴旋切机推进电机的转速，所述推进电机通过传动系统推动设置有挤压摩擦辊和切削刀的工作台移动，并在机架上受主电机驱动的上主摩擦辊及下主摩擦辊的共同作用下旋切圆木获得单板木材。所述专用变频器包括 A/D 转换器、主控制单元，其特征在于，所述专用变频器与推进电机连接。所述专用变频器还包括第一关系储存单元、木材直径运算单元、第二关系储存单元、电机转速运算单元，所述第一关系储存单元储存工作台的位置与木材直径的对应关系，第二关系储存单元储存不同单板厚度下木材直径与推进电机转速的对应关系，检测到的工作台位置电信号经 A/D 转换器转换为数字信号传递给木材直径运算单元，木材直径运算单元通过调取第一关系储存单元中工作台的位置与木材直径的对应关系得到木材直径，并将木材直径传递给电机转速运算单元，由电机转速运算单元根据该木材直径调取第二关系储存单元中推进电机的转速，然后传递给主控制单元，以控制推进电机的转动，使工作台工进。

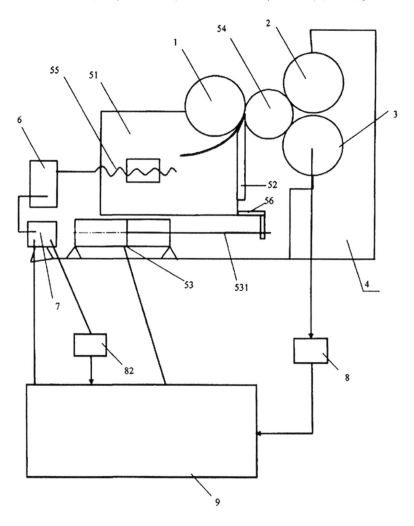

图1-1 "数控无卡轴旋切机及其专用变频器和
进刀自动调速方法"专利的数控无卡轴旋切机硬件

涉案专利的数控无卡轴旋切机的基本构成及原理如图 1-1 所示。其中 4 为机架，51 为设置在机架 4 上可移动的工作台，1 为设置在工作台 51 上的挤压摩擦辊，2、3 则分别是设置在机架 4 上的上、下主摩擦辊，52 为切削刀，54 是待切割的木材。上、下主摩擦辊 2、3 受一驱动电机控制，在摩擦力的作用下，带动木材 54 转动，切削刀 52 对木材 54 进行环向切割。随着切割刀 52 对木材 54 的切割，木材 54 的直径变小，此时传动系统 55 驱动推进电机 7 推动工作台 51 平移，保证切割刀 52 对木材 54 的持续切割。同时，为了保证所切割出来的木材厚度均匀，推进电机 7 的推进速度需要根据木材 54 的直径随时调节。因此该数控无卡轴旋切机还设置有调节推进电机 7 转速的变频器 9 及获取工作台 51 位置的位置传感器 53，推进电机 7、位移传感器 53 分别与变频器 9 连接，变频器 9 还包括其他的储存单元和运算单元，以根据工作台 51 的位置计算此时木材 54 的直径，进而调节推进电机 7 的推进速度。

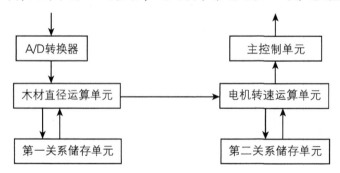

图 1-2 "数控无卡轴旋切机及其专用变频器和

进刀自动调速方法"专利的专用变频器

涉案专利权利要求 8 则是专门对变频器 9 作出进一步限定。

其中，第一关系储存单元储存工作台 51 的位置与木材 54 的直径的对应关系，第二关系储存单元储存不同单板厚度（被旋切出的木板的厚度）下木材 54 直径与推进电机转速的对应关系，位移传感器 53 将检测到的工作台 51 的位置电信号经 A/D 转换器转换为数字信号传递给木材直径运算单元，木材直径运算单元通过调取第一关系储存单元中工作台 51 的位置与木材 54 直径的对应关系得到木材直径，并将木材 54 直径传递给电机转速运算单元，由电机转速运算单元根据该木材直径调取第二关系储存单元中对应的推进电机 7 的转速，然后传递给主控制单元，以控制推进电机的转动（见图 1－2）。

深圳市阿尔法变频技术有限公司（现已更名为深圳市阿尔法电气技术有限公司，下称阿尔法公司）成立于 2000 年，是专业从事电气传动、工业控制设备的研发、生产、销售与服务的国家高新技术企业。

2012 年，吕某发现赵某生产、销售、许诺销售的数控无卡轴旋切机和专用变频器分别落入了涉案专利权利要求 1 和 8 的保护范围，而其中的专用变频器由阿尔法公司生产、销售、许诺销售，吕某认为赵某和阿尔法公司的行为侵犯了其专利权，遂将赵某和阿尔法公司诉至山东省济南市中级人民法院，请求法院判令两被告停止侵权并赔偿其经济损失及为制止侵权所支付的合理费用 9202.8 万元。

一审法院认为：涉案专利权利要求 1 描述了数控无卡轴旋切机的技术方案，限定了数控无卡轴旋切机发明专利权的保护范围；权利要求 8 描述了专用变频器的技术方案，限定了专用变频器发明专利权的保护范围。吕某所提供的被诉数控无卡轴旋切机的照片、录像和被诉专用变频器实物与说明资料，均不能展示被诉侵权产品的全部技术特征，而一审法院此前审理的相关案件中的鉴定意见书表明，被诉侵权产品没有全部再现涉案专利的全部技术特征。本案中，吕某不要求对涉案专利与被诉侵权产品再次进行鉴定，故吕某起诉赵某与阿尔法公司侵犯其专利权，证据不足，对其诉讼请求不予支持。综上，一审法院于 2012 年 5 月 7 日作出〔2011〕济民三初字第 146 号民事判决：驳回吕某的诉讼请求。案件受理费 1050 元，由吕某负担。

吕某不服一审判决，向山东省高级人民法院提出上诉称：（1）一审判决对于有明显错误的鉴定结论不加区分地予以采信，且在吕某针对该错误鉴定结论进行重新质证并纠正了错误的情况下，据此认定被诉侵权产品不具有涉案专利的全部技术特征是错误的。鉴定意见书中的部分鉴定结论是根据阿尔法公司单方提供的证据作出的，属于有缺陷的鉴定结论，对此当事人可以不申请重新鉴定，而是通过补充质证或者重新质证的方式对该鉴定结论中存在的错误予以纠正。吕某提供的证据已经足以推翻该鉴定结论中认定被诉侵权变频器与涉案专利不相同的结论，一审法院仍作出吕某证据不足的认定是错误的。（2）一审判决认为吕某提供的证据不能展示被诉侵权变频器的全部技术特征，系认定事实错误。吕某提供的相关证据和对技术特征的说明，以及作出的被诉侵权产品和涉案专利技术对比的说明，足以证明被诉侵权产品技术方案具有涉案专利权利要求 1 和 8 的全部技术特征。

二审法院审理本案后，认为根据吕某提交的现有证据无法证明被诉侵权变频器使用了涉案专利中计算木材直径并根据木材直径调节推进电机转动速度的技术方案，认定阿尔法公司及赵某不构成对吕某专利权的侵权，作出〔2012〕鲁民三终字第 140 号民事判决，维持一审判决。

吕某仍然不服二审判决，于 2013 年向最高人民法院申请再审。最高人民法院受理了吕某的申请，对本案进行了再审审理。

【案件聚焦】

本案系侵害发明专利权纠纷，案件争议的焦点在于被控侵权产品是否具备涉案专利的全部技术特征。

阿尔法公司认为，吕某的涉案专利中的技术方案需要计算木材直径，并将计算的值储存在独立的储存单元中。而被控侵权的产品并不需要计算木材直径，而是直接根据工作台位置计算电机转速。故被控侵权产品不具有涉案专利的全部技术特征。

对上述主张，阿尔法公司提交了《无卡轴旋切机变速进给模型的多项式拟合》（下称《多项式拟合》）一文作为证据。《多项式拟合》一文中有三个公式：公式 a 是通过木材直径计算电机转速，公式 b 是通过工作台位置计算木材直径，公式 c 是通过将公式 b 代入公式 a 得出的，是根据工作台位置直接计算电机转速。阿尔法公司在二审中认可公式 c 是被诉侵权变频器的计算公式，即被诉侵权变频器仅依据切刀位置（工作台位置）一个变量即可直接计算出电机转速，无须在中间步骤获取木材直径的数据。而涉案专利权利要求 8 明确涉案专利中的技术方案是需要计算木材直径并储存在独立的储存单元中，并且是基于事先储存的木材直径与电机转速的对应关系确定此时需要的电机转速。被控侵权产品与涉案专利采用了不同的方式获得电机转速，因此不具备涉案专利权利要求 8 的全部必要技术特征。

吕某提供以下几份证据证明其主张：一是阿尔法公司介绍被诉侵权变频器的网页；二是被诉侵权变频器的使用手册；三是《多项式拟合》一文。吕某认为，通过上述证据，可以证明阿尔法公司生产的变频器所采用的计算方法，与涉案专利的技术方案相同。

二审法院则认为：一审法院在另案委托鉴定时，鉴定机构将涉案专利权利要求 8 划分为 8 个技术特征，三方当事人对该划分均无异议。因此，被诉侵权变频器是否包含有与该 8 个技术特征相同或等同的技术特征是本案侵权判定的关键。吕某和阿尔法公司争议焦点主要集中在被诉侵权变频器调整电机转速的方法与涉案专利是否相同。涉案专利权利要求 8 的技术特征包含有木材直径运算单元、转速运算单元、第一关系储存单元、第二关系储存单元、主控制单元等技术单元，工作台的位置和木材直径均参与了电机转速的计算，并且首先由工作台的位置得出木材直径，然后再由木材直径计算出电机转速。吕某提供的现有证据无法证明被诉侵权变频器包含有上述技术单元并以同样的方式计算电机转速。首先，阿尔法公司网页对被诉侵权变频器"根据圆木的实际直径，自动调整旋切机的进给速度；接受光栅或编码器信号，自动测量圆木直径，实时计算进给速度"的介绍只是说明了被诉侵权变频器的功能特点，并未说明被诉侵权变频器是通过何种技术手段和方式来实现该功能的，而技术手段和方式恰恰是判断是否构成侵犯专利权时比对的对象。其次，被诉侵权变频器使用手册第 9 页中的"切刀进给速度 = 进刀辊电机转速 × 丝杆螺距/进刀辊减速比"公式，仅表明电机转速与切刀进给速度之间的关系，并没有表明圆木直径与电机转速之间是否存在关系以及存在何种关系。即使结合使用手册和网页介绍的内容，也不能得出被诉侵权变频器是根据圆木直径计算电机转速的结论。该使用手册第 13 页关于"电子尺的连接（电子尺测量切刀位置时使用）"、"使用电子尺时，调整电子尺安装位置，使旋切精度更高"的记载，以及第 14 页显示"电子尺接变频器的输入端，变频器输出端与进刀辊电机连接"的图，均表明被诉侵权变频器是用电子尺测量切刀位置，根据切刀位置控制电机转速，并非吕某主张的根据圆木直径计算电机转速。再次，《多项式拟合》一文中的公式 c 也表明只有切刀位置一个变量，并未显示木材直径参与了电机转速的计算。虽然吕某主张，公式 c 是由其专利变频器计算公式 a 和公式 b 变换而来，因此被诉侵权变频器中木材直径参与了电机转速的运算，但数学公式并不同于技术特征，数学公式的转换并不能说明技术特征必然相同或等同，且吕某现有证据也无法证明被诉侵权变频器与涉案专利在计算电机转速时采用了基本相同的手段。综合吕某提交的现有证据，无法证明被诉侵权变频器包含有相应的存储单元、运算单元等技术单元，吕某认为被诉侵权变频器包含上述技术单元系其推论，并无直接证据予以证明。因此，因吕某现有证据不足以证明阿尔法公司生产的被诉侵权产品侵权，故阿尔法公司不应承担侵权责任。

【裁判定夺】

最高人民法院审查了吕某的再审申请后认为：2000 年修订的《中华人民共和国专利法》（下称《专利法》）第 59 条第 1 款规定："发明或者实用新型专利权的保护范围以其权利要求的内容为准，说明书及附图可以用于解释权利要求的内容。"按照上述规定，人民法院在确定被诉侵权产品的技术特征是否落入专利权的保护范围时，首先要确定请求保护的专利权以及被诉侵权产品的技术特征，进而通过对二者技术特征的分析比较，得出是否侵权的结论。本案中，吕某与阿尔法公司对涉案专利权利要求 8 技术特征的争议主要集中在涉案专利是通过何种方式获得电机转速的。吕某主张权利要求 8 中的木材直径运算单元、电机转速运算单元、第一关系储存单元、第二关系储存单元属于功能性技术特征，并未涉及圆木直径是通过何种技术手段和方式计算出电机转速的，因而只要圆木直径参与了电机转速的运算就落入权利要求8的保护范围。阿尔法公司认为，涉案专利的电机转速是通过调取表格即查表的方式，而非通过实时计算方式获取的，被诉侵权变频器则是以实时计算的方式获取电机转速的，其圆木直径没有参与电机转速的运算。

对于涉案专利上述技术特征的理解，要以权利要求8记载的内容为准。涉案专利权利要求8记载了以下内容："所述第一关系储存单元储存工作台的位置与木材直径的对应关系，第二关系储存单元储存不同单板厚度下木材直径与推进电机转速的对应关系……木材直径运算单元通过调取第一关系储存单元中工作台的位置与木材直径的对应关系得到木材直径，并将木材直径传递给电机转速运算单元，由电机转速运算单元根据该木材直径调取第二关系储存单元中推进电机的转速，然后传递给主控制单元……"上述内容明确限定了涉案专利获得电机转速的技术特征，本领域技术人员根据上述记载，结合涉案专利说明书"由电机转速运算单元根据该木材直径调取第二关系储存单元中对应的推进电机的转速，然后传递给主控制单元""由推进电机转速运算单元调取第二关系储存单元中的转速，然后传递给主控制单元"等说明，能够确定涉案专利是通过电机转速运算单元根据木材直径运算单元得到并传递的木材直径，再调取第二关系储存单元中预先存储的该木材直径与电机转速的对应数据的方式获得电机转速的，即涉案专利第二关系储存单元中存储的是不同单板厚度下木材直径与电机转速的对应数据。由于只有电机转速已经预先存储在储存单元中，才能够根据木材直径通过直接调取而得到，因而吕某关于"涉案专利并未限定具体是如何利用木材直径、采取何种技术手段和方式计算出电机转速，只要木材直径参与了电机转速运算，即属于涉案专利权利要求8保护范围的主张"没有事实和法律依据，不予支持。

为证明被诉侵权变频器的技术特征，吕某提交了产品实物、产品使用手册和阿尔法公司网页显示的有关内容等作为证据，但对于被诉侵权变频器，吕某不主张进行司法鉴定。吕某主张，被诉侵权变频器使用手册第9页记载的"切刀进给速度 ＝ 进刀辊电机转速×丝杆螺距/进刀辊减速比"，第13页记载的"电子尺的连接（电子尺测量切刀位置时使用）""使用电子尺时，调整电子尺安装位置，使旋切精度更高。方法如下：旋切木材过程中，停机，查看木材直径值，调整电子尺固定座，使显示直径与实际直径相符"等内容，能够证明切刀位置与圆木直径存在一定的逻辑关系，通过刀台位置或者圆木直径计算电机转速其实质是一样的，因此被诉侵权变频器是根据圆木直径来控制电机转速的。本院认为，被诉侵权变频器使用手册的上述记载仅表明电机转速与切刀进给速度有关，切刀位置是用电子尺来测量的，根据木材实际直径调整电子尺的安装位置能够提高旋切精度，但本领域技术人员根据上述记载，不能唯一确定被诉侵权变频器在获得电机转速上所使用的技术方案，是否是采用了涉案专利权利要求8所记载的方式得到的。吕某还主张，阿尔法公司网页上关于被诉侵权变频器"根据圆木的实际直径，自动调整旋切机的进给速度；接受光栅或编码器信号，自动测量圆木直径，实时计算进给速度"的介绍，能够证明被诉侵权变频器是根据圆木直径计算电机转速的。本院认为，对于阿尔法公司网页显示的"根据圆木的实际直径，自动调整旋切机的进给速度"的内容，吕某认可是不准确的；而"接受光栅或编码器信号，自动测量圆木直径，实时计算进给速度"的内容，并未说明被诉侵权变频器是以何种技术手段计算电机转速的，本领域技术人员根据上述网页内容，亦不能唯一确定被诉侵权变频器是以涉案专利的技术手段获得电机转速的。对于被诉侵权变频器获得电机转速的技术方案，阿尔法公司主张是依据《多项式拟合》一文中的公式c，以实时计算的方式得到的。吕某认为，公式c是由该文中的公式b代入公式a得出的，故阿尔法公司自认的电机转速计算方式与涉案专利权利要求8的技术特征相同。本院认为，根据阿尔法公司提供的被诉侵权变频器获得电机转速的计算公式，本领域技术人员能够确定被诉侵权变频器在计算电机转速时可以由切刀位置直接获得电机转速，而不必经由木材直径运算单元将木材直径传递给电机转速运算单元这一数据传递步骤，且被诉侵权变频器是通过计算公式以实时计算的方式获得电机转速的，这与涉案专利通过调取预先存储的木材直径与电机转速的对应数据以获得电机转速的技术手段不同，亦即被诉侵权变频器获得电机转速的技术特征与涉案专利的相应技术特征既不相同，也不等同。因此，吕某的上述主张不能成立，法院不予支持。

最高人民法院最终在〔2013〕民提字第 164 号判决中维持山东省高级人民法院〔2012〕鲁民三终字第 140 号民事判决。

【代理律师说】

本案经历了三级人民法院审理，三级人民法院虽然都给出较为一致的认定，但其中所涉及对涉案专利技术方案的理解，值得进行讨论。

发明或者实用新型专利权的保护范围以其权利要求的内容为准，说明书及附图可以用于解释权利要求的内容。因此在通常情况下，权利要求的文本本身即是专利保护范围的边界范围。《专利法》第 26 条第 4 款规定："权利要求书应当以说明书为依据，清楚、简要地限定要求专利保护的范围。"盖因权利要求书若存在模糊、矛盾之处或者得不到说明书支持之处，则专利的保护范围也将无法确定。而按照我国专利法制度下公开换保护的原则，公开实际上意味着本领域一般技术人员能够参照专利方案将其复制实现，因此专利法所谓的是否以"说明书为依据"、是否"明确、清楚"等，都是以"所属领域技术人员能够实现为准"。

但是，文字这一载体形式在表意的过程中总会先天地存在"表意者"与"读者"理解不一的情况，再加上在实践操作中，专利撰写者通常倾向于扩大权利要求的保护范围，故经常会有碎片化和抽象化的表述方式。这都使得一个复杂的技术方案很难被明晰和理解。从这样的角度来看，专利权利要求势必需要一个解释的过程，才能让权利要求本身的意义显现出来。这种确认一方面是单纯的文字方面的描绘和解读，另一方面是当依靠权利要求说明书不足以起到划清权利要求范围的作用时，可以依据专利说明书对权利要求的用语进行解读，从而起到限定权利要求保护范围的作用。

在"柏万清与成都难寻物品营销服务中心等侵害实用新型专利权纠纷

案"中，案件涉诉技术方案权利要求表述不是十分清晰，在未经历无效程序的情况下，只能依靠说明书去明晰权利要求界限。但是该案中的说明书表述也不清晰，最终导致侵权对比无法顺利进行，进而使得专利侵权的上诉主张无法实现。可见，在专利代理机构或专利申请人的技术写作水平参差不齐的情况下，专利说明书的补充作用也有很强的实际意义。但是，需要注意的是，说明书对权利要求保护范围的作用仅为限定，而不能扩张。

说明书对权利要求书的解释情况也是十分多样的，按照不同情况细分也有很多需要注意的地方。一是适用说明书分析的时机问题，即只有在权利要求说明书本身不明确的内容上才要有说明书来进行解释。例如，一个名词在权利要求书的文义体系中存在模糊之处，这种情况下自然要利用权利说明书中的描述来对该词语的含义进行说明。但是如果该名词有一个本身的文字含义，而要求说明书中的解释给出了该名词的扩张解释，这种情况下，清晰的名词会由于无须权利说明书的解释，或者由于权利要求书的高位性排斥掉说明书的扩张解释，使得权利要求本身进行了限缩。二是若权利要求书的内容书写逻辑按照本领域技术人员的眼光来看无法得出唯一的结论，则不符合本领域一般技术人员能够从说明书中记载的内容不花费创造性劳动、毫无疑义地得出，则说明书中的内容不能当然地视为对权利要求书的解释。

总而言之，专利说明书具有两重属性，一方面其对权利要求书具有重要的解释作用，另一方面也需要明确说明书相对于权利要求本身具有一定的"下位属性"，无论在侵权案件中还是无效程序中，都需要将权利要求书与专利说明书作为一个整体，通读权利要求书与专利说明书全文，从而从整体上理解专利的技术方案。

回到本案，本案的核心问题在于技术事实的确认，即确定涉案专利所要求保护的技术方案。双方当事人争议在于涉案专利是否限定了如何使用木材直径获得电机转速的具体方式。

从涉案专利权利要求8所记载的文字内容来看，权利要求8所要求保护的专用变频器在结构上包括A/D转换器、主控制单元、第一关系储存单元、木材直径运算单元、第二关系储存单元以及电机转速运算单元。权利要求 8 通过功能性特征进一步对上述单元作出限定：第一关系储存单元储存工作台的位置与木材直径的对应关系；第二关系储存单元储存不同单板厚度下木材直径与推进电机转速的对应关系；A/D 转换器将工作台位置电信号转换为数字信号并将该数字信号传递给木材直径运算单元；木材直径运算单元通过调取第一关系储存单元中工作台的位置与木材直径的对应关系得到木材直径，并将木材直径传递给电机转速运算单元；电机转速运算单元根据该木材直径调取第二关系储存单元中推进电机的转速，然后传递给主控制单元。

尽管吕某在一审、二审中，均没有对涉案专利权利要求 8 的保护范围作出清晰的解释，但从权利要求 8 所记载的文本以及涉案专利的说明书的其他内容来看，木材直径对涉案专利获得电机转速而言是极为重要的一个中间参数。涉案专利专门所设置的木材直径运算单元、第一关系储存单元、第二关系储存单元等结构，都是为了获取及利用木材直径参数。在木材直径运算单元获取木材直径的数值后，通过在第一关系储存单元和第二关系储存单元中存储的简单对应关系，对应获取电机转速。因此，对涉案专利而言，如果改变对木材直径参数的利用方式，则在木材直径运算单元、第一关系储存单元、第二关系储存单元等单元的结构和连接关系上都要作出相应的改动。

而被诉侵权变频器使用的则是《多项式拟合》一文中公式 c 所列出的电机转速计算方法，即根据在单板厚度给定的情况下电机转速只与切刀所在水平位置有关的原理，直接通过切刀的水平位置参数计算得到电机转速。在被诉侵权产品中，木材直径这一中间参数无须参与电机转速的计算。相比涉案专利，被诉侵权变频器采用一个公式的实时计算方式得到电机转速，这首先省去了木材直径运算单元、第一关系储存单元和第二关系储存单元，带来了变频器物理结构上的简化。并且，涉案专利采用两次查表的方式调取电机转速，必然会产生二级误差，被诉侵权变频器直接采用公式 c，从技术效果上而言节省了计算步骤和运算量，降低了传输的误差。因此，被诉侵权变频器实际所采用了与涉案专利实质不同的技术方案，并没有落入涉案专利的保护范围内。

此外，吕某在已经购买了被诉侵权变频器的情况下，一直没有解剖该控侵权产品进行技术特征比对，未提供有关被控侵权产品所采用的技术特征的直接证据，仅依靠阿尔法公司的网页记载等间接证据来作为侵权比对对象。吕某有能力提供证据却又实际上未完成其举证责任，应当承担举证不利的后果。

综上，现有证据无法证明被诉侵权变频器落入涉案专利权利要求 8 的保护范围，因此不能认定被诉侵权产品构成对吕某专利权的侵犯，三级人民法院对此都作出了正确的认定。

二、对专利技术特征的理解
应当符合涉案专利的发明目的

——深圳市巨龙科教高技术股份有限公司与
上海市华师京城高新技术（集团）有限公司
侵害发明专利及实用新型专利纠纷案*

【本案看点】

对涉案专利技术特征的理解应当符合涉案专利的发明目的，而不应在隔离其使用环境的前提下理解，不能仅凭其中部分语句的字面歧义来解释技术特征的含义

【相关法律法规】

《北京市高级人民法院专利侵权判定指南（2017）》第 4 条

【案情介绍】

本案是发生在教育行业的一起发明专利及实用新型专利侵权纠纷。

原告深圳市巨龙科教高技术股份有限公司（下称巨龙公司）是一家专业从事互动教育平台系列产品研发、生产、销售及提供在线教育增值服务的国家级高新技术企业及深圳市重点软件企业，其从事教育行业十多年。

---

* 〔2014〕深中法知民初字第 59 号、第 60 号。

ZL201010118654.6 号"一种用于交互电子白板的电子笔"是巨龙公司在 2006 年 5 月 12 日向国家知识产权局申请并于 2012 年 5 月 23 日获得授权的发明专利。ZL201220229075.3 号"一种电磁感应矩阵、触点定位装置及交互式电子白板"则是由案外人赤壁市巨龙科教高技术有限公司于 2012 年 5 月 21 日申请并于 2012 年 12 月 26 日获得授权的实用新型专利。该案外专利权人与巨龙公司签订了专利排他许可协议,并依法办理了备案手续,许可期限为 2013 年 9 月 30 日至 2018 年 9 月 29 日。上述两件专利均按时缴纳了年费,至纠纷发生时处于合法有效的状态。

上海市华师京城高新技术(集团)有限公司(下称华师公司)是一家从事教育信息化产品、解决方案和数字化教学资源软件的研发、生产和销售的企业,其在深圳设立有一家全资子公司:深圳市林坤数码科技有限公司(下称林坤公司)。

巨龙公司于 2014 年发现华师公司及林坤公司制造、销售和许诺销售的一款交互式电子白板产品,其配件电子笔的技术特征落入了上述两件专利的保护范围,侵犯了其专利权,遂将华师公司及林坤公司诉至深圳市中级人民法院,请求法院判令华师公司及林坤公司停止侵权,销毁侵权产品,并分别就两件专利赔偿经济损失及制止侵权而支付的合理费用 108 万元及 107.57 万元。(下分别称 201010118654.6 发明专利案及 201220229075.3 实用新型案)

巨龙公司在 201010118654.6 发明专利案中主张保护的是 ZL201010118654.6 号"一种用于交互电子白板的电子笔"发明专利的权利要求 1 为一种用于交互电子白板的电子笔,其特征在于:包括内部装有电磁波发生装置或编码发生电路和编码发射电路的外壳 20,还包括设置在外壳 20 上的多个电磁波开关 73,每个所述电磁波开关 73 与交互白板书写、板擦、鼠标左键、鼠标右键功能之一相对应,在分别连接电容 72、线圈 71 形成的电磁振荡电路中,用于分别产生不同的振荡频率,所述交互电子白板根据接收到上述电子笔发出的电磁波信号的振荡频率,能检测到所述电子笔所在位置对应的状态信息,并根据所述状态信息进行不同的功能切换;其中,所述电磁振荡电路包括多个并联连接的电容器与一个线圈串联，所述多个并联连接的电容中的每一个分别串联连接一个所述电磁波开关73；或者，所述电磁振荡电路包括多个并联连接的线圈与一个电容串联，所述多个并联连接的线圈中的每一个分别串联连接一个所述电磁波开关73；或者，所述电磁振荡电路包括多组并联的电磁振荡单元，每个所述电磁振荡单元包括串联连接的线圈和电容，每个所述电磁振荡单元分别串联连接所述电磁波开关中的一个。

巨龙公司在201220229075.3实用新型案中，主张保护的是ZL201220229075.3号"一种电磁感应矩阵、触点定位装置及交互式电子白板"实用新型专利的权利要求1为一种电磁感应矩阵，其特征在于：所述电磁感应矩阵包括：所述电磁感应矩阵的X轴方向具有N1根导线编网标签，所述电磁感应矩阵的Y轴方向具有N2根导线编网标签，所述N1，N2均为大于2的整数，所述M1为大于所述N1的整数，所述M2为大于所述N2的整数；所述X轴方向的N1根所述导线、所述Y轴方向的N2根所述导线设有编号；所述X轴方向具有M1个设有编号的编网标签，所述Y轴方向具有M2个设有编号的编网标签；所述电磁感应矩阵包括多个绕组，X轴方向的所述绕组由X轴方向的N1根所述导线根据X轴方向的M1个所述编网标签的编号连续绕制形成，Y轴方向的多个绕组由Y轴方向的N2根所述导线根据Y轴方向的M2个所述编网标签的编号连续绕制形成，并且每一连续绕制多个绕组的所述导线的一端作为信号检测端，另一端作为接地端，多个所述接地端共地形成共地端。

在2014年5月20日，华师公司就ZL201220229075.3号实用新型专利向国家知识产权局提出无效宣告请求。2015年1月20日，国家知识产权局专利复审委作出24912号无效宣告决定书，决定维持涉案专利权有效。

【案件聚焦】

在专利侵权纠纷中，第一步需要确定权利人主张权利的专利权保护范围；第二步需要确定被控侵权产品的技术特征；在前两步的基础上，比对被控侵权产品的技术特征是否落入专利权的保护范围内。

两案的焦点问题主要在于对于被控侵权技术方案的技术特征的确定上，原被告双方存在不同的认识。

在 ZL201010118654.6 发明专利案中，华师公司认为：（1）涉案专利技术特征之一为"每个所述电磁波开关与交互白板书写、板擦、鼠标左键、鼠标右键功能之一相对应"，而被控侵权产品不具有板擦功能，不存在一一对应关系；（2）涉案专利涉及电磁振荡频率，而电磁振荡频率属于肉眼不可见，原告应当对被控侵权产品涉及的电磁振荡频率作出鉴定及测试。

在 201220229075.3 实用新型案中，华师公司认为：涉案专利记载有编网标签，而被控侵权产品除了漆包线以外没有编网标签。涉案专利没有明确描述 M1、M2 是实物标签还是虚拟标签。因此被控侵权产品上不存在肉眼可以识别的导线编网标签以及设有编号的编网标签，并没有落入专利保护范围。

【裁判定夺】

在 ZL201010118654.6 发明专利案中，法院认为争议焦点有两点。对于第1点争议，法院认为，对于技术特征"每个所述电磁波开关与交互白板书写、板擦、鼠标左键、鼠标右键功能之一相对应"的解释，应当结合说明书和附图中的有关内容，对技术特征进行权利要求解释。对技术特征的解释应当符合涉案专利的发明目的，不得与本领域的公知常识矛盾。同时对技术特征含义的理解，应站在本领域技术人员的角度，从解决技术问题的技术原理出发，来理解各个技术特征的具体含义，不应在隔离其使用环境的情形下，单独就技术特征甚至其中部分语句的字面歧义来解释技术特征的含义。经查，涉案专利说明书、与该技术特征相关的第 0003 段记载："……通过所述电磁波开关的通断状态使所述电磁振荡电路分别得到各自的电磁振荡元件组合进行工作发出各自频率的电磁波"，这可以表明电磁波开关形成于电磁振荡电路中，其开、关的不同状态对应产生不同的电容、线圈组合，继而对应不同的振荡频率，从而对应不同的电子白板功能。此外，在涉案专利说明书第 0032 段及附图 3 的具体实施方式中记载："如图 3 所示，电磁波开关 73 设置在外壳 20 上并外露，以便操作。

图中731，732，733均为电磁波开关。……这些开关分别对应一些交互电子白板的常用功能，如书写、板擦、鼠标左键、鼠标右键等，按压这些开关能够非常方便快捷地实现对应的交互白板常用功能。"由该实施例可以得知，三个具体物理存在于外壳上的731732733电磁波开关对应了书写、板擦、鼠标左键、鼠标右键四个具体功能。此外，结合技术特征C"设置在外壳上的多个电磁波开关"与技术特征D的内容来看，是指多个电磁波开关与最多四个具体功能的对应，亦未限定为仅有四个电磁波开关——对应四个具体功能的唯一情形。因此，被告单纯以被控侵权产品上的实体按键数量和功能数量提出的一一对应关系之异议不能成立，本院不予采纳。

而对于本案的第二点异议，法院则认为，被控侵权产品为用于电磁感应式交互式电子白板的电子笔，站在本领域的技术人员的角度，依据本领域的公知常识，可以确定被控侵权产品采用的电磁感应技术原理必然依赖包括线圈、电容的电磁振荡电路，被控侵权产品在元器件上可见一个线圈和多个电容，且被控侵权产品在功能上亦可通过按压电子笔外壳上不同的电磁波开关对应实现交互白板的不同功能。因此，被告在不发表被控侵权产品相应技术特征内容的情况下单纯以肉眼不见为由所提之异议，显然不能成立。

因此，将被诉侵权的技术方案与涉案专利权利要求1所限定的相关技术方案进行比对，其字面覆盖了本案专利权利要求1限定的其中一个技术方案的全部必要技术特征，已经落入了本案专利权的保护范围之内。

在201220229075.3实用新型案中，法院认为对涉案专利权利要求1技术特征中"导线编网标签""编网标签"的解释，应当结合说明书和附图中的有关内容，对该技术特征进行权利要求解释。对技术特征的解释应当符合涉案专利的发明目的，不得与本领域的公知常识相矛盾。同时，对技术特征含义的理解，应站在本领域技术人员的角度，从解决技术问题的技术原理出发，来理解各个技术特征的具体含义，不应在隔离其使用环境的情形下，单独就技术特征甚至其中部分语句的字面歧义来解释技术特征的含义。经查，涉案专利说明书与该技术特征相关的第0035段记载了导线、编网标签编号的目的及其作用：

"本实用新型实施例先按照预设的规则对导线以及编网标签进行编号，再按照编网标签的编号将对应编号的导线依次连续绕制，实现编网……"；第 0016 段记载了导线编号与编网标签编号之间的对应关系；第 0059 段举例说明了导线编号与编网标签编号："横向第一命名区域中的（N1 −2）个编网标签编号依次为（NI −2），（N1 −1），……1，纵向第一命名区域中的（N2 −2）个编网标签编号依次为（N2 −2），（N2 −1），……1"。因此，结合说明书和发明目的来理解，编网标签的编号并未限定为仅系物理上可见的数字标记，而是导线沿着编网标签的编号进行连续绕制的规则。而从被控侵权产品的实物来看，其导线一端连接在电路板上，不同导线对应不同的编号，X 轴方向导线的编号包括 X0，X1，……X31，Y 轴方向导线的编号包括 Y0，Y1，……Y23。由此可见，其导线是设有编号的。在被控侵权产品电子白板的背面，虽未见物理上可见的数字标记，但其系依据"设有编号的导线"并按照技术特征 E 中的"绕组"的走线规则进行排布，系按照编网标签的编号将对应编号的导线依次连续绕制实现编网。因此，被诉侵权技术方案包含了本案专利权利要求 1 的全部必要技术特征，已经落入本案专利权的保护范围之内。

法院最终在〔2014〕深中法知民初字第 59 号、第 60 号判决中分别判定：（1）被告华师公司立即停止侵犯原告巨龙公司 ZL201010118654.6 号发明专利权的行为。并且赔偿原告巨龙公司经济损失及合理费用合计人民币 80 万元；（2）被告华师公司立即停止侵犯涉案 ZL201220229075.3 号"一种电磁感应矩阵、触点定位装置及交互式电子白板"实用新型专利权的行为。并且赔偿原告巨龙公司经济损失及合理费用合计人民币 90 万元。

【代理律师说】

专利的保护客体在形式上表现为一个或多个具体的技术方案，而技术特征则是一个具体的技术方案中相对独立的组成部分。通过将一个具体的技术方案分解成更加微观的技术特征，技术方案之间的对比成了可能。因此，在专利案件中，技术特征的确定就是一个必不可少的步骤。技术特征的确定不仅是一个技术事实问题，同时也是一个法律问题。

技术特征首先是一个待证的技术事实。被控侵权产品的技术方案，因为不具有文字记载的形式，其技术特征的确定通常是一个概括、抽象和归纳的问题。专利法及其相关司法解释并没有对被控侵权产品具有哪些技术特征的举证责任进行特别规定，因此，按照民事诉讼法的"谁主张谁举证"的一般原则，应当由原告就被控侵权产品的技术特征承担举证责任。在原告完成举证责任之后，被告可以发表对被控侵权产品技术特征。在本案的两起纠纷中，原被告双方对于被控侵权产品技术特征分解存在不同认识。在巨龙公司提交完整的被控侵权产品技术特征分解意见后，华师公司指出被控侵权产品不存在涉案专利的部分技术特征，但华师公司未陈述对于被控侵权产品技术特征的完整分解意见。法院在两起案件中均指出"被告未能提交明确的完整分解意见，应自行承担相应的法律责任。"通过本次两案中所谓"相应的法律责任"的承担，也可以知晓被控侵权产品技术方案的整体分解以巨龙公司的分解意见为准。

对涉案专利技术特征的理解应当符合涉案专利的发明目的，并且站在本领域技术人员的角度，从解决技术问题的技术原理出发，来理解各个技术特征的具体含义，而不应在隔离其使用环境的情形下，单独就技术特征甚至其中部分语句的字面歧义来解释技术特征的含义。

在专利民事侵权案件中，在确定涉案专利的技术特征时不可避免会碰到需要对涉案专利的技术特征进行解释的情况。在通常情况下，根据专利权利要求书的文字记载，结合专利说明书及附图就可以确定涉案专利的技术特征。但是在某些情况下，权利要求书的文字记载可能有不同的解释方式，此时就需要从符合专利发明目的的角度出发理解涉案专利的技术特征。

符合发明目的的解释方式，在我国专利侵权司法实践中是一种常见的解释方式。但是这一解释方法并没有明文写在我国专利法或相关司法解释中。值得参考的是《北京市高级人民法院专利侵权判定指南（2017）》，其中第4条规定："在确定专利权保护范围时，不应将不能实现发明目的、效果的技术方案解释到权利要求的保护范围中，即不应当将本领域普通技术人员在结合本领域的技术背景的基础上，在阅读了说明书及附图的全部内容之后，仍然认为不能解决专利的技术问题、实现专利的技术效果的技术方案解释到专利权的保护范围内。"

回到本次纠纷的案件，在 ZL201010118654.6 发明专利案中，华师公司认为被控侵权产品不具有板擦功能，而涉案专利技术特征之一则要求了"外壳（20）上的多个电磁波开关（73），每个所述电磁波开关与交互白板书写、板擦、鼠标左键、鼠标右键功能之一相对应"。被控侵权产品至少不具备板擦的开关，因此被控侵权产品未落入涉案专利的保护范围之内。华师公司的上述主张，错误地理解了涉案专利的技术特征和保护范围。涉案专利中的多个电磁波开关，重点在于一个电磁开关与白板书写、板擦、鼠标左键、鼠标右键中的一种功能对应。从涉案专利的发明目的来看，涉案专利是为了提供一种使用操作简洁、并且可以远距离操作的电子白板，因此从这一发明目的，并无法解释出涉案专利限定了其电磁开关需要同时与四个功能都对应。虽然被控侵权产品缺少与板擦功能对应的电磁开关，但被控侵权产品仍具有其他的电磁开关，与交互白板书写、鼠标左键、鼠标右键功能相对应。在这种情况下，认定被控侵权产品落入涉案专利的保护范围是正确的。

在 201220229075.3 实用新型案中，华师公司则认为涉案专利记载有编网标签，而被控侵权产品除了漆包线以外没有编网标签。涉案专利没有明确描述 M1、M2 是实物标签还是虚拟标签。因此被控侵权产品上不存在肉眼可以识别的导线编网标签以及设有编号的编网标签，并没有落入专利保护范围。同样，华师公司在该案中没有正确理解涉案专利的技术特征和保护范围。根据涉案专利说明书中的实施例以及发明目的，设置编网标签编号是为了实现根据编网标签编号设置连续绕制规则从而进行连续绕制。因此，对涉案专利没有限定编网标签是实物标签还是虚拟标签的实质正确理解应当是所谓编网标签为一种便于设置绕制规则的计数手段。而正因为涉案专利没有限定编网标签是实物标签还是虚拟标签，华师公司关于被控侵权产品不具有实体编网标签的异议不成立。

三、专利侵权诉讼中专利权人
应明确主张权利的权利要求

——深圳市鼎识科技有限公司与深圳市
南水资源科技有限公司、深圳市同升和
科技有限公司侵害实用新型专利权纠纷案*

【本案看点】

专利侵权民事纠纷中，法院应当根据权利人主张的权利要求确定在该起纠纷中要求保护的范围

【相关法律法规】

《北京市高级人民法院专利侵权判定指南（2017）》第 5 条至第 7 条

【案情介绍】

深圳市鼎识科技有限公司（下称鼎识公司）是一家从事电子标签、射频识别阅读器、二维码阅读器、自动识别与数据采集设备等物联网识别产品的研发、制造、营销和服务的高科技公司。鼎识公司持有一件专利号为 ZL200820095584.5，名称为"名片识读仪"的实用新型专利，该专利申请日为 2008 年 7 月 21 日，授权公告日为 2009 年 5 月 13 日。至纠纷发生时，该专

---

* 〔2016〕粤民终 308 号。

利处于合法有效的状态。

深圳市南水资源科技有限公司（原名深圳市矽感科技有限公司，2015年6月5日经工商变更登记为深圳市南水资源科技有限公司，下称南水公司）则是一家主要经营范围为光电器材、通信产品、接触式影像传感器、传感器、图形图像识别和处理系统等的企业。

2013年，鼎识公司发现南水公司制造、销售的型号为ID/PassportScanner的"IDC证件阅读器（扫描仪）"产品有侵犯其ZL200820095584.5号实用新型专利的嫌疑。为了固定证据，2013年10月31日鼎识公司委托公证机构向深圳市同升和科技有限公司（下称同升和公司）公证购买了一台南水公司制造的型号为"ID/Passp0rtScanner"，规格为"5VDC 1.5A"的"IDC证件阅读器（扫描仪）"。

2013年11月27日，鼎识公司又自行委托案外人深圳市必凯科技有限公司同样向同升和公司购买了一台上述型号的被控侵权产品。

2014年6月10日，鼎识公司将南水公司及同升和公司诉至深圳市中级人民法院，请求人民法院判令两被告停止侵权、销毁侵权产品及其专用模具、设备、工具，并且由南水公司赔偿鼎识公司经济损失及为制止侵权而支付的合理支出人民币1 003 916元。在一审庭审中，鼎识公司将赔偿额变更为根据南水公司的获利来计算南水公司应该赔偿的金额（以会计审计结果为准），并放弃要求南水公司赔偿鼎识公司为制止侵权而支付的合理支出人民币3916元的诉讼请求。

在本案庭审中，鼎识公司明确要求保护的是涉案实用新型专利权利要求1、4、5、9。

1. 一种证件识读仪，包括壳体10、固定在壳体10上的权利要求1为载体30以及位于壳体10内的光源模组40和成像模组50，证件载体30具有证件承载区域，其特征是所述光源模组40的数量为两个，该两光源模组40位于证件载体30的证件承载区域的两侧，且每一光源模组40具有由多个LED

组成的 LED 矩阵阵列，且 LED 矩阵阵列与证件载体 30 呈 45°~85°夹角。

权利要求 4 为根据权利要求 1 所述的证件识读仪，其特征是该证件识读仪还包括一支架 20，该支架 20 可分离地装设在壳体 10 内，光源模组 40 和成像模组 50 均固定在支架 20 上。

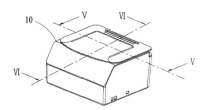

图 3-1 "名片识读仪"专利附图 1

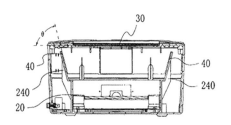

图 3-2 "名片识读仪"专利附图 5

（注：其中证件载体 30 用于放置待识别证件，两侧 40 为光源模组，光源模组 40 置于 20 支架上，并与证件载体 30 呈特定角度。）

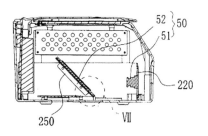

图 3-3 "名片识读仪"专利附图 6

（注：其中 50 为成像模组，52 为成像模组中的反光镜，用以将上方证件载体放置的证件图像反射至镜头 51。）

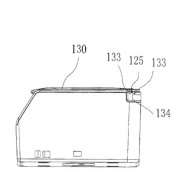

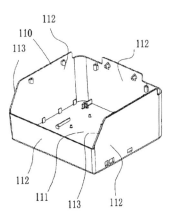

图 3-4 "名片识读仪"专利附图 2 及附图 4

［注：其中 110 为容纳箱，130 为翻盖，翻盖 130 设置于箱盖 120 之上（图中未示出）。］

权利要求 5 为根据权利要求 4 所述的证件识读仪，其特征是所述成像模组 50 具有一成像镜头 51 和一平面反光镜，该成像镜头 51 固定在支架 20 上，该平面反光镜和支架 20 之间粘贴有一吸震双面胶 53。

权利要求 9 为根据权利要求 4 所述的证件识读仪，其特征是所述壳体 10 具有一容纳箱 110、一固定在容纳箱 110 上的箱盖 120 和一可分离地枢接在箱盖 120 上的翻盖 130，支架 20 可分离地装设在容纳箱 110 内。

南水公司认为，同升和公司和深圳市必凯科技有限公司与鼎识公司具有利害关系，不排除鼎识公司对其所购买的被控侵权产品做过改动的可能，因此鼎识公司所提供的证据不能用于进行侵权比对。

深圳市中级人民法院对本案进行了一审审理。由于鼎识公司在本案中明确主张要求保护涉案专利的权利要求 1、4、5、9，一审法院因此分别将被控侵权产品与涉案专利权利要求 1、4、5、9 进行比对。经过一审法院当庭比对，被控侵权产品具有以下技术特征（见表 3 - 1）。

表 3 - 1 "名片识读仪"与"IDC 证件阅读器扫描仪"技术特征对比

权利要求	"名片识读仪"	"IDC 证件阅读器（扫描仪）"
	一种证件识读仪	被控侵权产品是一种证件识读仪
	壳体 10	有壳体
	证件载体 30，固定在壳体 10 上，具有证件承载区域	壳体上有的用于放置证件的平面
权利要求 1	成像模组 50，位于壳体内	壳体内有一面斜置的平面反光镜和对着该平面反光镜的摄像头，两者共同组成成像模组
	壳体内有光源模组 40，数量为两个，位于证件载体 30 的证件承载区域的两侧	壳体两侧各有一排 5 个 LED 灯，组成光源模组
	每一光源模组 40 具有由多个 LED 组成的 LED 矩阵阵列，且 LED 矩阵阵列与证件载体 30 呈 45°～85°夹角	每一光源模组具有由 5 个 LED 组成的一行矩阵，即行矩阵，LED 行距阵阵列与证件载体呈 70°夹角

续表

权利要求	"名片识读仪"	"IDC 证件阅读器（扫描仪）"
权利要求 4	还包括一支架 20	该证件识读仪内部有一支架
	该支架 20 可分离地装设在壳体 10 内	该支架用螺丝固定在壳体内，松开螺丝即可与壳体相分离
	光源模组 40 和成像模组 50 均固定在支架 20 上	两侧 LED 行距阵阵列及成像模组中固定在支架上
权利要求 5	所述成像模组 50 具有一成像镜头 51 和一平面反光镜 52	该证件识读仪成像模组具有一摄像镜头和一平面反光镜
	该成像镜头 51 固定在支架 20 上	摄像镜头固定在支架上
	该平面反光镜和支架 20 之间粘贴有一吸震双面胶 53	该平面反光镜与支架粘贴在一起，粘胶中可见一层海绵
权利要求 9	所述壳体 10 具有一容纳箱 110，支架 20 可分离地装设在容纳箱	壳体具有一容纳箱，支架可分离地装设在容纳箱内
	一固定在容纳箱 110 上的箱盖 120	一固定在容纳箱上的箱盖
	一可分离地枢接在箱盖 120 上的翻盖 130	一可分离地枢接在箱盖上的翻盖

通过上述比对，一审法院认为，被控侵权产品与鼎识公司要求保护的专利内容保护范围所涵盖的全部技术特征相同，南水公司及同升和公司的相应制造、销售行为构成对鼎识公司专利权的侵犯，应承担停止侵权的法律责任。

为确定赔偿额，一审法院委托了第三方会计机构对南水公司财务账簿进行审计，但因为南水公司财务账簿缺失，审计客观上无法完成。最终，一审法院遂判决南水公司及同升和公司停止侵权，并酌定南水公司赔偿鼎识公司60 万元人民币。

南水公司不服该一审判决，上诉至广东省高级人民法院。

【案件聚焦】

本案二审中的争议焦点主要包括三点。

一是有关南水公司是否制造、销售被诉侵权产品的问题。鼎识公司在一审阶段分别通过自行购买和公证购买两种途径取得了被控侵权产品。而南水公司则在上诉时提出,提交给法院的被诉侵权产品在销售流转过程中已经被改动,不是南水公司产品的原样,因此不能证明南水公司有侵权行为。

二是有关被诉侵权技术方案是否落入本案专利权保护范围。南水公司认为被诉侵权产品在光源模组上与涉案专利权利要求 1 中的技术特征不同。本案专利限定了"每一光源模组具有由多个 LED 组成的 LED 矩阵阵列"。所谓"矩阵阵列",是指将一些元素排列成若干行,每行放上相同数量的元素,一定是有行有列。而被诉侵权产品技术每一光源模组是由 5 个 LED 组成的一行阵列。涉案专利光源模组要求多行,是为了解决光源在证件载体上形成虚像的技术问题。在另案涉及涉案专利的无效宣告行政诉讼案件〔2012〕高行终字第 1600 号行政判决中,北京市高级人民法院已经认定了光源二行多列与本案专利技术矩阵阵列实质不同。因此,本案的被诉侵权产品的一个一行 LED 光源与涉案专利的光源模组具有多个 LED 组成的 LED 矩阵阵列技术特征在技术目的和效果上是不同的,二者既不构成相同,也不构成等同,被诉侵权产品没有落入涉案专利权利要求 1、4、5、9 的保护范围。

三是一审判决的 60 万元赔偿额过高。鼎识公司既未提供证据证明其损失额,也没有证据证明南水公司的获利,并且相关审计也未顺利进行,故法院酌定 60 万元的赔偿额没有依据。

【裁判定夺】

广东省高级人民法院审理后对上述 3 个焦点问题分别予以阐述。

(一) 有关南水公司是否制造、销售被诉侵权产品

被诉侵权产品上标注制造商为深圳矽感科技有限公司 (即南水公司),包装内的产品保修卡、说明书标有"SYSCAN 矽感"标识、公司名称及南水公司的网址。从南水公司企业网站下载的 IDCV 产品驱动软件,能够识别被诉侵权产品。而且,被诉侵权产品标注的产品名称为"IDC 证件阅读器 (扫描仪)",型号为"ID/PassportScanner",而从中国质量认证中心查询的信

息可知，南水公司项下登记有名称为"IDC 证件阅读器（扫描仪）ID/PassportScanner"包含 IDCV 型号的产品。南水公司声称鼎识公司呈交的被诉侵权产品与南水公司的产品不同，但是南水公司并未提供证据证明该主张。南水公司亦无其他证据反驳鼎识公司主张被诉侵权产品来源于南水公司的事实。在此前提下，原审法院认定南水公司制造、销售本案被诉侵权产品正确，本院应当予以维持。

（二）有关被诉侵权技术方案是否落入本案专利权保护范围

本案专利技术解决的技术问题是避免光源在证件载体上形成虚影。虽然被诉侵权技术的光源是一行多列，与本案专利技术特征光源"矩阵阵列"并不相同，但是两者技术方案均能解决光源在证件载体上形成虚影的技术问题。其原因在于，如本案专利说明书所述，解决光源在证件载体上形成虚影的技术问题关键在于光源模组与证件载体形成的夹角，而不是光源的矩阵阵列。被诉侵权技术方案存在光源模组与证件载体之间的夹角，即使其光源模组的 LED 为一行多列，也能实现解决光源在证件载体上形成虚影的技术问题的效果。也即两者采用基本相同的手段，实现基本相同的功能，达到基本相同的效果。光源模组的 LED 由多行多列替换为一行多列，属于本领域普通技术人员在被诉侵权行为发生时无须经过创造性劳动就能联想到的特征。因此，两者技术特征构成等同。在北京市高级人民法院〔2012〕高行终字第 1600 号行政判决中，申请人主张该案专利（本案专利）无创造性所举证的现有技术方案，其光源经聚光镜形成平行光起到解决证件表面反光的技术问题的作用，与本案专利和被诉侵权技术方案所要解决的技术问题不同。另外，该判决并未将本案专利的"矩阵阵列"限定为多于二行以上的阵列。南水公司诉称两者技术方案的光源一行多列与矩阵阵列特征不等同的主张，本院不予支持。

（三）鼎识公司未提供其因南水公司的侵权行为所遭受的实际损失的证明

南水公司虽然提供了一部分该公司财务账册，但是无法对南水公司因侵权行为的获利情况进行审计，亦无法确定南水公司因侵权行为所获得的利益。鼎识公司虽主张以深圳市易普森科技有限公司提供给中国移动公司的 2174

台"身份采集设备"产品来计算侵权获利，但该产品与本案被诉侵权产品名称、型号并不相同，因此亦不能作为南水公司因侵权行为获利的依据。《专利法》第 65 条第 2 款规定："权利人的损失、侵权人获得的利益和专利许可使用费均难以确定的，人民法院可以根据专利权的类型、侵权行为的性质和情节等因素，确定给予一万元以上一百万元以下的赔偿。"原审法院综合考虑本案专利的类型、侵权产品的销售价格、南水公司侵权行为的性质，酌情判令南水公司赔偿鼎识公司经济损失共计人民币 60 万元，并无不当。

广东省高级人民法院二审驳回南水公司的上诉，维持原判。

【代理律师说】

本案被评为深圳市中级人民法院 2016 年深圳法院十大知识产权典型案例第一位，深圳市中级人民法院认为该案的典型意义在于"本案是根据权利人主张的权利要求准确确定保护范围的专利侵权诉讼案件。本案中，鼎识公司请求保护的权利范围是涉案实用新型专利的权利要求 1、4、5、9，权利要求 1 为独立权利，权利要求 4、5、9 均为从属权利要求，每一个从属权利要求与其所引用的权利要求记载的都是各自不同的、完整的技术方案，专利权人要求全部予以保护，法院应当予以准许。在侵权比对时，应当遵循一一对应、全面覆盖的比对原则，将被控侵权产品与每个技术方案中的全部技术特征进行一一比对，不应当省略权利人主张的权利要求所记载的任何一项技术特征。同时，本案体现了人民法院在适用专利侵权赔偿计算方式的先后顺序。鼎识公司先后选择了侵权人获利、权利人损失两种计算依据，以确定本案的侵权赔偿数额，但由于原告未能提供因侵权所受损失及被告获利证据，且在并无许可费标准、约定赔偿的情况下，本院最终根据法定赔偿的裁判标准，结合涉案专利的类型、侵权产品的销售价格、矽感公司侵权行为的性质，确定侵权赔偿金额。"①

---

① "2016 年深圳法院知识产权司法保护状况白皮书"，http://www.szipr.net/news/2017/0520/108.html，2017 年 7 月 21 日访问。

除了上述的典型意义外，本案还有其他值得关注的地方，包括以下几个方面。

一是关于如何证明被控侵权产品的生产主体。

在专利侵权中，通常要解决的一个前置性问题是如何确定被控侵权产品是由被告生产的。证明被控侵权产品的生产主体，最直接的方法是将被控侵权产品是如何直接从被告处取得的过程通过公证的方式固定下来，这种直接证明的方式证明力较高，只要公证程序及过程合法，一般都会被法院采信。在通常情况下，直接从被告处取得被控侵权产品是不可行的，此时一般采用从合法的被控侵权产品销售商取得被控侵权产品的方式。在这种间接的途径下，需要格外注意证据链的完整性。有时候，被告刊登在自身网站上对被控侵权产品的介绍也有可能附带部分技术信息或者规格、参数、型号等，这些信息也可以辅助佐证被控侵权产品是由被告生产制造的。

在本案中，鼎识公司所提供的被控侵权产品的名称、型号、规格、产品上标注的生产商等信息形成完整的证据链，可以毫无疑义地一致性指向南水公司。同时，通过当庭计算机操作，被控侵权产品被计算机系统所识别的名称也可以指向南水公司。

尽管南水公司在上诉中认为鼎识公司呈交的被诉侵权产品与南水公司的产品不同，但该主张未得到相应的证据支持。因此，两审法院有关被控侵权产品由南水公司生产制造的认定是正确的。

二是关于被控侵权产品与涉案实用新型专利的技术比对。

在专利民事侵权纠纷中，专利权人必须明确其在本案中主张保护的权利要求。

一般情况下，只要判定侵权产品落入了其中一个权利要求的保护范围就足以判定被告构成对权利人专利权的侵犯。从诉讼成本的角度来看，只主张独立权利要求是最经济的策略，原因在于只要被控侵权产品落入独立权利要求的保护范围，被告就构成对权利人的专利侵权，相反如果未落入独立权利要求的保护范围，则必然不构成侵权。即案件的定性通过比对独立权利要求和被控侵权产品即可完成，而若增加从属权利要求的保护请求除了会增加案件的复杂程度外对案件的定性及定量影响不大。

但从诉讼策略的角度来看，同时主张独立权利要求和从属权利要求又是有必要的。如果基于独立权利要求的保护范围较从属权利要求大从而更容易被无效的理由只要求保护独立权利要求，一旦独立权利要求在无效程序中被无效，侵权诉讼就有可能面临被法院驳回的风险。而如果基于从属权利要求有更多的技术特征，其保护范围小的理由，只要求保护从属权利要求，依照全面覆盖原则，相较独立权利要求就不易判定被侵权。

因此权利人主张哪几个权利要求既属于权利人自由行使诉权的范围，也是权利人的策略选择。而在一般在专利侵权诉讼中，通常原告会同时就独立权利要求与从属权利要求提出主张。

本案中，鼎识公司主张要求保护的涉案专利的权利要求1、4、5、9。其中，权利要求1为独立权利要求，而权利要求4、5、9为从属权利要求。权利要求4在权利要求1的基础上附加了技术特征，权利要求5及权利要求9在权利要求4的基础上进一步增加了新的技术特征。

在鼎识公司明确分别就权利要求1、4、5、9提出主张的情况下，一审法院将被控侵权产品分别与每个权利要求的技术方案进行对比，并作出是否落入相应权利要求的判断。

法院对当事人所有主张的权利要求进行详尽的评述还有一点好处在于通常涉及专利侵权的判决很有可能会遭受未来潜在专利无效程序的挑战，而只要不是涉案的专利要求全部被无效，本案法院判决所认定的事实就不会失去正当性基础，本案判决也将处于一个相对较为稳定的状态。

在被控侵权产品与涉案专利的区别技术特征上，南水公司认为，被控侵权产品与涉案专利权利要求1中的技术方案相比，区别特征在于涉案专利权利要求1的技术特征之一为"具有由多个LED组成的LED矩阵阵列"，而被控侵权产品的则"具有由5个LED组成的一行矩阵，即行矩阵"。南水公司认为被控侵权产品是一行LED阵列，而涉案专利则具有两行以上的多行LED

阵列，因此被控侵权产品与涉案专利权利要求 1 具有不同的技术特征。对此，南水公司提供的一个证据为北京市高级人民法院〔2012〕高行终字第 1600 号行政判决。〔2012〕高行终字第 1600 号行政判决为本案涉案专利的一起无效行政案件，在这个案件中，北京市高级人民法院认为用于对比评价本专利创造性的技术方案与本专利是采用不同的技术手段解决不同的技术问题，因此本专利相比现有技术公开的技术方案具有创造性。在〔2012〕高行终字第 1600 号案中，北京市高级人民法院并没有直接对一行多列的光源与多行多列的光源是否相同或者等同作出判断，因此〔2012〕高行终字第 1600 号行政判决并不能说明一行多列的光源与多行多列的光源具有实质性不同，属于不同的技术特征。相反，从涉案专利要解决的技术问题来看，涉案专利要解决的问题是如何消除光源在证件载体上形成虚影这一问题，而光源是一行多列还是多行多列，并不影响这一技术问题的解决。尽管涉案专利公开的是"每一光源模组（40）具有由多个 LED 组成的 LED 矩阵阵列"，但是对于本领域技术人员而言，根据本专利所记载的技术方案，不需要付出创造性劳动就能想到使用一行多列的 LED 光源组成本专利所述的 LED 矩阵阵列。"一行多列"与"多行多列"两者属于采用基本相同的手段，实现基本相同的功能，达到基本相同的效果。因此，南水公司的被控侵权产品落入了涉案专利的保护范围内，南水公司关于"一行 LED 阵列"与"多行 LED 阵列"属于不同的技术特征的理由不能成立。

三是关于许诺销售的侵权行为认定。

另外，本案还有一点值得注意的是原告鼎识公司在一审中还主张南水公司在其网站上宣传介绍其产品的行为构成许诺销售的侵权行为。一审法院则认为深圳矽感科技有限公司在其官网上刊登了"证卡全信息采集仪 IDCV"产品图片，而本案被控产品名称为"IDC 证件阅读器（扫描仪）"，型号为"ID/Passportscanner"，两者名称、型号均不相同，在无其他证据的情况下，原审法院认定鼎识公司对于南水公司构成许诺销售侵权的指控不能成立。

四、"禁止反悔"原则之"明确否定"的认定

——蒋某等人与重庆市力帆汽车销售 有限公司侵害发明专利权纠纷再审案[*]

【本案看点】

在适用"禁止反悔原则"时,应当将专利授权和确权阶段作为一个整体进行考虑,全面考虑专利权人所做的限缩性解释是否发生了放弃技术方案的效力

【相关法律法规】

《最高人民法院关于审理侵犯专利权纠纷案件应用法律若干问题的解释(二)(2016)》第 13 条

【案情介绍】

本案涉及一起车、船用无线电信号接收天线专利的侵权纠纷。

随着车载电子设备的功能越来越多样及强劲,汽车对天线设备的需求也越来越大。传统的车、船用天线设备可能会设置在车、船内部的隐蔽处或者外部,如此一来便会存在通信效果受障碍、易损坏、影响车船整体美观等问题。

为了对上述问题作出改进,蒋某发明了一种"鲨鱼鳍式天线",该发

---

[*] 〔2017〕民申 1826 号裁定。

明包括一鲨鱼鳍式的流线型外壳，使用了 AM/FM 共用的无线电接收天线，该无线电天线沿着流线型外壳内侧的上部设置，因此有效地增加了天线的长度，保证了信号接收的效果。无线电接收天线同时外壳内的其他空间可以被有效利用，整合设置信号放大器、GPS 信号接收器、GSM 信号接收器等（见图 4 - 1）。

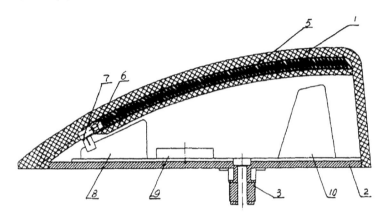

图 4 - 1 "鲨鱼鳍式天线"专利剖面图

注：其中 AM/FM 共用接收天线 5 沿外壳内侧上部设置，8 为信号放大器，9、10 分别为 GPS 接收器和 GSM 接收器，3 为固定部件，可将鲨鱼鳍天线固定在车、船外侧

蒋某发明的"鲨鱼鳍式天线"整体结构紧凑，可以安装在车、船外侧而不影响整体美观，同时无线电接收天线整体长度较长，可以有效地在 360°的范围全向性接收信息，保证了信号接收的效果。

2007 年 1 月 23 日，蒋某就该"鲨鱼鳍式天线"发明向国家知识产权局提出发明专利申请。2012 年 5 月 23 日，国家知识产权局对其授予了专利权，专利号为 200710019425.7。

涉案专利授权文本共有 5 项权利要求，其中权利要求 1 为一种鲨鱼鳍式天线，其特征在于具有天线外壳，天线外壳内侧上部设置有无线电接收天线，无线电接收天线一端设有天线信号输出端，天线信号输出端通过天线连接元件与天线放大器信号输入端相连接，或直接与同轴电缆匹配相连，天线外壳底部装有安装底板；所述无线电接收天线通过注塑嵌装或固定卡装在天线外壳内侧上部；在天线外壳内侧上部设置有无线电接收天线，所述无线电接收天线采用螺旋状弹簧天线或金属天线，增加了天线接收无线电信号的有效长度，实现360°全向性信号接收；所述无线电接收天线为AM/FM共用天线。

2014年，蒋某发现重庆市力帆汽车销售有限公司（下称力帆汽车）等制造、销售的"力帆X60"车型的汽车使用了侵犯涉案专利的鲨鱼鳍式天线部件，并且力帆汽车及其经销商同时也在单独制造、销售"鲨鱼鳍式天线"配件。2014年6月，蒋某遂向南京市中级人民法院提起诉讼。

在一审过程中，力帆汽车向专利复审委员会提起无效请求，请求宣告涉案专利全部无效。

在涉案专利的无效请求程序中，力帆汽车使用了一篇公开号为CN1841843A的专利文献作为最接近的现有技术。CN1841843A公开日为2006年10月4日，同样公开了一种汽车用的鱼鳍式天线装置，其中采用了AM天线与FM天线分体式设计。专利权人在针对专利的创造性进行答辩时，指出涉案专利权利要求1与最接近的现有技术CN1841843A相比存在三点区别，分别是a天线信号输出端通过天线连接元件与天线放大器信号输入端相连接，或直接与同轴电缆匹配；和b所述无线电接收天线通过注塑嵌装或固定卡装在天线外壳内侧上部；和c所述无线电接收天线为AM/FM共用天线。2015年4月7日，国家知识产权局专利复审委员会作出了第25637号无效审查决定，其中未对区别特征a及b作出评述，并在技术特征c的基础上维持涉案专利有效。

在该无效决定作出后，南京市中级人民法院作出一审判决，认为被诉侵权产品落入涉案专利权的保护范围，构成对原告的专利侵权，判决被告停止侵权并赔偿200万元人民币。

力帆汽车不服一审判决，向江苏省高级人民法院提起上诉。力帆汽车认为专利权人在涉案专利无效宣告程序中的意见陈述构成对技术方案的放弃，应适用"禁止反悔"原则。根据专利权人在无效宣告程序中的陈述，其认为涉案专利与现有技术相比存在三点区别特征，专利权人这一陈述构成对相应技术方案的放弃。并且被诉侵权产品与涉案专利相比，正是存在其中 a、b 两点区别特征，因此，被诉侵权产品不构成专利等同侵权。

在二审期间，蒋某去世，蒋某的法定继承人蒋某某依照法定程序参加诉讼。

二审法院江苏省高级人民法院审理本案后认为"因专利权人在专利无效程序中对权利要求进行了限缩性的意见陈述，且该意见陈述并未被专利复审委员会明确否定，故力帆公司根据禁止反悔原则，主张被诉产品的'天线引线'不能等同于专利的'固定嵌装或卡装'，被诉产品没有落入专利权利要求保护范围成立"。并作出〔2016〕苏民终 161 号民事判决，认定力帆汽车不构成专利侵权。

专利权人不服二审判决，认为其在专利无效程序中所作出的陈述已经被明确否定，不应当适用"禁止反悔"原则，遂向最高人民法院申请再审，最高人民法院于 2017 年 5 月 9 日受理该再审申请。

【案件聚焦】

本案的争议焦点在于蒋某在专利无效程序中所作出的陈述是否被明确否定，是否应当适用"禁止反悔"原则。

在本案的一审阶段，力帆汽车向专利复审委员会提起无效请求，要求宣告涉案专利全部无效。蒋某在针对专利的创造性问题进行答辩时，指出涉案专利权利要求 1 与最接近的现有技术 CN1841843A 存在 3 点区别 a、b 和 c，国家知识产权局专利复审委员会第 25637 号无效审查决定未对 a、b 技术特征进行评述，而在 c 的基础上认定涉案专利与最接近现有技术 CN1841843A 相比存在区别，且其他文献未给出结合该区别特征的启示，故而维持涉案专利有效。

力帆汽车认为专利权人在涉案专利无效宣告程序中的意见陈述构成技术方案的放弃，专利权人认为涉案专利与 CN1841843A 相比存在三点区别特征，因此视为其放弃了与 CN1841843A 一样特征的技术方案。而被诉侵权产品与涉案专利相比正是存在了其中的 a、b 两点区别特征，根据"禁止反悔"原则，不构成专利等同侵权。

二审法院认可了力帆汽车的上述观点。

蒋某则认为，《最高人民法院关于审理侵犯专利权纠纷案件应用法律若干问题的解释（二）》第 13 条规定："权利人证明专利申请人、专利权人在专利授权确权程序中对权利要求书、说明书及附图的限缩性修改或者陈述被明确否定的，人民法院应当认定该修改或者陈述未导致技术方案的放弃。"即专利权人的陈述意见被明确否定的，不导致技术方案的放弃。虽然专利复审委员会在无效程序中，并没有对专利权陈述意见中的区别特征 a、b 作出评述，但是在涉案专利的实质审查程序中，蒋某同样主张了涉案专利与最接近的现有技术 CN1841843A 存在 a、b 两点区别特征。专利复审委员会在实质审查程序中认为，涉案专利与最接近现有技术相比存在的 a、b 两点区别特征，这两点区别特征均属于本领域的惯用手段和公知常识，故涉案专利与最接近的现有技术在区别特征 a、b 上不存在实质区别。后蒋某修改权利要求文本，补入了区别特征 c，使得专利得到授权。因此，蒋某认为其在无效程序中所作的陈述实际上已经被国家知识产权局明确否定，属于适用"禁止反悔"原则的例外情形，不发生放弃技术方案的后果。

【裁判定夺】

最高人民法院在审理本案后指出，《最高人民法院关于审理侵犯专利权纠纷案件应用法律若干问题的解释（二）》第 13 条以存在"明确否定"作为"禁止反悔"原则适用的例外情形。

由于专利授权确权程序对于技术特征的认定存在连续性，判断权利人作出的陈述是否被"明确否定"，应当对专利授权和确权阶段技术特征的审查进行客观全面的判断，着重考察权利人对技术方案作出的限缩性陈述是否最终被裁判者认可，是否由此导致专利申请得以授权或者专利权得以维持。

本案中，在涉案专利的实质审查过程中，审查员认为涉案专利的申请文本与最接近的现有技术 CN1841843A 相比，存在的区别特征 a 和 b 属于本技术领域的公知常识。对此，专利权人在原申请文本中合并权利要求，补入区别特征 c，以弥补涉案专利不具有创造性的缺陷。审查员认可了该区别特征 c，并基于该区别特征 c 使得涉案专利最终获得授权。

在专利无效程序中，专利权人再次指出涉案专利与最接近的现有技术 CN1841843A 相比，存在区别特征 a、b 和 c，但是专利复审委员会在无效决定中未对技术特征 a、b 作出评述，而是基于特征 c 的存在，维持涉案专利有效。

由于专利权人作出的限缩性陈述在实质审查中已被明确否定，而无效审查程序并未推翻该认定得出相反的结论，在这种情况下，应当认定存在专利权人的限缩性陈述已被明确否定的事实。这与所作的限缩性陈述并未带来专利权的获得和专利权的维持的事实相符，与'禁止反悔'原则防止权利人'两头得利'的目的不相悖。

因此，认定蒋某关于特征 a、b 的意见陈述，不发生技术方案被放弃的法律效果。本案二审法院脱离涉案专利获得授权的具体审查事实，忽略专利权人的意见陈述已在实质审查程序被"明确否定"的事实，割裂了审查程序中对技术特征认定的连续性，仅审查了确权程序的相关认定，认为对权利人的限缩性意见陈述并未明确评价相当于"未予评述"，不符合司法解释规定的明确否定的要求，进而得出了适用"禁止反悔"原则的错误结论。二审法院适用法律和认定事实均有错误。

指令江苏省高级人民法院再审本案；再审期间，中止原判决的执行。

【代理律师说】

本案涉及对《最高人民法院关于审理侵犯专利权纠纷案件应用法律若干问题的解释（二）》第 13 条的理解和适用。

专利法中的禁止反悔原则是指专利权人在专利授权或者无效程序中所作

的陈述对于其在其他程序中对专利权的解释具有约束力。禁止反悔原则在法条明文中的体现为《最高人民法院关于审理侵犯专利权纠纷案件应用法律若干问题的解释》第 6 条。该条规定："专利申请人、专利权人在专利授权或者无效宣告程序中，通过对权利要求、说明书的修改或者意见陈述而放弃的技术方案，权利人在侵犯专利权纠纷案件中又将其纳入专利权保护范围的，人民法院不予支持。"

学界有人认为等同原则是对专利权人权利的扩张，实际上，等同原则在司法实践中的严格应用及其立法原意决定了等同原则实际上是针对原专利权的确认，只不过确认的不是其文字描述，而是其技术创新本身价值。所以在专利侵权诉讼中，等同原则适用的作用更加偏向于对于专利文字意义的深层理解加上对于涉案技术方案的严格剖析。如果该项专利的某项权利要求被卷入一场侵权之诉中并经历了等同原则的适用，那么该项权利要求的实质内容和具体的创造性范畴也被明晰划定。因此，等同原则的适用本质上是一种确认行为，而不是对于专利权本身的扩大。而为了遏止等同原则的不正当扩张，需要引入禁止反悔原则。

在司法实践当中，专利侵权案件的处理往往是无效申请在先，侵权认定审判在后，因为只有在专利有效的前提下才能考虑是否侵权的问题，否则人民法院将直接驳回起诉。问题的重点在于，在无效程序中涉案专利通常已经经历了一次创造性的检验，也即在无效程序中，对于哪些技术方案属于与专利技术方案的技术方案实质性相同，哪些又属于实质上不相同已经由专利复审委员会作出一次认定。因此在司法程序中，无论是出于诚实守信原则，还是对行政机关的尊重，抑或是裁判标准统一的要求以及节约司法资源的综合考虑，无效程序中的相关认定或者当事人的相关称述应当作为侵权案件的参考。这也即禁止反悔原则的其中一个法理基础。从司法解释的内容上可以看出，禁止反悔原则针对的是无效程序中专利权人对自己的专利作缩小解释，又在专利侵权诉讼中作扩大解释的情况。这一行为被西方学者形象地描述为"在专利无效程序中的温顺小猫出了门就成了凶猛的老虎"。因此，禁止反悔原则一方面确保了等同原则在不同的无效或者侵权阶段具有同一标准，另一方面也避免了专利权人利用等同原则不适当地扩大保护范围而使他人陷入侵权境地，而又通过限制等同原则的适用逃避了无效审查。

在万高药业有限公司与优他制药有限责任公司、四川科伦医药贸易有限公司侵犯发明专利权纠纷案中，优他制药有限责任公司在诉讼之前的涉案专利授权和无效宣告程序中作出的意见陈述中强调其权利要求1仅限于特定的技术方案，而排除掉一个技术区间中其他的技术方案。最高人民法院最终在判决认为根据专利权人在涉案专利授权和无效宣告程序中作出的意见陈述及说明书的效果比较分析，认定被诉侵权产品中的相关技术特征与涉案专利中的对应技术特征不构成等同，被诉侵权产品没有落入涉案专利权利要求1的保护范围。

在适用禁止反悔原则时，通常需要注意：（1）专利权人对有关技术特征所作的限制承诺或者放弃必须是明示的，而且已经被记录在专利文档中；（2）限制承诺或者放弃保护的技术内容，必须对专利权的授予或者维持专利权有效产生了实质性作用。

在适用禁止反悔原则时，也存在例外情况。2016年《最高人民法院关于审理侵犯专利权纠纷案件应用法律若干问题的解释（二）》第13条又规定了禁止反悔原则的例外，也即专利申请人、专利权人在专利授权或者无效宣告程序中所作的陈述被明确否定的，不产生放弃技术方案的后果。

在本案中江苏省高级人民法院认为专利权人在专利无效程序中所作的陈述构成了限缩性的意见陈述，并且该陈述未被专利复审委员会明确否定，应适用禁止反悔原则，导致技术方案的放弃。江苏省高级人民法院作出的上述裁判，仅以专利确权阶段裁判机构的裁判为依据，认为专利复审委员会仅依据有关AM/FM的技术特征作出裁判，对于技术特征a、b未作出裁决，也即未进行明确否定。故专利权人在无效程序中所做的限缩性陈述未被明确否定，构成对权利的放弃，适用禁止反悔原则。但是，上述判决割裂了专利授权确权程序存在连续性。必须强调的是，判断权利人作出的陈述是否被"明确否定"，应当基于对专利授权和确权阶段技术特征的审查进行的全面判断，从而判断专利权人就技术特征作出的限缩性陈述是否被裁判者认可。在本案中，就涉案专利的整个授权确权阶段来说，裁判机构在授权过程中对专利权人基于技术特征 a、b 的陈述不予认可，持明确否定意见；而到了确权程序中，专利复审委员会也并未推翻前述否定意见，不能得出专利复审委员会认为区别特征 a、b 不属于公知常识的结论。通过图 4-2 可以对涉案专利的整个授权确权程序有一个清晰的认识。

因此，从涉案专利的全部授权确权程序来看，专利权人认为涉案专利与最接近现有技术 CN1841843A 存在区别特征 a、b 的陈述已经被国家知识产权局明确否定，江苏省高级人民法院割裂了专利授权确权程序的连续性，仅从专利复审委员会未在无效程序中评述区别特征 a、b 就认为不存在明确否定，二审判决存在适用法律错误的情形。

此外，应当强调的是，禁止反悔原则是民法中的诚实信用原则在专利法领域的具体体现，其实质是需要行为人遵循诚实信用原则，信守诺言，诚实不欺，不得出尔反尔，损害第三人对其行为的信赖和预期。最高人民法院在过往的案例中曾明确提出，禁止反悔原则的适用应以行为人出尔反尔的行为损害第三人对其行为的信赖和预期为必要条件，其目的在于防止权利人"两头得利"——既通过限缩性解释或陈述获取专利的授权或有效确认，又主张对已经放弃的权利的保护来扩大专利的保护范围。本案中，专利权人获取专利授权并非基于对技术特征 a、b 的限制性陈述，专利无效审查程序中涉案专利亦非因所作出的相同陈述而被确认有效。这与所作的限缩性陈述并未带来专利权的获得和专利权的维持的事实相符，与禁止反悔原则防止权利人"两头得利"的目的不相悖。因而，在这种情况下不应适用禁止反悔原则。

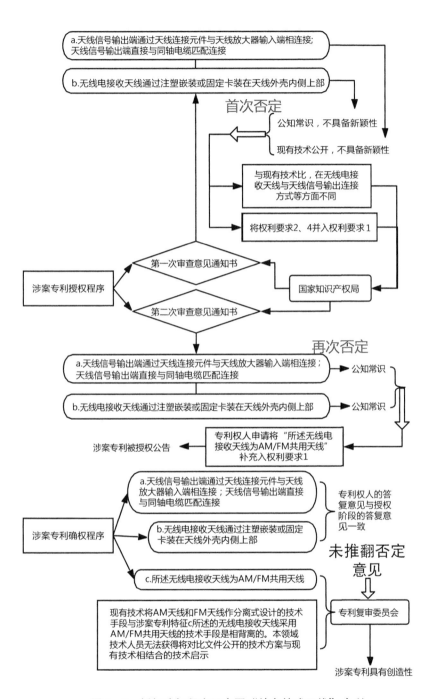

图 4－2　授权确权程序示意图 "鲨鱼鳍式天线" 专利

最高人民法院在审理本案后指出，由于专利授权确权程序对于技术特征的认定存在连续性，判断权利人作出的陈述是否被"明确否定"，应当对专利授权和确权阶段技术特征的审查进行客观全面的判断，着重考察权利人对技术方案作出的限缩性陈述是否最终被裁判者认可，是否由此导致专利申请得以授权或者专利权得以维持。同时指出，由于专利权人作出的限缩性陈述在实质审查中已被明确否定，而无效审查程序并未推翻该认定得出相反的结论，在这种情况下，应当认定存在专利权人的限缩性陈述已被明确否定的事实。这与所作的限缩性陈述并未带来专利权的获得和专利权的维持的事实相符，与禁止反悔原则防止权利人'两头得利'的目的不相悖。最终作出裁定："指令江苏省高级人民法院再审本案；再审期间，中止原判决的执行。"

第二章 专利侵权判定规则

五、判断是否构成专利侵权不能
以涉案专利的实施例作为比较对象

——深圳市来电科技有限公司诉深圳市云充吧
科技有限公司专利侵权纠纷案*

【本案看点】

　　发明或者实用新型专利权的保护范围以其权利要求的内容为准，说明书及附图可以用以解释权利要求。判定被侵权技术方案是否落入专利权的保护范围，应当审查权利人主张的权利要求所记载的全部特征，而不能以实施例作为比对的对象

【相关法律法规】

　　《中华人民共和国专利法》第 11 条、第 59 条，《最高人民法院关于审理侵犯专利权纠纷案件应用法律若干问题的解释》第 1 条、第 7 条，《北京市高级人民法院专利侵权判定指南（2017）》第 108 条

【案情介绍】

　　共享经济是时下热门的一种经济模式，强调在不转移物的所有权的情况

---

　　* 〔2016〕粤 03 民初 1417 号民事判决、〔2017〕粤民终 1136 号。

下增加物的使用率和利用率，从而达到资源的最佳配置效果。在共享经济模式下，因为物的利用方式发生了变革，会涌现许多新的法律问题。本案就是发生在共享经济模式下的一起专利侵权纠纷。

深圳市来电科技有限公司（下称来电）与深圳市云充吧科技有限公司（下称云充吧）都是以共享充电宝的研发、制造及销售为主要经营范围的企业。来电成立于2014年8月，2015年2月14日来电申请了一项实用新型专利，名称为"一种移动电源租借终端"。2016年6月24日，涉案专利获得授权公告，专利号为：ZL201520112053.2，总共有10项权利要求，其中核心的独立权利要求1一种移动电源租借终端，其特征在于所述租借终端包括CPU、分别与CPU连接的网络通信模块和至少一主控MCU，以及分别与主控MCU连接的充电模块、充电柜运动驱动电机和移动电源信息读取模块；每个充电柜对应一个主控MCU和分别与主控MCU连接的充电模块、充电柜运动驱动电机和移动电源信息读取模块；CPU用于根据网络通信模块从云端服务器接收的租借指令来控制其中一个或多个主控MCU生成相应的租借控制指令，还用于控制主控MCU生成充电管理控制指令，还用于接收主控MCU获取的信息通过网络通信模块反馈至云端服务器；主控MCU用于生成充电管理控制指令，控制充电模块给充电柜中的移动电源充电，还用于生成租借控制指令控制充电柜运动驱动电机的正转和反转，还用于从移动电源信息读取模块获取移动电源的相关信息；充电模块用于给充电柜中的移动电源充电；充电柜运动驱动电机用于将移动电源传入充电柜或从充电柜传出；移动电源信息读取模块用于读取与其连接的移动电源的相关信息。

根据涉案专利的描述，涉案专利是用以解决提供一种便于使用的移动电源租借装置的专利。如图5-1所示的涉案专利一个实施例示意图所示，CPU11和网络通信模块12相连，根据云端服务器的通信指令对移动电源租借终端全局进行控制。移动电源租借终端设置有至少一个充电柜，移动电源放置在充电柜中供用户借出或返还。每个充电柜中设置有一个主控MCU13，主控MCU13相当于受CPU11控制下的二级控制单元，主控MCU13根据CPU11

的指令，控制充电模块 14 给移动电源充电，控制充电柜运动驱动电机 15 输送移动电源。此外，MCU13 还接受移动电源信息读取模块所读取的移动电源相关信息。

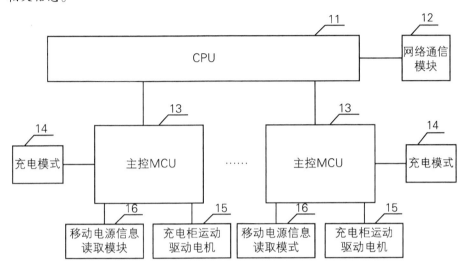

图 5-1　"一种移动电源租借终端"专利的一个实施例

2016 年，来电认为云充吧安放在各大商场等营业场所的"云充吧智能充电宝租赁"产品侵犯了其对涉案专利享有的专利权，遂向人民法院提起诉讼，请求判令云冲吧停止制造销售使用侵犯涉案专利权的产品，同时赔偿经济损失及合理开支。

【案件聚焦】

本案的主要争议焦点有以下两点。

第一是被控侵权产品是否落入了涉案专利的保护范围。来电主张其专利的权利要求 1 主要可以分解为 8 点技术特征：（1）一种移动电源租借终端；（2）租借终端包括 CPU、分别于 CPU 连接的网络通信模块和至少一个主控 MCU 以及分别与主控 MCU 连接的充电模块、充电柜运动驱动电机和移动电源信息读取模块；（3）每个充电柜对应一个主控 MCU 和分别与主控 MCU

连接的充电模块、充电柜运动驱动电机和移动电源信息读取模块；（4）CPU用于根据网络通信模块从云端服务器接受的租借指令来控制其中一个或多个主控MCU生成相应的租借控制指令，还用于控制主控MCU生成充电管理控制指令，还用于接受主控MCU获取的信息通过网络通信模块反馈至云端服务器；（5）主控MCU用于生成充电管理控制指令，控制充电模块给充电柜中的移动电源充电，还用于生成租借控制指令控制充电柜运动驱动电机的正转和反转，还用于从移动电源信息读取模块获取移动电源的相关信息；（6）充电模块用于给充电柜中的移动电源充电；（7）充电柜运动驱动电机用于将移动电源传入充电柜或从充电柜传出；（8）移动电源信息读取模块用于读取与其连接的移动电源的相关信息。

将被控侵权产品与涉案专利权利要求1进行比较，具备了上述全部8个权利要求，因此构成了对涉案专利的侵权。

云充吧则认为，其生产的产品所用技术并未落入来电专利的技术特征保护范围，被控侵权产品不具备涉案专利权利要求1的全部技术特征。被控侵权产品为实现移动电源的传入和传出采用的是公共通道和机械手的设计。在被控侵权产品的实际工作中，归还的移动电源通过移动电源入口进入公共通道，机械手从通道上抓取移动电源并在电机的驱动下将充电宝传送到数十个充电柜中的某一个充电柜进行充电。借出的移动电源同样由机械手抓取，机械手在电机的驱动下将移动电源传送到公共的通道上，最后由用户在入口处取得。因此，与涉案专利相比，被控侵权产品是采用机械手及公共通道运送移动电源，并且多个充电柜共用一个主控MCU，因此不具备充电柜运动驱动电机以及"每个充电柜对应一个主控MCU"等技术特征，侵权产品至少不具备涉案专利技术特征2、3、5、7。

本案的第二个争议焦点在于云充吧是否实施了销售和许诺销售的行为。云充吧的被控侵权产品是设置在大型商场、便利店或者车站等人流量较为密集的场所向用户提供移动电源的租赁服务。经过来电提交的相关公证证明，"云充吧"相关被控侵权产品在某购物中心有投放并使用的事实，通过在线扫描，支付押金即可获得一台租借成功的具有独一无二编号的充电宝，并且可以进行相应的归还和续借。根据产品 logo 和流程显示，证明产品系云充吧方所生产投放；整个过程都由公证员进行记录并封存实物。来电方主张的侵权行为主要是针对云充吧将被诉侵权产品租赁给商场使用或直接在商场销售，因此构成销售侵权，并且，在商场等地投放的行为本身也是一种购买邀约，其他商户可以联系云冲吧公司进行购买，因此构成许诺销售。

云充吧则抗辩称，来电提交的公证证据只能证明被控侵权产品用于租借移动电源，但并不能直接证明其有销售被控侵权产品的行为。云充吧摆放被诉侵权产品仅用于提供给用户使用，既未出售给商场也未租赁给商场，云充吧只有提供移动电源租赁的意思表示，不具有销售被诉侵权产品的意思表示。

【裁判定夺】

发明或者实用新型专利权的保护范围以其权利要求的内容为准，说明书及附图可以用以解释权利要求。人民法院应当根据权利人主张的权利要求确定专利权的保护范围；判定被侵权技术方案是否落入专利权的保护范围，应当审查权利人主张的权利要求所记载的全部特征。如果被诉侵权技术方案包含与权利要求记载的全部技术特征相同或者等同的技术特征的，人民法院应当认定其落入专利权的保护范围；若被诉侵权技术方案的技术特征与权利要求记载的全部技术特征相比较，缺少权利要求记载的一个以上的技术特征或者有一个或一个以上的特征不等同的，人民法院应当认定其没有落入专利权的保护范围。据此，判断是否落入侵权范围，应当以权利要求书的记载事项为准，而不是以实施例作为比对的对象。

云充吧所指出被控侵权产品与涉案专利不同的几点，是将被控侵权产品与涉案专利的一个具体实施例进行比对得出的。即使被诉侵权产品与涉案专利实施例的技术方案存在区别，但在判断被诉侵权产品是否落入涉案专利保护范围时，仍要以权利要求书记载的内容为准，不能用实施例的技术特征限定权利要求的技术特征。云充吧所主张的以下两点区别技术特征：（1）云充吧认为被控侵权产品不具备充电柜运动驱动电机，但被控侵权产品机械手以及公共通道的驱动都是由充电柜驱动电机完成的，涉案专利技术特征仅要求具备每个充电柜对应的"充电柜运动驱动电机"，以实现移动电源的传入和传出，并未限定该驱动电机必须设置在每个充电柜上，因此被控侵权产品具备"充电柜运动驱动电机"这一技术特征。（2）云充吧认为被控侵权产品没有为每个充电柜单独设置相对应的一个主控 MCU，经现场比对，被控侵权产品中多个充电柜可以共享一个主控 MCU 和移动电源信息读取模块，但从每个充电柜的视角来看，依然是每个充电柜对应一个主控 MCU 和分别与主控MCU 连接的充电模块、充电柜运动驱动电机和移动电源信息读取模块的技术特征，因此被控侵权产品具备"每个充电柜对应一个主控 MCU 和分别与主控 MCU 连接的充电模块、充电柜运动驱动电机和移动电源信息读取模块"的技术特征。因此，将被控侵权产品与涉案专利相比，具备涉案专利的全部技术特征，落入了涉案专利 IDE 保护范围内。

对于云充吧是否存在销售和许诺销售的问题，云充吧抗辩被控侵权产品只是摆放在商场，其与商场不存在买卖关系。但是根据一般商业惯例，摆放在商场的设备是销售给商场的设备，云冲吧方并没有相反证据证明其与商场不存在买卖关系，应当承担举证不利的后果；此外，将被控侵权产品设置在公众视野的商场中，本身也是一种宣传推广的行为，构成销售和承诺销售。故应当认定云充吧实施了销售和许诺销售的行为。

最终，一审法院判决云充吧构成对来电专利权的侵犯，应当承担停止侵权及赔偿来电损失 20 万元人民币的民事责任。

二审法院采取了和一审法院一致的观点，维持了一审法院的判决。

【代理律师说】

时下的共享经济模式无疑改变了很多人的生活方式，如网约车、共享单车、个人自助式 KTV 等的兴起和流行在给人们的生活和娱乐带来诸多便利的同时也吸引了资本大鳄的支持。本案纠纷所反映的就是在新兴的共享充电宝行业内，企业之间通过专利战争限制对手，从而取得竞争优势。

本案纠纷的双方当事人都是专注于共享充电宝领域的初创型企业，但相比云充吧，来电更加重视其在专利上的布局，在正式推出其产品之前，就已经展开密集的专利布局。

本案所涉及的专利对共享充电宝领域而言是极为核心的一项专利。从其权利要求 1 来看，要求保护了一种接受、分发移动电源并为移动电源充电的终端装置，其主要由充电柜、移动电源、CPU、网络通信模块、主控 MCU、充电模块、充电柜运动驱动电机和移动电源信息读取模块等构成。根据涉案专利权利要求 1 的限定，每个充电柜对应于一个主控 MCU 及与主控 MCU 相连接的充电模块、充电柜运动驱动电机和移动电源信息读取模块，也即每个充电柜及相应的功能模块受一个主控 MCU 的控制。而涉案专利说明书则提供一个充电柜对应一主控 MCU 的实施例。云充吧据此认为，涉案专利要求"每个充电柜对应一个主控 MCU"的技术特征是指一个充电柜对应一个主控 MCU，而被控侵权产品则采用多个充电柜对应一个主控 MCU 的设计，因此在这点上，被控侵权产品不具备涉案专利要求的"每个充电柜对应一个主控 MCU"的技术特征。

此外，云充吧还认为被控侵权产品还不具备"充电柜驱动电机"这一技术特征，因为被控侵权产品在接受和分发移动电源时是采用机械手和公共通道的技术方案，而不是使用"充电柜运动驱动电机将移动电源传入或传出充电柜"。

云充吧的上述抗辩主要的问题在于利用实施例中所描述的技术方案不正确地限缩了专利权的保护范围。

根据我国现行专利法的相关法律法规的规定，发明或者实用新型专利权的保护范围以其权利要求的内容为准，说明书及附图的作用在于解释权利要求。说明书及附图的解释作用，也即是对权利要求中需要进一步解释的内容作进一步的明确。在确定发明或实用新型专利权保护范围时，也应当以权利要求中记载的技术方案为依据，而不是限定在说明书中的实施例中技术方案的范围内。

在本案中，涉案专利权利要求所限定的技术特征是"每个充电柜对应一个主控 MCU"，从字面上理解是从充电柜角度出发，要求每个充电柜只受一个主控 MCU 的控制而不受两个以上的主控 MCU 控制，但涉案专利权利要求 1 并没有将多个充电柜受同一个主控 MCU 控制的情况排除在保护范围之外。故虽然涉案专利说明书的一个实施例是一个充电柜对应一个主控 MCU 的情况，但并不能据此认为多个充电柜对应一个主控 MCU 的情况不在涉案专利的保护范围之内。云充吧有关被控侵权产品不具有"每个充电柜对应一个主控 MCU"技术特征的抗辩不成立。涉案专利权利要求 1 限定了充电柜运动驱动电机是用于将移动电源传入充电柜或从充电柜传出，而被控侵权产品的机械手及公共通道的传输都是通过电机驱动完成的，因此实际上被控侵权产品在移动电源的传入或传出上也是采用了驱动电机的技术方案，云充吧关于被控侵权产品不具有"充电柜运动驱动电机"等技术特征的答辩也是不成立的。

本案纠纷所涉及的第二个争议焦点在于云充吧是否实施了销售以及许诺销售的行为。根据《专利法》第十一条规定，实用新型的专利权人能制止他人未经其许可制造、使用、许诺销售、销售、进口专利产品的行为。在本案中，对云充吧实施了制造、使用被控侵权产品的行为，双方是不存在异议的。争议的焦点在于云充吧是否实施了销售及许诺销售的行为。云充吧认为从来电所固定的证据来看，其只能证明被控侵权产品是由云充吧提供并安放在相关商场的，来电没有证据证明云充吧与商场之间还存在买卖关系，同时云充吧也不存在对被控侵权产品进行推广等行为，因此其没有实施销售及许诺销售的行为。

《专利法》并没有对"销售"有特别的定义，按照通常语义的理解，"销售"即一方支付对价而另一方向其提供专利产品的行为。被控侵权产品是一种提供移动电源租赁的自助服务终端，以一般性的常识出发，这一类终端类产品安放在商场内必然是与商场的经营者达成了某些合意。云充吧主张其与商场经营者并不存在买卖关系，但又未提供相关的证据，而事实上，云充吧当然是持有云充吧与商场经营者之间合意情况的证据的。在这种情况下，人民法院根据举证妨碍原则，认定由云充吧承担举证不能的后果是正确的。

六、专利侵权判定中等同原则的适用

——深圳市鹏基龙电安防股份有限公司与
深圳市田面实业股份有限公司
五金厂实用新型专利侵权纠纷案*

【本案看点】

发明或者实用新型专利权保护范围的边界由其权利要求书中明确记载的必要技术特征相等同的特征所确定。所谓等同特征是指与所记载的技术特征以基本相同的手段，实现基本相同的功能，达到基本相同的效果，并且本领域的普通技术人员无须经过创造性劳动就能够联想到的特征

【相关法律法规】

《最高人民法院关于审理侵犯专利权纠纷案件应用法律若干问题的解释（2009）》第7条，《最高人民法院关于审理专利纠纷案件适用法律问题的若干规定（2015）》第17条

【案情介绍】

深圳市田面实业股份有限公司五金厂（下称田面五金厂）于1996年1月16日就"横向推送复合式防火卷帘"向国家知识产权局申请实用新型专利，

---

* 〔2002〕粤高法民三终字第108号。

该专利于 1997 年 2 月 22 日获得授权，专利号为 ZL96236542.4。

深圳市鹏基龙电安防股份有限公司（下称鹏基公司），是由深圳鹏基（集团）有限公司投资控股的独立法人公司，是集研发、生产为一体的安防、消防产品研发、制造企业。

1997 年，田面五金厂发现鹏基公司生产、销售的复合侧向防火卷帘门产品使用了田面五金厂的上述涉案专利技术，落入田面五金厂专利的保护范围，于是其将鹏基公司起诉至法院。

1998 年 1 月 14 日，鹏基公司在本案一审诉讼答辩期内向国家知识产权局专利复审委员会申请宣告 ZL96236542.4 专利无效并被受理，1998 年 2 月 13 日，本案中止诉讼。2000 年 3 月 22 日，国家知识产权局专利复审委员会作出无效宣告请求审查决定书，决定宣告涉案专利权利要求 1 和权利要求 5 无效，在权利要求 2、3 和 4 的基础上维持该实用新型专利权继续有效。一审法院遂恢复审理。

恢复审理后，田面五金厂明确其在本案中经专利复审委维持有效的权利要求 2 及权利要求 3 为以下几点：

权利要求 2 为一种横向推送复合式防火卷帘，有一个可正反转的卷门机，其特征在于包括：可被该卷门机驱动的卷筒轴 3、通过传动链条与所述卷筒轴 3 耦合的链轮轴 2、设在链轮轴 2 两端的大链轮 15 和 16、与所述大链轮啮合的链条、通过异形挂板连接在所述链条上的多个复合帘板 1、设在卷筒轴 3 的下部的卷筒 6 上的收卷动盘 7，所述复合帘板 1 由两块曲线形帘片插合而成，其间填充有硅酸铝纤维。还包括包箱 10，所述卷筒轴 3 由卷轴 5 和刚性连接在该卷轴 5 上的卷筒 6 组成，其中，所述卷轴 5 的两端分别通过定位轴承 11 和 12 连接在包箱 10 的顶面与底面之间。

权利要求 3 为一种横向推送复合式防火卷帘，有一个可正反转的卷门机，其特征在于包括：可被该卷门机驱动的卷筒轴 3、通过传动链条与所述卷筒轴 3 耦合的链轮轴 2、设在链轮轴 2 两端的大链轮 15 和 16、与所述大链轮啮合的链条、通过异形挂板连接在所述链条上的多个复合帘板 1、设在卷筒轴 3

的下部的卷筒 6 上的收卷动盘 7，所述复合帘板 1 由两块曲线形帘片插合而成，其间填充有硅酸铝纤维。其特征还在于，所述链轮轴 2 的两端分别通过定位轴承 13 和 14 连接在包箱 10 的顶面与底面之间。

涉案专利的说明书附图如图 6-1 所示。其中，卷筒轴 3 由卷轴 5 和刚性连接在该卷轴 5 上的卷筒 6 组成，卷筒 6 下部设置有收卷动盘 7，卷帘门门板由多块复合帘板 1 组成，单块复合帘板 1 则是由两块曲线形帘片插合而成，并于传动链 9 连接，链转轴 2 两端设有大链轮 15、16。在工作时，电机转动，带动卷筒轴 3 转动并带动链转轴 2 两端的大链轮 15、16，大链轮 15、16 拨动传动链条 9，实现复合帘片 1 前行，在收帘时，收卷动盘 7 辅助复合帘片 1 收卷。

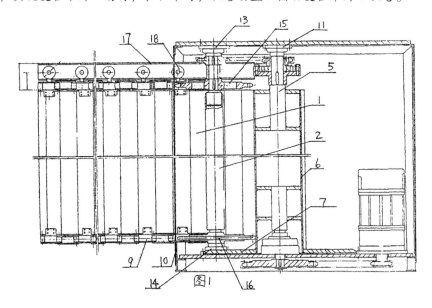

图 6-1 "横向推送复合式防火卷帘"专利说明书附图

田面五金厂认为，其专利主要技术特征表现在：（1）卷轴与卷筒刚性连接组成卷筒轴，刚性连接的卷筒轴可以被电机直接驱动，至于动力来源于一个电机还是来源于两个电机，只是技术方案的不同实施途径。（2）在卷筒轴、链轮轴的动力路径上设有离合装置，电机正转时，卷筒轴随动，电机反转时，链轮轴随动，所述的离合装置在权利说明书和附图中有所体现。田面五金厂的专利实用可行。被控侵权产品包含了田面五金厂专利权利要求中的大多数技术特征，虽然有两项技术特征没有以完全相同的复制方式复制专利技术，但被控侵权产品的该两项技术特征与专利技术特征相比是等同技术替换，因此，鹏基公司的产品侵犯了田面五金厂的专利权。

庭审中，鹏基公司承认被控侵权产品复合侧向防火卷帘门是其生产、销售的，但鹏基公司认为其生产、销售的复合侧向防火卷帘门产品与田面五金厂的专利技术不相同。鹏基公司的产品与涉案专利的技术方案相比，首先，传动原理不同，专利包括一个可正反转的电机驱动卷筒轴，卷筒轴通过传动链条又直接驱动大链轮，故链轮轴的动力源来自卷筒轴。鹏基公司的产品在卷筒轴和链轮轴之间没有传动链条，故链轮轴的动力源不是来自卷筒轴，而是来自第二个电机。其次，田面五金厂的专利在理论上不能实现，鹏基公司的产品可以实现。根据专利权利要求书所述，专利由一个可正反转的电机驱动卷筒轴，卷筒轴通过传动链轮实现送帘和卷帘动作，在同一次工作时间里，电机、卷筒轴、链轮轴三者的转速是一致的即角速度是不变的，同时，三者的线速度和角速度在一致的情况下才能进行工作，但随着送帘和卷帘动作的进行，卷筒轴上缠绕帘板的层数会因增加或减少半径在发生变化，导致卷筒轴的线速度发生变化，当电机、卷筒轴、链轮轴三者的线速度和角速度在不一致的情况下进行工作时，帘板将会产生撕裂，除非像田面五金厂所述或者像其提供的演示模型所演示的那样在卷筒轴、链轮轴的动力路径上装一个离合器，随着电机的正反转，离合器对卷筒轴、链轮轴实行此离彼合的作用，专利技术则有可能实现。但是，田面五金厂专利权利要求中并没有关于离合器技术特征的内容，该技术特征不属于专利保护的范围。由此可见，专利技术在理论上不可能实现，鹏基公司的产品则具有实用性，说明了两者完全是不同技术方案的产品。

一审法院委托深圳市知识产权研究会对田面五金厂所有的专利"横向推送复合式防火卷帘"与鹏基公司的产品"复合侧向防火卷帘产品"的技术特征进行比较，对两者是否属于相同技术、不同技术、等同技术作出鉴定。深圳市知识产权研究会通过对安装在深圳投资大厦的被控产品与本专利的新的权利要求1、权利要求2、权利要求3对比，作出的鉴定报告结论为两者的区别是：（1）本专利采用一个可正反转的电机驱动，被控产品采用一个可正转的电机和一个可反转的电机驱动。（2）本专利的电机驱动卷筒轴，卷筒轴通过传动链条驱动大链轮，被控产品的一个电机驱动卷筒轴，而另一个电机驱动大链轮，在卷筒轴和大链轮之间没有传动装置。根据本专利的说明书记载，所述的装置在工作时，卷门机可作正反转。送帘时，卷门机4正转，卷筒轴随，链轮轴2上的大链轮15和16拨动传动9带动复合帘片1前行实现送帘动作；收帘时，卷门机4反转，链轮轴2随，卷筒6反向旋转，复合帘片1经动盘7被卷筒收卷，实现收帘动作。由于卷筒轴与卷筒刚性连接，而卷筒通过链轮和链条将动力传递到链轮轴，因此，链轮轴与卷筒是同步转动的。在实现送帘和收帘动作时，由于卷筒轴和链轮轴的转速都不变，而卷筒轴上卷绕的复合帘板随送帘和收帘动作的进行其半径是变化的，因此，其送帘和收帘的速度是变化的，这必然会使卷筒轴和链轮轴之间产生矛盾，从而使复合帘板产生打折弯曲或者撕裂的现象。田面五金厂强调其技术方案中卷筒轴上设有离合装置，但专家组认为，确定其技术方案应以其权利要求书的内容为准，说明书可以用来解释权利要求，由于本专利的权利要求书和说明书都没有关于离合装置的记载，因此，对其技术方案的理解不应包含离合装置的内容。被控产品采用一个可正转的电机和一个可反转的电机驱动，即由一个电机驱动卷筒轴，而另一个电机驱动大链轮，在卷筒轴和大链轮之间没有传动装置。由此可见，两者技术特征和技术方案不同，效果也不同，两者存在实质性的区别，属于不同技术。

一审法院认为，涉案专利经国家知识产权局专利复审委员会维持有效的权利要求书明确，涉案专利是一种横向推送复合式防火卷帘，有一个可正反转的卷门机（电机），其特征在于可被卷门机驱动的卷筒轴3、通过传动链条与所述卷筒轴3耦合的链轮轴2卷筒轴3通过传动链条直接驱动大链轮实现收帘和送帘动作。可见，采用一个可正反转的电机驱动卷筒轴，卷筒轴通过传动链条直接驱动大链是田面五金厂专利技术的必要技术特征。被控产品采用两个电机驱动，由电机1驱动卷筒轴，电机2驱动大链轮，在卷筒轴和大链轮之间没有传动装置。显然，被控产品的必要技术特征与田面五金厂专利的必要技术特征不相同。本案鉴定报告的结论也认定了两者的必要技术特征不相同。田面五金厂亦认可两者必要技术特征存在差异，但强调两者是等同技术替换。等同技术的替换应当是在具体技术特征之间的彼此替换，即被控产品的具体技术特征与专利权利要求中的相应技术特征进行比较是否等同，而不是完整技术方案之间的彼此替换。既然，被控产品的相应技术特征与田面五金厂专利的必要技术特征不相同，两者就不存在等同技术比较的基础，因此，被控产品与田面五金厂专利技术不是等同技术。田面五金厂强调其专利说明书及附图中有离合装置的记载应属于专利的保护范围。一审法院认为，实用新型专利的保护范围应以专利权利要求书的内容为准，说明书及附图可以用于对专利权利要求字面所限定的技术方案的保护范围作出公平的扩大或者缩小的解释，但不能以专利说明书或者附图公开的内容纠正专利权利要求记载的技术内容，当专利权利要求书记载的技术内容与专利说明书中的描述或体现不尽相同时，则以专利权利要求限定的保护范围为准。因此，田面五金厂主张的理由不能成立，一审法院不予采纳。综上所述，被控侵权产品没有覆盖田面五金厂专利的全部技术特征，没有落入专利的保护范围。田面五金厂的诉讼请求缺乏事实依据和法律依据，一审法院不予支持。

田面五金厂不服该一审判决，向广东省高级人民法院提起上诉。

【案件聚焦】

本案二审的争议焦点为被控产品的必要技术特征是否属于上诉人专利的等同特征。

上诉人田面五金厂上诉理由是专利权的保护范围不仅包括由权利要求的文字所限定的技术特征构成的技术方案，而且还包括由这些特征的等同手段所构成的技术方案。而一审判决认为"被控产品的相应技术特征与原告专利的必要技术特征不相同，两者就不存在等同技术比较的基础，因此，被控产品与原告专利技术不存在等同技术比较的基础"。

被上诉人鹏基公司则辩称被控产品的必要技术特征与上诉人专利的必要技术特征不相同。两者属于根本不同的技术方案，不存在等同技术比较的基础。

【裁判定夺】

实用新型专利侵权与否的判定，应当将专利权利要求中记载的技术方案的全部必要技术特征与被控侵权产品的全部技术特征逐一进行对应比较。必要技术特征是指在技术方案中能够独立地解决发明或实用新型的技术问题产生技术效果的技术单元或者技术单元的集合。产品专利的技术特征包括产品的部件以及部件之间的组合关系。由于上诉人专利的新的权利要求中已经不包括电机（卷门机），上诉人专利的必要技术特征应为原独立权利要求1的技术特征与从属权利要求2、3、4的特征合并构成新的权利要求的技术特征。比较本案上诉人涉案专利的全部必要技术特征与被控产品的全部技术特征，二者的区别主要是产品部件之间的组合关系不同，即上诉人专利的电机（卷门机）驱动卷筒轴，卷筒轴通过传动链条驱动大链轮，被控产品由一个电机（卷门机）驱动卷筒轴，而由另一个电机驱动大链轮，在卷筒轴与大链轮之间没有传动装置。双方当事人对于两者上述必要技术特征的差异没有异议，因此，本案双方当事人争议的焦点是被控产品的必要技术特征是否属于上诉人专利的等同特征。等同特征指某一特征与权利要求中的相应技术特征相比，以基本相同的手段，实现基本相同的功能，达到基本相同的效果，是本领域的普通技术人员无须经过创造性劳动就能够联想到的特征。前述上诉人专利必要技术特征与被控产品相应技术特征明显不同，工作原理和技术效果也不同，因此，应当认定二者存在实质性区别，属于不同的技术，被控产品的相应技术特征不是本案专利的等同特征。上诉人关于被控产品的技术是专利的等同技术的主张没有事实和法律依据，本院不予采纳，故上诉人的该项上诉请求亦不能成立，本院予以驳回。

法院最终在〔2002〕粤高法民三终字第 108 号判决中判决驳回上诉，维持原判决。

【代理律师说】

本案是一起涉及等同原则适用的典型案例。本案的一审法院对等同原则如何适用的理解是存在一定错误的，至少与现今的司法实践不一致。尽管一审法院这一错误适用等同原则对案件实体结果没有影响，但最终由二审法院作出了正确的认定。从这一案件可以反映出在等同原则制度在我国建立之初的适用情况。

在分析本案前，先对我国的专利的侵权判断规则大致作一下介绍。

在我国对于专利侵权的判定，大致要遵循以下几个步骤，即先确定被保护的专利的界限，再把被控侵权产品的技术特征总结概括，再进行最后的对比，确定专利与被控侵权产品之间各个技术特征是构成相同还是等同。但是这三个环节在实务案件中都可能存在争议。首先，在比对对象的问题上，在早期的司法实践中屡次出现错误认定。例如，将专利应用的产品或者说明书上的应用实施例作为比对对象，从而得出错误的结论。上述错误源自对于法条的错误理解。专利法所保护的是技术创新，是基于思想的无形财产，而不是以实际产品实施为根基的技术方案实例。其次，在确定被控侵权产品的技术特征上也并非总是一帆风顺的。在最高人民法院 2017 年 3 月发布的礼来公司诉常州华生制药有限公司侵害发明专利权纠纷指导性案例中，由于被诉侵权技术方案不直观、技术门槛较高且不便公开，故准确地识别和判定技术方案便成为本案的争议焦点。而最终，人民法院通过证据规则解决了被控侵权技术方案技术特征的问题。未来科技黑箱和高精尖科技的增多和广泛将会给被诉侵权产品的技术方案认定提出一个技术认定的操作上的难题，由于其司法重要性，这一环节的解决不能仅依赖朴素的直观判定或者委托鉴定，应当由更成熟的司法或行政系统予以解决。最后，侵权判断的第三个步骤则是侵权比对，《最高人民法院关于审理侵犯专利权纠纷案件应用法律若干问题的解释》第 7 条规定："人民法院判定被诉侵权技术方案是否落入专利权的保护范围，应当审查权利人主张的权利要求所记载的全部技术特征。被诉侵权技术方案包含与权利要求记载的全部技术特征相同或者等同的技术特征的，人民法院应当认定其落入专利权的保护范围；被诉侵权技术方案的技术特征与权利要求记载的全部技术特征相比，缺少权利要求记载的一个以上的技术特征，或者有一个以上技术特征不相同也不等同的，人民法院应当认定其没有落入专利权的保护范围。" 这一条文描述的实际上是全面覆盖原则，这一原则作为判断专利侵权的基础原则，在专利的认定当中应用广泛。通俗地讲，全面覆盖原则系指当被诉侵权产品技术方案完全包括涉案专利方案的情况下，才构成专利侵权。这样的制度实际上保护的是一整套技术方案的独占性，而不是其中某一个技术特征；即使某一个技术方案虽然完全涵盖了涉案专利的全部技术特征，但是其在此基础上又有新的技术点，这种情况仍然会构成侵权。全面覆盖原则给予了审判人员非常直接的指引作用，审批人员可以直接按照权利要求书记载的内容按图索骥般在被诉侵权产品上寻找技术特征点，进而得出是否侵权的结论。

而司法实践当中，如此简单的模式只占一部分，在专利技术特征的逐项对比中，总会发现一些虽然不是完全相同的技术特征，却属于"等同的技术特征"。专利侵权中的等同原则是指，如果技术方案不完全相同，也可能构成专利侵权。这一原则实际上在许多国家都已确立，成为一种普适的观点，我国对于等同原则具体适用的描述主要体现在《最高人民法院关于审理专利纠纷案件适用法律问题的若干规定》的第 17 条第 2 款规定："等同特征，是指与所记载的技术特征以基本相同的手段，实现基本相同的功能，达到基本相同的效果，并且本领域普通技术人员在被诉侵权行为发生时无须经过创造性劳动就能够联想到的特征。" 等同原则实际上是对于全面覆盖原则的补充。在广州市创宏电子有限公司诉广州欢乐购电子有限公司等侵害实用新型专利权纠纷案中，这一原则的应用实际上更为标准化和易于理解："涉案专利所具有某技术特征，其目的在于通过螺钉与螺纹相互锁紧，从而将圆形电路板和圆盖锁紧在固定柱上。而被诉侵权产品圆盖上的螺柱贯穿于圆形电路板的固定孔和承托盘上的固定柱，并通过螺钉与螺柱相互锁紧，从而将圆形电路板和圆盖锁紧在固定柱上。法院因此认定两者使用了基本相同的手段，实现基本相同的功能，达到基本相同的效果，并且该区别技术技征属于本领域普通技术人员无须经过创造性劳动就能够联想到的特征，因此，两者构成等同特征，被诉侵权产品落入涉案专利权的保护范围。"

综上所述，可以稍作总结，所谓等同原则也即将被控侵权的某项产品或技术，与涉案专利技术相比，虽未在字面上落入该专利权利要求书范围之内，被控侵权产品或技术中的一个或几个技术要素虽然与专利权利要求书中的技术要素不一样，但若二者只有非实质性区别，则该被控侵权的产品或技术仍落入涉案专利的保护范围。

因此，对于侵权比对的步骤可以进一步细化如下：（1）比较被控侵权产品是否具备了涉案专利的全部必要技术特征；（2）分析被控侵权产品与涉案专利具有差别的技术特征是否是涉案专利相应必要技术特征的等同技术特征，如果是，则同样也属于具备该必要技术特征；（3）如果被控侵权产品缺少涉案专利的一项或几项必要技术特征，并且被控侵权产品也不具备相应的等同技术特征，则被控侵权产品不落入涉案专利的保护范围内。上述第二步就需要借助等同原则判断是否构成等同技术特征。

根据上述侵权比对的方法，从原则上讲，所有被控侵权产品与涉案专利具有差别的特征都需要经过等同原则的检测，只不过在个别情况下，这一差别过于明显以至于裁判人员可以直接得出"不相同也不等同"的结论。

本案发生在 2002 年，距离 2001 年颁布的《最高人民法院关于审理专利纠纷案件适用法律问题的若干规定》时间间隔不长。本案中，一审法院认为"被控产品的相应技术特征与田面五金厂专利的必要技术特征不相同，两者就不存在等同技术比较的基础"，结合具体案情，可以理解一审法院此处想要表达的是被控侵权产品的技术特征与涉案专利的技术特征相比，在原理、效果上都具有实质性的差别，可以直接判断出二者属于不同的技术方案，因此不需要适用等同原则。但一审法院得出这一结论的过程，实质上正是省略细节的等同原则的适用。一审法院在已经得出二者不属于同一技术方案的结论上，进而认为不需要采用等同原则进行比较，无疑是本末倒置的做法。

二审法院虽然未明确指出一审法院对法律的理解错误，但其实质上将案件的争议焦点回归到涉案侵权产品与涉案专利的电机（卷门机）、卷筒轴和大链轮之间的相互连接关系及驱动关系是否等同。从具体案件来看，上诉人专利的电机（卷门机）驱动卷筒轴，卷筒轴通过传动链条驱动大链轮，被控产品由一个电机（卷门机）驱动卷筒轴，而由另一个电机驱动大链轮，在卷筒轴与大链轮之间没有传动装置。涉案侵权产品与涉案专利技术方案的部件之间的组合关系不同，二者的技术特征明显不同，其工作原理也不同，因此二审法院得出不构成等同技术特征的结论。二审法院的这一论述及法律适用，更符合现今司法实践对等同原则的理解。

七、如何确定某一特征是否属于等同技术特征

——龙岗南约查尔顿首饰厂与深圳市万乐园电子有限公司侵害实用新型发明专利权纠纷案*

【本案看点】

判断是否构成等同特征，需要从技术手段、技术功能、技术效果三个方面去比较两个技术特征是否存在差别，以及这些差别是否是本领域的普通技术人员无须经过创造性劳动就能够联想到的。若两个技术特征之间是采用基本相同的技术手段、实现基本相同的技术功能、达到基本相同的技术效果，则属于等同的技术特征

【相关法律法规】

《最高人民法院关于审理专利纠纷案件适用法律问题的若干规定》第 17 条，《北京市高级人民法院专利侵权判定指南（2017）》第 41 条至第 60 条

【案情介绍】

龙岗南约查尔顿首饰厂（下称查尔顿首饰厂）是美国查尔斯顿国际有限公司在中国的分支机构。查尔顿首饰厂持有一件专利号为 ZL200320124700.9，名称为"多粒宝石自动粘接装置"的实用新型专利（下称 9 号专利）以及一件

---

* 〔2009〕粤高法民三终字第 70 号。

专利号为 ZL200320124910.8，名称为"多盘位多粒宝石研磨抛光装置"的实用新型专利（下称 8 号专利）。9 号专利的申请日为 2003 年 12 月 2 日，授权公告日为 2005 年 11 月 23 日；8 号专利的申请日为 2003 年 12 月 2 日，授权公告日是 2005 年 8 月 10 日。至本案纠纷发生时，上述专利都按期缴纳年费，处于有效状态。

2007 年，查尔顿首饰厂认为深圳市万乐园电子有限公司（下称万乐园公司）在其宝石加工设备中使用了 8 号专利及 9 号专利中记载的技术方案，构成了对其专利权的侵权，故将其诉至深圳市中级人民法院。

2008 年 5 月 9 日，国家知识产权局专利复审委员会下发《无效宣告请求审查决定书》（第 11411 号），决定"宣告 ZL200320124910.8 实用新型专利权全部无效"。2008 年 6 月 17 日，国家知识产权局专利复审委员会下发《无效宣告请求审查决定书》（第 11592 号），决定"维持 ZL200320124700.9 实用新型专利权有效"。

一审庭审中，查尔顿首饰厂明确放弃了其对 8 号专利的主张。

9 号专利独立权利要求 1 为一种多粒宝石自动粘接装置，其特征在于：包括配合工作的至少一台主机和至少一台附机；所述的主机至少包括机架、装设在机架中部的可上下转动的加热装置、装设在机架上方可对应于加热装置上下滑动的一组宝石夹持机构、装设在机架上可对应于机架上方的宝石夹持机构平移的胶粉供应机构、装设在机架上可对应于机架上方的宝石夹持机构移动的残胶清除机构、装设在机架下方的另一组宝石夹持机构；所述的附机至少包括机架，装设在机架中部的加热装置、装设在机架上方可对应于加热装置上下滑动的一组宝石夹持机构、装设在机架上对应于宝石夹持机构的宝石坯料供给机构。

图 7-1 为 9 号专利的具体实施方式的主视图，其中右方部分为主机，左方部分为附机。图 7-2 为主机的左视图，图 7-3 则为附机的左视图。主机中的 1 为宝石夹具，22 为宝石夹具的轴头，2 为一触碰开关，3 为托板。1～

3 构成可上下滑动的宝石夹持机构，并有气缸 10 控制其高度。胶粉转盘 5 在平动气缸 12 的作用下平移到宝石夹具 1 的轴头 22 下端进行轴头 22 的粘胶。粘好胶的宝石夹具 1 被移动到附机上的托架 16 的位置，火管 17 对轴头 22 进行加热，轴头 22 上的胶熔化。气缸 22 拉动宝石夹具 1 下行，此时，预先摆好在宝石坯料排孔架 20 上的宝石坯料 21 被粘接在夹具轴头 22 上。粘好宝石坯料的宝石夹具 1 被取下进行一系列的研磨和抛光后移动回主机。气缸 10 拉动宝石夹具 1 向下移动至火管 6 的排火口，从而对已经完成研磨和抛光的宝石 4 进行加热，使得完成品宝石 4 从宝石夹具 1 的轴头 22 分离。然后宝石夹具 1 被气缸 10 推动至残胶清除机构 8、9 的位置，由残胶旋除钢丝刷 8 去除轴头 22 上的残胶。

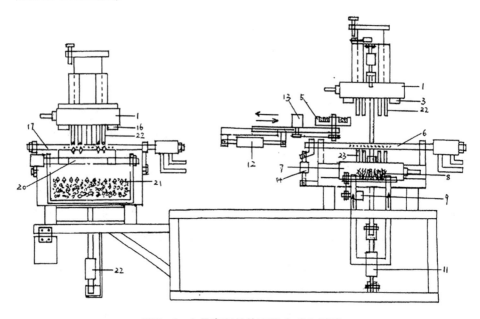

图 7-1　9 号专利具体实施方式主视图

9 号专利的权利要求 1 可进一步分解为 9 号专利具体实施方式主视图以下 11 个技术特征：（1）包括配合工作的至少一台主机和至少一台附机；（2）主机至少包括机架；（3）装设在主机机架中部的可上下转动的加热装置；（4）装设在主机机架上方可对应于加热装置上下滑动的一组宝石夹持机

构；（5）装设在主机机架上可对应于机架上方的宝石夹持机构平移的胶粉供应机构；（6）装设在主机机架上可对应于机架上方的宝石夹持机构移动的残胶清除机构；（7）装设在主机机架下方的另一组宝石夹持机构；（8）附机至少包括机架；（9）装设在附机机架中部的加热装置；（10）装设在附机机架上方可对应于加热装置上下滑动的一组宝石夹持机构；（11）装设在附机机架上对应于宝石夹持机构的宝石坯料供给机构。

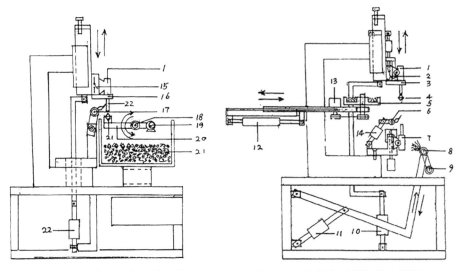

图7-2　9号专利主机的左视图　　　图7-3　9号专利附机的左视图

将被控侵权产品所采用的技术特征与查尔顿首饰厂专利技术特征进行比对，两者相同点为：（1）两者均包括配合工作的至少一台主机和至少一台附机；（2）两者主机均至少包括机架；（3）两者均装设在主机机架中部有加热装置；（4）两者均装设在主机机架上方有可对应于加热装置的一组宝石夹持机构；（5）两者均装设在主机机架上有可对应于机架上方的宝石夹持机构的胶粉供应机构；（6）两者均装设在主机机架上有可对应于机架上方的宝石夹持机构移动的残胶清除机构；（7）两者均装设在主机机架下方有另一组宝石夹持机构；（8）两者附机均至少包括机架；（9）两者均装设在附机机架中部有加热装置；（10）两者均装设在附机机架上方有可对应于加热装置的一组宝石夹持机构；（11）两者均装设在附机机架上有对应于宝石夹持机构的宝石坯料供给机构。

两者所不同的地方在于：（1）万乐园公司设备中的主机加热装置在工作时不具有上下转动的功能；（2）9号专利记载的技术方案是胶粉供应机构平移，宝石夹持机构不动，而万乐园公司的设备是宝石夹持机构平移，胶粉供应机构不动，即被控侵权产品装设在机架上可对应于机架上方的宝石夹持机构的胶粉供应机构工作运行状态没有"平移"的技术特征，但对应于胶粉供应机构的宝石夹持机构能够平移；（3）9号专利记载的技术特征是"加热装置与宝石坯料供给机构固定，宝石夹持机构上下滑动"，万乐园公司设备中则是"宝石夹持机构固定，加热装置与宝石坯料供给机构上下滑动"的方法，也即被控侵权产品装设在附机机架上方可对应于加热装置的一组宝石夹持机构没有"上下滑动"的技术特征，但对应于一组宝石夹持机构的宝石坯料供给机构能够上下滑动。

一审法院审理后认为，被控侵权产品装设在机架中部的加热装置设有连杆机构，连杆机构属于运动传送装置，具备查尔顿首饰厂专利"上下转动"的技术特征；被控侵权产品对应于胶粉供应机构的宝石夹持机构"平移"的技术特征等同代替了查尔顿首饰厂专利胶粉供应机构"平移"的技术特征；被控侵权产品对应于一组宝石夹持机构的宝石坯料供给机构"上下滑动"的技术特征等同代替了查尔顿首饰厂专利一组宝石夹持机构"上下滑动"的技术特征。因此被控侵权产品全面覆盖了查尔顿首饰厂专利11个技术特征，等同代替了查尔顿首饰厂专利2个技术特征，该等同代替技术特征是所属领域的技术人员在侵权发生时通过阅读专利权利要求书和说明书及附图，无须经过创造性劳动就能够联想到的等同替换。被控侵权产品以与查尔顿首饰厂专利基本相同的手段、实现了与查尔顿首饰厂专利基本相同的功能、达到了与查尔顿首饰厂专利基本相同的效果，故被控侵权产品完全落入了查尔顿首饰厂专利的保护范围，构成了对查尔顿首饰厂专利的侵权。

一审判决作出后，万乐园不服一审判决，遂将此案上诉至广东省高级人民法院。

【案件聚焦】

本案的争议焦点在于等同原则的适用。

对于被诉侵权产品与9号专利之间的区别特征，双方当事人有以下三点不同的认识：一是被控侵权产品装设在机架中部的加热装置是否具备查尔顿首饰厂专利"可以上下转动"的技术特征；二是被控侵权产品"宝石夹持机构平移，胶粉供应机构不动"的技术特征是否等同于9号专利"胶粉供应机构平移"的技术特征；三是被控侵权产品"宝石夹持机构固定，加热装置与宝石坯料供给机构上下滑动"的技术特征是否等同于9号专利"宝石夹持机构可上下滑动"的技术特征。

对于上述争议焦点，万乐园公司认为：（1）被控侵权产品虽然装设在机架中部的加热装置设有连杆机构，但连杆机构与9号专利"上下转动"的技术特征不相同也不等同；（2）被控侵权产品坯料供给机构上下滑动的技术特征并不等同于9号专利中宝石夹持机构上下滑动的技术特征，被控侵权产品的技术特征相对于9号专利中的技术特征所采取的手段不相同，达到的效果也完全不同，在技术上有着实质性的改进，宝石坯料供给机构"上下滑动"与宝石夹持机构"上下滑动"不属于等同的技术特征；（3）而胶粉供应机构的平移改为宝石夹持机构的平移，可以避免胶粉尘埃在空气中扩散的缺陷，因此在技术上已经有了显著的进步，达到了与9号专利不同的效果，也不能认定为是等同的技术效果。

查尔顿首饰厂则认为：（1）被控侵权产品主机加热装置虽然看起来在工作中确实没有转动，但是，该加热装置本身是"可以转动"的。而查尔顿首饰厂受保护专利的权利要求中的技术特征恰恰是"装设在机架中部的可上下转动的加热装置"，也就是说，该技术特征中加热装置仅是"可以转动"，并不是"必须转动"，至于何时转动则完全可以视情况而人为决定。因此被控侵权产品的技术特征与 9 号专利所保护的技术特征完全一致。（2）被诉侵权产品附机中的宝石夹持机构虽然不是上下滑动的，但相对应的宝石坯料供给机构和加热装置却是上下滑动的，这与 9 号专利中加热装置与宝石坯料供给机构固定，宝石夹持机构上下滑动的本质是一样的。任何一个普通的机械技术人员都知道，所谓上下滑动的技术本质就是两个部件在同一平面产生相对直线运动而已，不论是被诉侵权产品还是 9 号专利中记载的技术方案，其目的都是让宝石夹持机构接触并夹持宝石坯料，只要两个部件能产生相对运动即可，至于哪个部件运动，哪个部件固定对产生相对运动的本质并没有影响。任何一个本领域的普通技术人员都知道，如果要实现夹持住宝石的目的，则只要让宝石夹持机构和宝石坯料供给机构产生一个相对直线运动接触到另一方即可；而要产生这样一个相对运动，则只要使其中任何一个机构固定，另一个运动，或者说，两者产生一个直线速度差即可，这是最简单的机械常识，根本无须经过任何创造性劳动，被诉侵权产品的这种改变在技术上完全属于相同的手段，实现的功能也是相同的，达到的效果也是完全相同的，并没有带来任何新的技术效果。（3）同样的胶粉供应机构不动、宝石夹持机构移动的变换如果不能带来新的功能和效果，则这种改变无任何意义，属于同样的技术手段，任何一个该领域中的具有一般知识的普通技术人员都会想到。这与审查指南中的"一般（上位）概念"与"具体（下位）概念"完全是两回事。综上所述，原审判决认定事实清楚，适用法律正确，万乐园公司的上诉理由不成立，请求驳回万乐园公司的上诉请求。

【裁判定夺】

广东省高级人民法院审理后认为，9 号专利独立权利要求 1 记载的技术方案与被控侵权产品相比具有以下几个方面的不同（见表 7-1）。

表 7 -1　"多粒宝石自动粘接装置"专利权利要求与
9 号专利独立权利要求 1 记载的技术方案不同点对照表

序号	"多粒宝石自动粘接装置"专利权利要求	9 号专利独立权利要求 1
1	装设在主机机架中部的可上下移动的加热装置	装设在主机机架中部的可上下转动的加热装置
2	固定在主机机架中部,对应于宝石夹持机构的胶粉盘,上述宝石夹持机构可对应于胶粉盘前后平移	装设在主机机架上可对应于机架上方的宝石夹持机构平移的胶粉供应机构
3	固定在附机机架上方的一组宝石夹具	装设在附机机架上方可对应于加热装置上下滑动的一组宝石夹持机构
4	装设在附机机架上可对应于宝石夹具上下滑动的宝石坯料供给机构	装设在附机机架上对应于宝石夹持机构的宝石坯料供给机构

对于上述区别特征是否构成相同或等同,双方当事人有争议。对于第一个区别特征,被控侵权产品的连杆机构驱动加热装置上下移动与 9 号专利"上下转动"的技术特征不相同。对于后三个区别特征被控侵权产品同样与 9 号专利的技术特征不相同。并且上述区别特征的差别是显著的,其实现目的的手段是不相同的,两者并不构成等同。万乐园公司认为被控侵权产品的技术特征与查尔顿首饰厂涉案专利独立权利要求 1 记载的技术特征不等同,理由成立。美国查尔斯顿国际有限公司、查尔顿首饰厂认为被控侵权产品的上述技术特征与查尔顿首饰厂的上述技术特征构成等同,该主张不适当地扩张了其专利独立权利要求 1 的保护范围,从而压缩创新空间、损害创新能力和公共利益,因此不应得到支持。

最终,广东省高级人民法院判决万乐园公司被控侵权产品没有落入查尔顿首饰厂涉案专利的保护范围,万乐园公司没有侵犯查尔顿首饰厂的 9 号专利权,美国查尔斯顿国际有限公司、查尔顿首饰厂请求判令万乐园公司停止侵权、赔偿其经济损失等诉讼请求缺乏事实和法律依据,应予驳回。原审判决认定事实不清,适用法律错误,应予纠正。

【代理律师说】

等同原则和全面覆盖原则都是专利侵权判断中的两大基本原则。

全面覆盖原则要求被控侵权产品必须具备主张权利的权利要求中的全部必要技术特征才构成对涉案专利的侵权，也即被控侵权产品全面覆盖了主张权利的权利要求才构成侵权。但是，如果要求被控侵权产品必须具备与涉案专利完全相同的技术特征才构成侵权则无疑会不合理地限缩专利权的保护范围，如将涉案专利中的技术特征简单地替换成本领域技术人员不需要创造性劳动就能想到的技术特征应当也属于落入专利权的保护范围。而等同原则指的就是专利权的保护范围应当不仅包括权利要求书中明确记载的必要技术特征，也包括与该必要技术特征相等同的特征所确定的范围。即根据等同原则，被控侵权产品如果具备与主张权利的权利要求某一技术特征等同的特征，则同样可以被认为覆盖了涉案专利的技术特征。等同的特征是指与所记载的技术特征以基本相同的手段，实现基本相同的功能，达到基本相同的效果，并且本领域的普通技术人员无须经过创造性劳动就能够联想到的特征。

综合全面覆盖原则与等同原则可以得到专利侵权判断的一般方法，即比对被控侵权产品与涉案专利，先判断被控侵权产品是否具备了与所有涉案专利中所有必要技术特征相同的技术特征，是否构成相同侵权；如果不具有相同的技术特征再判断区别特征是否构成等同的特征，从而使得被控侵权产品构成等同侵权；如果被控侵权产品既不具备涉案专利的全部必要特征，同时区别特征也不构成等同特征，则被控侵权产品不构成专利侵权。除此之外，在适用等同原则时需要注意被诉侵权产品技术方案的整体性，如果权利要求与被诉侵权产品的技术方案存在多个等同特征的，并且多个等同特征的叠加导致被诉侵权产品的技术方案在整体上形成了与权利要求技术构思不同的技术方案，或者被诉侵权技术方案在整体上取得了预料不到的技术效果的，则一般也不认为构成等同侵权。

在本案中，双方争议的焦点主要包括以下三点。

第一，被控侵权产品的加热装置"上下移动"的技术特征是否与 9 号专利中的"上下转动"的技术特征相同，如果不相同是否等同。

对于这一焦点，一审法院认为被控侵权产品在加热装置处设置有连杆机构，而连杆机构是属于运动传送装置，因此被控侵权产品是可以进行"上下转动"的，这与 9 号专利的"上下转动"技术特征相同。但是，从 9 号专利的说明书及附图可以看到图 2 中加热装置 6 是通过一端固定于转动轴上而另一端的喷火口上下转动，而控侵权产品则是利用连杆的结构推动加热装置上下移动，用连杆推动上下移动的技术特征与利用转动轴上下转动的技术特征在原理以及结构上都不相同，因此被控侵权产品这一特征与 9 号专利既不相同也不等同，一审法院对于这一点的认定是错误的。

第二个焦点问题及第三个焦点问题分别在于，被控侵权产品采用宝石夹持机构平移是否等同于 9 号专利中的胶粉供应机构平移；以及宝石坯料供给机构上下滑动是否等同于 9 号专利中的宝石夹持机构上下滑动。

这两个焦点问题的实质在于，9 号专利限定了某个特定机构的移动（宝石夹持机构、胶粉供应机构），而被控侵权产品则采取了相对于该特定机构而言的另一机构进行移动，被控侵权产品的此种技术特征是否构成对 9 号专利的等同？

从被诉侵权产品及 9 号专利中记载的技术方案来看，其需要解决的技术问题并不是让两个特定结构产生相对运动，而是如何让两个特定结构相对运动。相对运动本身在本案中并不重要，重要的是相对运动的形式。考虑到被控侵权产品及 9 号专利涉及的都是一种宝石加工装置，在一个有限的尺度范围内选择哪个机构运动哪个机构固定势必需要本领域技术人员进行一定的选择和设计，付出一定的创造性劳动。被控侵权产品采用的技术方案与 9 号专利相比，使用了不同的技术手段，达到了不同的技术效果，因此查尔顿首饰厂所主张的"至于哪个部件运动，哪个部件固定对产生相对运动的本质并没有影响……根本无须经过任何创造性劳动，被诉侵权产品的这种改变在技术上是完全属于相同的手段，实现的功能也是相同的，达到的效果也是完全相同的，并没有带来任何新的技术效果"是没有依据的。

如果如查尔顿首饰厂所言，"如何设计相对运动无须经过任何创造性劳动"，那么无疑是将涉案专利的保护范围从"宝石夹持机构上下滑动""胶粉供应机构平移"扩大到"宝石夹持机构和宝石坯料供给机构相对运动""胶粉供应机构与宝石夹持机构相对运动"，这得不到9号专利说明书的支持，明显不适当地扩大了9号专利的保护范围。故被控侵权产品与9号专利之间的区别技术特征既不相同也不等同，被控侵权产品没有落入查尔顿首饰厂9号专利的保护范围内。

从本案中可以看到，判断是否构成等同特征需要考虑"三个基本相同＋无须创造性劳动"的因素，即从技术手段、技术功能、技术效果三个方面去比较两个技术特征是否存在差别，以及这些差别是否是本领域的普通技术人员无须经过创造性劳动就能够联想到的。这一判断的主体仍然是普通技术人员，核心在于两个待比较的技术特征之间，在手段、功能、效果上是否不具有实质性的差别。所谓技术手段的基本相同，是指与涉案专利技术特征在工作原理上的基本相同以及属于在被诉侵权行为发生日前所属技术领域惯常替换或者容易想到的技术特征；技术功能的相同，是指区别特征在被诉侵权技术方案中所起到的作用与对应特征在涉案专利技术方案中起到的作用基本相同；技术效果的相同，是指区别特征在被诉侵权技术方案中所达到的效果与对应特征在涉案专利技术方案中起到的效果不存在明显的提高或者降低。在司法实践中，通常对手段、功能、效果是否相同以及是否需要创造性劳动的判断是依次进行的。二审法院根据等同原则的判断原则，认定本案中被控侵权产品与涉案专利之间的区别技术特征在技术手段、技术功能、技术效果上都具有实质性的差别，从而认定被控侵权产品未落入涉案专利的保护范围内，万乐园公司没有侵犯查尔顿首饰厂的专利权。

另外，值得参考的是，《北京市高级人民法院在专利侵权判定指南(2017)》中专节就如何适用等同原则给出指导意见，这一指南对诸如功能性特征的等同、包含数值的技术方案的等同、禁止反悔原则对等同技术特征认定的限制等都作了更加具体的指导，使得等同原则的适用有了更大的可操作性。

八、"封闭式权利要求"与"开放式权利要求"的区分对全面覆盖原则适用的影响

——深圳市博敏电子有限公司与南京市协力电子科技集团有限公司侵害实用新型专利权纠纷案*

【本案看点】

化学领域中的"组合物发明"存在"封闭式权利要求"和"开放式权利要求"的区别。对于封闭式组合物发明而言，被控侵权产品如果增加一种新组分会改变现有组合物的性能及用途，从而形成一种完全不同于涉案专利的新产品，则不落入涉案专利的保护范围。但对于非"组合物发明"而言，一般不存在"封闭式"或者"开放式"的区分，被控侵权产品增加新的技术特征不影响判断其是否落入涉案专利的保护范围

【相关法律法规】

《最高人民法院关于审理侵犯专利权纠纷案件应用法律若干问题的解释（2009）》第7条、第14条，《最高人民法院关于审理侵犯专利权纠纷案件应用法律若干问题的解释（二）（2016）》第7条，《中华人民共和国专利

＊〔2014〕粤高法民三终字第 114 号。

法（2009）》第 22 条、第 62 条，《北京高级人民法院专利侵权判定指南
（2017）》

【案情介绍】

南京市协力电子科技集团有限公司（下称协力公司）主要致力于 PCB
行业检测设备的研发、生产和销售并提供代工测试服务。凭借卓越的服务
及较强的专业能力，其自 2008 年以来协力 SURPASS 系列飞针测试机的销
售更是一举打破多年以来国外厂家对中国高端飞针测试机市场的垄断，成
为中国高端飞针测试机销售冠军，中国 100 强 PCB 企业的绝大部分都是协
力公司的客户。

协力公司于 2010 年 4 月 2 日就"一种光学测试用高亮度卤素灯发光箱"
向国家知识产权局申请实用新型专利，该专利于 2010 年 11 月 24 日获得授
权，专利号为 ZL201020150016.8。

涉案专利授权文本有 6 项权利要求，其中独立权利要求为一种光学测试
用高亮度卤素灯发光箱，由箱体、散热出光支架和卤素灯灯座组成，其特征
是：所述卤素灯灯座固定在散热出光支架内，所述箱体上设有卤素灯泡安装
孔；所述散热出光支架由长方形中空外框架、内框架和盖板组成，所述外框
架带有压缩空气进气口和出气口，所述内框架设在外框架内，外框架和内框
架之间形成压缩空气散热槽，所述卤素灯灯座固定在内框架内边，灯座的前
方设有所述出光孔，所述盖板上设有和所述出光口相应的孔，盖板从所述散
热出光支架前部密封覆盖压缩空气散热槽；所述散热出光支架后部对应卤素
灯泡安装孔位置安装在所述箱体上。

涉案专利的发光箱用于印刷电路板（即 PCB）的光学检测，与现有技术
相比，所解决的技术问题在于提供一种结构简单、散热快、换装灯泡方便的
大功率卤素灯发光箱。涉案专利说明书附图见图 8–1。

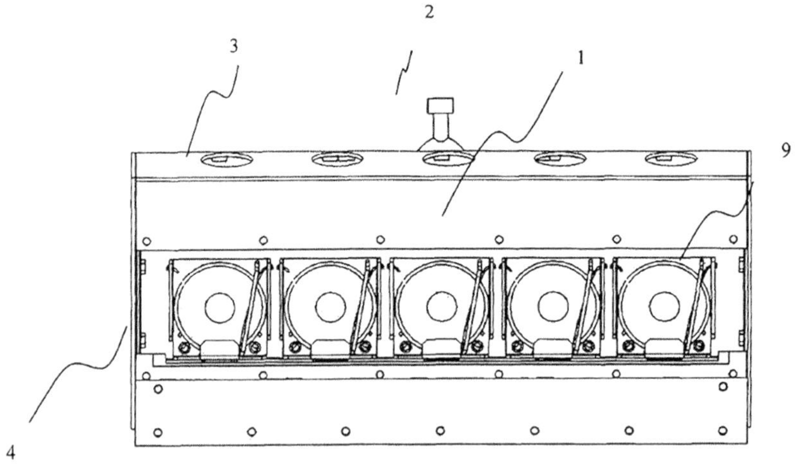

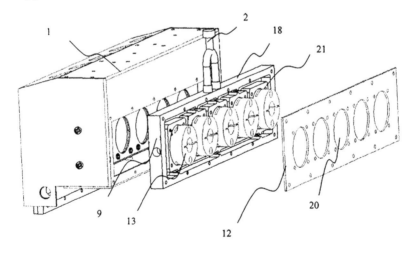

图 8 - 1　卤素灯发光箱箱体结构示意图

卤素灯发光箱 100 由箱体 1、卤素灯灯座 4 和散热出光支架 9 组成，卤素灯灯座 4 安装在散热出光支架 9 内，散热出光支架 9 安装在箱体 1 上（见图 8 - 2）。

图 8 - 2　卤素灯发光箱分解示意图

散热出光支架 9 由长方形中空外框架 18、内框架 21 和盖板 12 组成。外框架 18 带有压缩空气进气口 10 和出气口 19，外框架 18 和内框架 21 之间以及各内框架 21 留有空间，形成压缩空气散热槽 11。卤素灯灯座 4 固定在内框架 21 内，卤素灯灯座的前方设有出光孔 13，盖板 12 上设有和出光口 13 相应的孔 20，盖板 12 从散热出光支架 9 前部密封覆盖压缩空气散热槽（见图 8 - 3）。

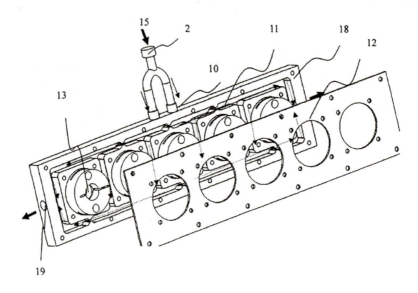

图 8 - 3 　散热出光架结构示意图

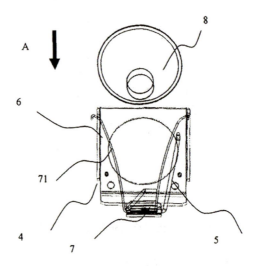

图 8 - 4 　卤素灯座 4 结构示意图

图 8 - 3 中箭头为压缩空气的流动方向，压缩空气可以源源不断通过进气口经相互连通的压缩空气散热槽 11 带出卤素灯泡产生的热能出于左右两侧出气口 19，这样可以达到由压缩空气对于高热的卤素灯进行有效散热之目的。卤素灯 8 出光口向外从上往下插入卤素灯座 4 中的卡簧 71 中，具有更换方便的特点（见图 8 - 4）。

协力公司发现深圳市博敏电子有限公司（下称博敏公司）正在使用的由以色列奥宝公司（下称奥宝公司）制造的 Discovery8200 型自动光学检测机的卤素灯发光箱，该产品的技术特征与涉案专利所保护的技术特征一致，但协力公司从未授权奥宝公司及其关联公司或博敏公司在中国以任何方式使用涉案专利。故协力公司将博敏公司告上法院。

一审法院将被诉侵权产品的技术特征与涉案专利权利要求 1 中的技术特征比对如表 8 - 1 所示。

表 8 - 1　"一种光学测试用高亮度卤素灯发光箱"专利权利要求 1 与 Discovery2008 型自动光学检测机的卤素发光箱的技术特征对照表

序号	"一种光学测试用高亮度卤素灯发光箱"专利权利要求 1	Discovery2008 型自动光学检测机的卤素发光箱
1	一种光学测试用高亮度卤素灯发光箱	卤素灯发光箱
2	由灯箱、散热出光支架和卤素灯灯座组成	由灯箱、散热出光支架、灯座安装板和风刀、卤素灯灯座组成
3	卤素灯灯座固定在散热出光支架内，箱体上设有卤素灯泡安装孔	卤素灯灯座固定在散热出光支架内的灯座安装板上，箱体上设有卤素灯泡安装孔
4	散热出光支架由长方形中空外框架、内框架和盖板组成	散热出光支架由长方形中空外框架、内框架和盖板组成
5	外框架带有压缩空气进气口和出气口，内框架设在外框架内，外框架和内框架之间形成压缩空气散热槽	外框架带有压缩空气进气口和出气口，内框架设在外框架内，外框架和内框架之间形成压缩空气散热槽
6	卤素灯灯座固定在内框架内边，灯座的前方设有出光孔	卤素灯灯座通过螺钉固定在内框架后方，灯座的前方设有出光孔

序号	"一种光学测试用高亮度卤素灯发光箱"专利权利要求1	Discovery2008 型自动光学检测机的卤素发光箱
7	盖板上设有和出光口相应的孔,盖板从上述散热出光支架前部密封覆盖压缩空气散热槽	盖板上设有和出光口相应的孔,盖板从上述散热出光支架前部密封覆盖压缩空气散热槽
8	散热出光支架后部对应卤素灯泡安装孔位置安装在箱体上	散热出光支架后部对应卤素灯泡安装孔位置安装在箱体上

博敏公司认为根据上述比对,被控侵权产品与涉案专利之间存在以下几点区别特征。

(1) 序号 2 中涉案专利是封闭型权利要求,仅要求了灯箱、散热出光支架和卤素灯灯座的结构,而被诉侵权产品的卤素灯发光箱除箱体、散热出光支架和卤素灯灯座之外,还包括灯座安装板和风刀部件,被控侵权产品增加了部件,与涉案专利不同。

(2) 序号 3 中被诉侵权产品的卤素灯灯座不在散热出光支架的里面,是在散热出光支架的后面,而涉案专利则限定了"卤素灯灯座固定在散热出光支架内",因此涉案专利要求卤素灯灯座不能与散热出光支架之间有间隔。由于被诉侵权产品的卤素灯灯座固定在灯座安装板上,而灯座安装板远离散热出光支架,因此被控侵权产品不具有"卤素灯灯座固定在散热出光支架内"这一技术特征。

(3) 序号 6 中被诉侵权产品的卤素灯灯座通过螺钉固定在内框架后方,而涉案专利则要求"卤素灯灯座固定在内框架内边",因此被控侵权产品与涉案专利在卤素灯灯座与内框架之间的相对位置上不同。

博敏公司还主张其使用的被诉侵权产品使用了现有技术,不构成对涉案专利权的侵权。博敏公司认为涉案被诉侵权产品 Discovery8200 系博敏公司从奥宝公司购买,公证书可以证明 Discovery8200 型号产品在 2007 年被购买并使用。同时,博敏公司还提供奥宝公司的 ServiceManualAugust2008 产品服务手册，博敏公司认为该服务手册中关于 ServiceManualAugust2008 产品的文字及的图片公开了涉案专利产品的结构特征。

针对博敏公司的上述意见，一审法院作出以下几个方面的评述。

第一，就博敏公司认为的区别特征 1，实际是被诉侵权产品增加了博敏公司所称的"灯座安装板和风刀部件"，但被诉侵权产品相比涉案专利并未缺少专利技术特征限定的部件，因此应当确认两者之间相同。

第二，就博敏公司认为的区别特征 2 及区别特征 3，被诉侵权产品的散热出光支架内还具有一个灯座安装板，卤素灯灯座安装在灯座安装板上。如果将被诉侵权产品的散热出光支架和固定连接的灯座安装板作为一个整体对待，双方争议的问题则不存在，所争议技术特征均构成相同，即被诉侵权产品与专利技术特征"卤素灯灯座固定在散热出光支架内""卤素灯灯座固定在内框架内边"等完全相同；如果将被诉侵权产品的散热出光支架和固定连接的灯座安装板不作为一个整体，从灯座安装板的功能以及所起的作用和技术手段进行分析，应当认定为等同。专利技术特征解决了"灯座与支架"的连接关系，并未限定具体连接方式，被诉侵权产品的灯座是与支架相连接的，因此，博敏公司认为的区别特征 2 及区别特征 3 也是不存在的。

第三，博敏公司抗辩被诉侵权产品使用现有技术问题。博敏公司提交现有技术证据主要有两方面，一是与被诉侵权产品相同型号的产品在 2007 年开始销售并使用，二是产品的服务手册。博敏公司提交的产品服务手册不是公开出版物，也没有其他证据予以印证，在协力公司不予确认的情况下，法院不予采信；博敏公司通过公证形式从网站下载的产品服务手册，因其下载的时间是目前的时间，不能证明在专利申请日之间就已经公开，在没有其他证据印证情况下原审法院也不予采纳。博敏公司提交了 2007 年销售并使用的相同型号产品的照片等，但从照片上反映的内容来看，其产品的结构与被诉侵权产品有多处不同，无法与现在产品对应，况且，在多年的使用过程中产品制造方在产品维修时有无更换产品的部件，也不能确定，因此使用该证据作为现有技术来进行抗辩不具有说服力。

综合前述理由，一审法院认定被告侵权行为成立，并判令博敏公司立即停止使用侵害协力公司涉案专利权产品的行为。博敏公司不服一审判决，遂上诉至广东省高级人民法院，请求撤销原审法院的侵权判定。

【案件聚焦】

本案系侵害实用新型专利权纠纷，二审的争议焦点包括两方面，一是被诉侵权产品是否落入涉案专利的保护范围；二是博敏公司的现有技术抗辩是否成立。

上诉人博敏公司认为，首先，原审判决对于权利要求书的解释存在严重错误，导致对侵权事实认定错误。原审判决认定"卤素灯灯座固定在散热出光支架内"应理解为空间，该解释严重错误，并导致错误地认定其构成侵权。涉案专利权利要求 1 明确限定卤素灯灯座"固定在散热出光支架内"，说明书及附图与以上的表述是一致的，也明确地限定卤素灯固定在散热出光支架里。本领域的普通技术人员只会认为灯座就是固定在散热出光支架内，不会联想到卤素灯灯座是固定在散热出光支架外的某个结构的内部空间。

其次，涉案专利的权利要求为封闭式权利要求，被诉侵权产品相比涉案专利权利要求增加了技术特征，因此不落入涉案专利保护范围内。被诉侵权产品有灯座安装板和风刀部件，而涉案专利没有，故二者在结构、手段、功能、效果上均存在不同。并且，原审判决认为可将被诉侵权产品的散热出光支架和灯座安装板作为一个整体对待是错误的，散热出光支架与灯座安装板安装位置不同、功能不同，之间没有连接关系，不应视为一个整体。

最后，原审判决关于现有技术抗辩的认定存在错误。博敏公司提供的现有证据足以证明被诉侵权产品在 2000 年年初开始，就已经在全球范围内广泛销售使用。

被上诉人协力公司认为原审判决认定事实清楚，适用法律正确，请求二审法院驳回博敏公司的上诉请求。

【裁判定夺】

（一）关于被诉侵权产品是否落入涉案专利保护范围的问题

《最高人民法院关于审理侵犯专利权纠纷案件应用法律若干问题的解释》第7条规定："人民法院判定被诉侵权技术方案是否落入专利权的保护范围，应当审查权利人主张的权利要求所记载的全部技术特征。被诉侵权技术方案包含与权利要求记载的全部技术特征相同或者等同的技术特征的，人民法院应当认定其落入专利权的保护范围；被诉侵权技术方案的技术特征与权利要求记载的全部技术特征相比，缺少权利要求记载的一个以上的技术特征，或者有一个以上技术特征不相同也不等同的，人民法院应当认定其没有落入专利权的保护范围。"

就博敏公司认为的第二点、第三点区别特征，首先，被控侵权产品将卤素灯灯座固定在散热出光支架内的灯座安装板上，与涉案专利卤素灯灯座固定在散热出光支架内没有本质区别。其次，即使考虑到被诉侵权产品的卤素灯灯座与散热出光支架间隔一定的距离，是为了通过压缩空气的流动对灯座和卤素灯泡进行散热后压缩空气，再通过压缩空气散热槽将热能排出于出气口，达到有效散热的目的。而涉案专利通过将灯座和卤素灯泡产生的热量传导到散热出光支架的内框架上，然后压缩空气再通过压缩空气散热槽将热能排出于出气口，达到散热的目的。因此，被诉侵权产品与涉案专利两者均以对流散热为主要手段，实现有效降温、散热的功能和效果，并且将灯座和卤素灯泡产生的热量通过传导或对流的方式进行传递，也是该领域的普通技术人员无须经过创造性劳动就能够联想到。因此，博敏公司认为的第二点、第三点区别特征并不成立。

对于第一点区别特征，依据《最高人民法院关于审理侵犯专利权纠纷案件应用法律若干问题的解释》第7条的规定，只要被诉侵权产品的技术特征包含了专利权保护范围的技术特征，即使被诉侵权产品增加了技术特征，也会落入专利权的保护范围。本案中，尽管被诉侵权产品增加了灯座安装板和风刀的结构，但其包括了涉案专利相应特征的全部结构，故应认定被诉侵权产品落入涉案专利的保护范围，因此，原审法院认定被诉侵权产品落入涉案专利的保护范围并无不当。

（二）博敏公司的现有技术抗辩是否成立的问题

审查被诉侵权人的现有技术抗辩是否成立，应首先确认其实施的技术是否构成现有技术。本案中，博敏公司为证明 Discovery8200 型设备构成现有技术，向本院提交了案外人出具的"证明书""采购单""请款单""扣费通知""出账通知"、外贸管理部门加盖公章的"采购单"以及"海关进口货物报关单"等证据。经审查，上述证据中所标示的产品编号或序列号，均无法与人民法院在案外人处比对设备的序列号相对应，换言之，上述证据无法证明案外人在涉案专利申请日前就已购买、使用了该设备，也无法证明该设备所使用的技术方案构成现有技术。故博敏公司的现有技术抗辩不成立，二审法院不予支持。

二审法院最终判决驳回博敏公司的上诉，维持一审判决。

【代理律师说】

（一）"封闭式权利要求"与"开放式权利要求"的区分对全面覆盖原则适用的影响

本案争议焦点之一是关于被诉侵权产品的一个技术特征与涉案专利相比，多出了灯座安装板和风刀部件这两个部件，这一区别特征是否构成相同或等同。

按照侵权比对中的全面覆盖原则，只要被控侵权产品包含了专利权利要求中记载的全部技术特征，其就落入专利权的保护范围。全面覆盖原则是专利侵权中最基本的原则，在司法实践中，常见的全面覆盖侵权的情况有以下几种。

第一，被控侵权技术方案的技术特征与专利必要技术特征数量完全相同，即涉案权利要求书要求保护的全部必要技术特征均能从被控侵权技术方案找到完全一致的对应技术方案，仅通过对被控侵权产品技术方案的字面分析就能确定其与涉案专利技术方案的一致性的情况。

第二，被控侵权技术方案的技术特征数量多于专利的必要技术特征，被控侵权技术方案与涉案专利相比，不仅包含了专利权利要求书中的全部必要技术特征，而且还增加了新的技术特征。

因此，以全面覆盖原则来看，在涉案专利的权利要求之中增加额外的技术特征不影响对被控侵权产品是否落入涉案专利保护范围内的判断。

这一规则也符合专利制度的设计初衷。专利制度的目的之一是保护创新，一个完整的权利要求可以即一个技术方案，其所有技术特征所限定的范围可以看作该权利要求对现有技术所做的创新和贡献。专利权人则可以获得与这一贡献相称的保护。在专利的权利要求基础上添加新的技术特征，可以看作在该专利的基础上对其做的改进，这一改进的技术方案自然是站在了该专利对现有技术所做的创新和贡献的肩膀上。因此，在某一专利的技术方案上添加新的技术特征不会使之后添加形成的技术方案脱离该专利权的保护范围。

从这一角度看，本案中博敏公司在涉案专利的基础上增加灯座安装板和风刀部件这两个部件并不使得被诉侵权产品不落入涉案专利的保护范围之内。

但是，博敏公司提出涉案专利是封闭型权利要求的抗辩。参考 2016 年发布的《最高人民法院关于审理侵犯专利权纠纷案件应用法律若干问题的解释（二）》第 7 条第 1 款规定，被诉侵权技术方案在包含封闭式组合物权利要求全部技术特征的基础上增加其他技术特征的，人民法院应当认定被诉侵权技术方案未落入专利权的保护范围，但该增加的技术特征属于不可避免的常规数量杂质的除外。也即对于封闭式权利要求而言，在其基础上增加其他技术特征形成的技术方案不落入专利权的保护范围内。

那么如何理解"封闭式权利要求"与"开放式权利要求"区分对全面覆盖原则适用的影响？

首先，需要明确的是所谓"封闭式权利要求"与"开放式权利要求"的区分是《专利审查指南》对化学领域下"组合物发明"所做的区分。所谓封闭式权利要求是指组合物中仅包括所指出的组分而排除所有其他的组分,如某一化合物权利要求明确只含有"A+B"组分的技术方案,那么为其添加组分 C 而形成的"A+B+C"实质上是属于与"A+B"完全不同的新的技术方案。因此,才有了《最高人民法院关于审理侵犯专利权纠纷案件应用法律若干问题的解释(二)》第 7 条所认定的"A+B+C"的组合物未落入"A+B"的组合物权利要求的保护范围内。之所以会有"封闭式权利要求"及"开放式权利要求"的区分,是因为在特定的领域内,组合物中各组分之间会相互影响,增加一种组分往往会改变现有组合物的性能及用途,从而形成一种完全不同的新产品。在这种情况下,"A+B+C"已经形成了完全不同于"A+B"的新产品,自然"A+B+C"未落入"A+B"的权利要求保护范围内。因此封闭式权利要求侵权判定的特殊规则并非是对全面覆盖原则的否定,而是全面覆盖原则在特定领域的修正。

而对于结构类产品权利要求来讲,新加入一个部件通常不会改变现有部件的功能及连接关系和配合关系,对于这类权利要求,不适宜将其做"封闭式权利要求"和"开放式权利要求"之分。在侵权判定过程中,仍应当适用全面覆盖原则。本案并非属于化学领域组合物专利,被诉侵权产品与涉案专利相比所新增加的灯座安装板和风刀部件也没有从本质上使得被诉侵权产品成为完全不同于涉案专利的新产品,因此根据全面覆盖原则,被控侵权产品显然是落入涉案专利的保护范围的,博敏公司有关"涉案专利是封闭式权利要求"的抗辩并不成立。

(二)现有技术抗辩中的现有技术的认定

现有技术抗辩,是指在专利侵权纠纷中,被控侵权人有证据证明其实施的技术或者设计属于现有技术或现有设计的,则不构成侵犯专利权。根据《最高人民法院关于审理侵犯专利权纠纷案件应用法律若干问题的解释》第 14 条第 1 款的相关规定,现有技术抗辩中的"现有技术",应当是"一项"技术方案。也即在现有技术抗辩中,判断现有技术抗辩是否成立的比对方式及对象是将被控侵权人所实施的技术方案和"一项"现有技术中的相应技术特征进行对比，而不能是多项现有技术的组合。

　　值得参考的是，在《北京市高级人民法院专利侵权判定指南（2017）》中，允许使用一项现有技术与公知常识的简单组合进行现有技术抗辩。这里的简单组合即不需要创造性劳动即可获得。从现有技术抗辩制度设计的初衷来看，现有技术抗辩是为了平衡专利权与公共利益，以防止专利权人获得超过其所做贡献的垄断利益。因此，只要本领域技术人员在现有技术的基础上，不需要付出创造性劳动就能获得被控侵权的技术方案，专利权人就不能阻止他人实施这一被控侵权技术方案，故《北京市高级人民法院专利侵权判定指南（2017）》允许将一项现有技术与公知常识的简单组合作为现有技术的做法，是对现有技术抗辩的正确理解。

　　在本案中，博敏公司主张，被控侵权产品实际上与从案外人所采购的Discovery8200 型设备相一致，而 Discovery8200 型设备在涉案专利申请日前已经开始销售，其相关技术方案构成涉案专利的现有技术。但是，从博敏公司所提交的证据来看，博敏公司未能证明 Discovery8200 型设备在涉案专利申请日前已经被公开，其所作为证据的工作手册既无法确定印刷时间，也无法确定该工作手册的传播方案，仅在特定范围内传播的文件不能视为已经进入共有领域而被公众普遍知悉的技术方案。故法院无法认定Discovery8200 型设备的相关技术方案构成现有技术。退一步来讲，即便Discovery8200 型设备的相关技术方案构成现有技术，根据法院证据保全的情况，被控侵权产品的多处技术特征与 Discovery8200 型设备不同。在这种情况下，法院认定被告现有技术抗辩不成立的判决是正常的。

九、外观设计专利侵权的
判断原则为"整体观察综合判断"

——深圳市捷康保健有限公司诉深圳市
万基制药公司外观专利侵权纠纷案

【本案看点】

外观设计专利的侵权判定采用的"整体观察、综合判断"的评判原则，即将被控侵权产品与涉案专利整体上进行比较，以一个一般消费者的视角观察被控侵权产品与涉案专利在整体上是否构成相似或者类似，而对整体视觉效果影响不大的细微差别则不予考虑

【相关法律法规】

《中华人民共和国专利法（1992 年）》第 41 条，《中华人民共和国专利法（2000 年）》第 45 条

【案情介绍】

深圳市捷康保健有限公司（下称捷康公司）和深圳市万基制药公司（下称万基公司）都是在全国相关保健品市场占据较大影响力的企业。1997 年，捷康公司设计出一款盒面透明的冰糖燕窝礼盒包装，该礼盒采取一面透明，盒内瓶装冰糖燕窝成两排摆放的设计，整体视觉感官上晶莹剔透，推出后深受消费者喜欢。捷康公司于 1997 年 12 月 24 日将该礼盒的外观设计向国家知

识产权局申请专利。1999 年 1 月 6 日，国家知识产权局授权公告了本专利，专利号为 97330723.4，外观设计的产品类别为箱、盒、容器等，其主要视图如图 9 - 1 所示。

图 9 - 1 涉案专利产品视图

之后，捷康公司发现，万基公司销售的万基燕窝王和万基鸡精礼盒使用了与涉案专利外观设计相似的外观设计。其中，万基燕窝王的主要视图如图 9 - 2 所示。

图 9 - 2 万基燕窝王产品视图

捷康公司认为万基公司销售的产品侵犯了自己的专利权，于是在 1999 年 5 月将万基公司诉至深圳市中级人民法院。在起诉时，捷康公司提出 50 万人民币索赔额的诉讼请求，并请求法院判决万基公司停止生产、销售侵权产品，销毁生产侵权产品的模具、工装及库存产品，并公开向其赔礼道歉。

为了应对捷康公司的起诉，万基公司依据当时施行的专利法（1992 年修订）所规定的专利撤销程序向国家知识产权申请撤销捷康公司的 97330723.4 号外观设计专利。在国家知识产权局受理了万基公司的撤销申请后，深圳市中级人民法院裁定中止审理本案。

1999 年 11 月 25 日，国家知识产权局作出了维持捷康公司专利权的决定，深圳市中级人民法院裁定恢复本案的审理。

一审中，万基公司主张两点抗辩：第一，虽然万基公司生产的被诉侵权产品与捷康公司的专利基本相同，但这种设计本身属于公知技术；第二，被诉侵权产品与涉案专利之间在手提梁形状上有所不同。

庭审过程中，捷康公司向人民法院申请对万基公司销售被控侵权产品的数量及利润进行审计，并申请变更诉讼请求为以万基公司销售被控侵权产品的利润所得为赔偿额。深圳市中级人民法院委托深圳长城会计师事务所对万基 1999 年 1 月 6 日后生产、销售的燕窝和鸡精产品的数量及利润进行了审计，得出其经营这两种产品的税前利润为 12 187 462.46 元。

一审法院认为万基公司制造、销售的被控侵权产品"万基燕窝王""万基鸡精礼盒"与捷康公司的外观专利整体上外观设计相似，足以造成消费者误购。法院判决万基公司赔偿捷康公司损失人民币 12 187 462.46 元，并停止生产、销售、销毁侵权产品，以书面形式赔礼道歉。

【裁判定夺】

一审判决作出后万基公司不服，向广东省高级人民法院提起上诉。广东省高级人民法院于 2000 年 12 月 19 日作出终审判决，认为原判认定事实清楚，适用法律正确，驳回万基公司的上诉，维持原判。

万基公司对二审判决仍旧不服，一方面向最高人民法院提起申诉，另一方面依照 1992 年《专利法》规定的专利无效程序向国家知识产权局申请认定捷康公司的涉案专利无效。

2001 年 6 月 20 日，国家知识产权局专利复审委员会作出第 3412 号《无效宣告请求审查决定》，以捷康公司 ZL97330723.4 号外观设计专利与在先设计相比不具有新颖性为由，宣告 ZL97330723.4 号包装盒外观专利权无效。

最后由于涉案专利无效，广东省高级人民法院下达通知，本案二审判决不再执行，也即万基公司无须实际赔偿 12 187 462.46 元。至此，本案终于全部告一段落。

【代理律师说】

如果仅从案件本身的争议焦点来看，本案所争议的事实和法律问题较为简单。本案所争议的问题有两点，一是外观设计专利的侵权判断标准，二是专利侵权赔偿额的确定。

国内对于外观设计的保护起源于中华人民共和国成立后，由于其独特的历史背景，中国专利法尤其是对于外观设计的保护，其立法是走在基础理论和成熟的社会理念之前的，尽管中国近几年对于外观设计的立法及司法运用一直处在一个不断摸索和进步的过程，但是总体来讲还是处于一个根据不断出新的司法实例来逐步地在矛盾和反复中探索理论根基的情况。

在发明及实用新型的专利申请中，权利要求书往往是实际而具体的技术内容，可识别性很强。但是对于外观设计的认定，则没有那么多的具体指标，在大部分侵权下需要依靠裁判者的主观判断。

外观设计专利的侵权判断标准，司法实践上一直采用的"整体观察、综合判断"的评判方法，即将被控侵权产品与涉案专利整体上进行比较，以一个一般消费者的视角观察被控侵权产品与涉案专利在整体上是否构成相似或者类似，而对整体视觉效果影响不大的细微差别则不予考虑。"整体观察、综合判断"的评判标准在我国早期的专利制度中并没有明文规定在相关法律及司法解释中。1993 年的《专利审查指南》在判断外观专利申请与在先设计是否构成相同或相似设计时给出如下指引："对产品的外观设计要从整体观察，不要着眼于细微的局部的差别，也就是说，不要从一件设计的局部出发，更不能把一件设计的各个部分分割开来，而要从整体出发，要从一件设计的全部或其主要构成上来确定是否不相同或不相近似。"尽管 1993 年《专利审查指南》的这一规定是在专利行政程序中判断是否与在先设计相同或近似，但对专利侵权同样有参考意义。2009 年《最高人民法院关于审理侵犯专利权纠纷案件应用法律若干问题的解释》中首次明文规定了"整体观察、综合判断"的标准："根据授权外观设计、被诉侵权设计的设计特征，以外观设计的整体视觉效果进行综合判断。"

在运用"整体观察，综合判断"原则时，第一点需要确定的是判断的主体，也即确定"一般消费者"的一般知识水平和认知能力。这样的一般消费者是一个拟制的"人"，"他"对外观设计专利申请日之前相同种类或者相近种类产品的外观设计及其常用设计手法具有常识性的了解，也对外观设计产品之间在形状、图案以及色彩上的区别具有一定的分辨力，但不会注意到产品的形状、图案以及色彩的微小变化。但是，如何确定该"一般消费者"一直是外观设计侵权判断的一大难题，如在一起路灯外观设计侵权纠纷中，是应当侧重于商品市场中产品的表现还是侧重于产品使用过程中的表现？如果侧重于产品使用过程中，那么商品的使用者即普通的路人，可以作为"一般消费者"成为衡量基准。但实际上因为路灯在正常使用情况下其灯罩、背面等部分并不会引起路人的过多关注，也就是他们的观点和认知十分片面。如果侧重于商品在市场中的表现更为重要，由于其市场面向的群体更多的是城市基础设施建设的专业人士，那么应当以负责安装、维护和整体布局的专业人士作为"一般消费者"，但如果以这些专业人士作为判断基准，是否就存在一个标准过高的问题？因这一类专业人员会更加容易注意到路灯细节上的设计。从上可以看到，"一般消费者"的选择显然会对"整体观察，综合判断"的判断起点带来巨大影响。在确定一般消费者后，需要确定涉案专利中哪些部分属于更容易观察到的部分，然后重点观察这些部分对整体视觉效果的影响。

在最高人民法院 2017 年 3 月发布的指导性案例"高仪股份公司诉浙江健龙卫浴有限公司侵害外观设计专利权纠纷案"中，人民法院认为涉案产品是淋浴喷头，在消费者的日常使用中，不会像一个水杯或者一件衣服一样，能够进行全面的观察，一般的使用过程中很难注意到喷头的全部内容，故在充分考虑到使用时视觉的盲区以及产品的特性下人民法院认定了哪些特征属于对整体观察影响较大的特征。

此外，还需要派出功能性设计特征在比对中的影响。所谓功能性设计特征是指该特征是指实现产品功能、技术效果的有限或者唯一的设计。如果一个设计特征虽然是具有一定的功能，但是该设计特征确并非只有该唯一的设计方式，则不属于功能性特征。比如在鼠标中，虽然滚轮是具有功能性的，但是滚轮的位置、形状等却不是由功能所唯一决定的，故对于鼠标而言，滚轮并非是功能性特征。

回到本案，深圳市中级人民法院将被控侵权产品与专利的整体进行比较，同时考虑区别设计是不是属于对整体视觉效果影响不大的细微设计，如果是则不再考虑细微设计对整体相似的影响。一审法院的这一做法正是"整体观察、综合判断"方法的运用。从本案也可以看出，在 2009 年前，"整体观察、综合判断"的判断标准实际上已在司法实践中运行有效。但是，有一点需要指出的是，一审法院在对被控侵权产品与涉案专利进行整体比对时，犯了早期专利侵权司法实践经常会出现的比对对象的错误，一审法院将被控侵权产品与涉案专利的产品进行了比对，得出了整体相似的结论。尽管在本案中，涉案专利的产品与涉案专利没有区别，不影响最终比对结果，但是在专利侵权案件中，正确的比对对象应当是将被控侵权产品与涉案专利进行比对，而不是将被控侵权产品与涉案专利产品进行比对。

本案的另一个争议问题在于侵权赔偿额的确定。专利权人捷康公司在起诉时提出的索赔额是 50 万元。后随着诉讼的进行，捷康公司要求法院保全万基公司的相关销售信息，并将诉讼赔偿请求变更为万基公司因销售侵权产品而取得的实际获利。一审法院委托会计师事务所对万基公司进行审计，并确定了万基公司销售侵权产品的利润为 1200 余万元。最终人民法院也据此确定了万基公司需要承担的赔偿责任。

知识产权侵权纠纷中，赔偿额的确定问题一直是老生常谈的难题。一般情况下，专利权人难以通过合法的渠道获知侵权人销售侵权产品的获利情况，而同时专利权人也难以确定侵权人的侵权行为给自身带来了多大的损失。因此，在绝大部分知识产权侵权纠纷中，人民法院会采取法定赔偿的方式确定判赔额。根据中国法院网刊登的报告，中南财经政法大学知识产权研究中心研究发现 2008 年至 2013 年发生专利侵权纠纷中，有近 97.25% 的案件采取了法定赔偿的方式。

在 2000 年修订的《中华人民共和国专利法》第 60 条中，对侵权赔偿额所用描述为"被侵权人受到的损失或侵权人所获利润来确定，以上难以确定的，则参照专利许可费的倍数合理确定。"2008 年，专利法修改后该条有重大变动，体现在第 65 条："侵犯专利权的赔偿数额按照权利人因被侵权所受到的实际损失确定；实际损失难以确定的，可以按照侵权人因侵权所获得的利益确定。权利人的损失或者侵权人获得的利益难以确定的，参照该专利许可使用费的倍数合理确定。赔偿数额还应当包括权利人为制止侵权行为所支付的合理开支。权利人的损失、侵权人获得的利益和专利许可使用费均难以确定的，人民法院可以根据专利权的类型、侵权行为的性质和情节等因素，确定给予一万元以上一百万元以下的赔偿。"

目前的专利侵权赔偿额的计算方法中，顺序为"损失优先，利益在后"。这一计算方式相较专利法（2000），实际上更加符合我国民事侵权赔偿的"填补原则"，即首先以权利人的"实际损失作为赔偿依据"。通常情况下，损失可以按照销售量减少的总数乘以每件专利产品的利润所得之积来计算。在"权利人损失"及"侵权人获利"都不能确定的情况下，专利许可费也可以作为考虑因素。实际上这样的规定更多地不是将许可费用定义为权利人的投资，而是对于专利价值的最简单的估计。但是其弊端也很明显，目前我国一般行业惯例是按照年费缴纳许可费，通常较少考虑专利的实际市场价值。而在其他国家，专利的许可费用更多的是按照市场价值的一定比例来收取，这样的数值能够更好地反映专利本身的价值。最后作为兜底的"法定赔偿额"，是在损失，收益，许可费三项都无法确定的情况下，才由人民法院进行酌定，给予1万元到100万元的赔偿。观察近些年的案件，可以发现知识产权案件往往争议标的额是越来越大的，100万元的上限赔偿明显不具有广泛适用性，亟待修改。

而在司法实务当中，因为存在举证的问题，赔偿确定的问题往往比较复杂。对权利人损失而言，产品销售量的影响因素在实际当中极为复杂，这种数额的计算，更多地仅适用于成熟稳定的周期市场，有足够的数据用于统计的情况，这种情况明显过于理想化，以至于司法实践中往往不会得到准确的损失的数据。对于侵权方获益的认定同样存在举证难的问题。即便假定专利市场贡献率是百分之百的情况下，那么计算侵权人获益的最直接的方式就是侵权产品的单件利润乘以销售总量。但是，销售数据往往掌握在侵权方手中，客观上原告无法通过正常途径获得这些数据，更不论被告有极大可能销毁证据。对此，《最高人民法院关于审理侵犯专利权纠纷案件应用法律若干问题的解释（二）（2016）》的第27条就体现出了其积极作用："……要求权利人对侵权人因侵权所获得的利益进行举证；在权利人已经提供侵权人所获利益的初步证据，而与专利侵权行为相关的账簿、资料主要由侵权人掌握的情况下，人民法院可以责令侵权人提供该账簿、资料；侵权人无正当理由拒不提供或者提供虚假的账簿、资料的，人民法院可以根据权利人的主张和提供的证据认定侵权人因侵权所获得的利益。"这一规定可以切实地起到平衡双方地位的作用，减轻了权利人的举证责任。

在本案中，捷康公司通过向法院申请对万基公司的相关财务信息进行审计，最终确定了万基公司销售被控侵权产品所获得的利润。1200余万元的赔偿额也创下了当时外观设计专利最高判赔额的纪录。即便是从现在来看，1200 万元的侵权赔偿在专利侵权案件中也是较为罕见的。

截至 2017 年 9 月，在专利侵权案件中最高的判赔额案例为 2009 年的正泰诉施耐德 "小型断路器" 实用新型专利纠纷案。一审法院浙江省温州市中级人民法院作出接近 3.4 亿元的判赔额的判决，后本案在二审阶段以双方和解结案。而在外观设计类型的专利侵权纠纷中，最高判赔案例为 2009 年尼欧普兰汽车有限公司诉北京中通星华汽车销售有限公司等侵犯外观设计专利权纠纷案。在这一案件中北京市第一中级人民法院作出 2000 万元判赔额的判决。此外，近年来千万元级别的侵权案件也时有发生。如 2016 年 12 月，北京知识产权法院对北京握奇数据系统有限公司诉恒宝股份有限公司 "一种物理认证方法及一种电子装置" 发明专利侵权纠纷作出了 5000 万元的判赔额的判决；2017 年 4 月，华为诉三星 "一种可应用于终端组件显示的处理方法和用户设备" 发明专利侵权纠纷，泉州中院则作出 8000 万元判赔额的判决。

除了上述的两点争议焦点外，本案典型意义在于本案纠纷所发生时候的历史背景。2000 年修订的专利法自 2000 年 8 月 25 日通过，并于 2001 年 7 月 1 日施行。而本案纠纷发生的时间正值 2000 年专利法修订。在 2000 年专利法修订前，专利权的稳定性可以通过专利撤销或者专利无效程序挑战。专利撤销程序是指在自专利局公告授予专利权之日起 6 个月内，任何单位或者个人认为该专利权的授予不符合专利法有关规定的，都可以请求专利局撤销该专利权。当事人对专利局所作出的撤销决定不满，还可以向专利复审委员会提起复审。当专利局公告授予专利权之日起满 6 个月后，挑战专利权的稳定性则需要通过专利无效程序，此时任何单位或者个人认为该专利权的授予不符合专利法有关规定的，都可以请求专利复审委员会宣告该专利权无效。

可以看到，2000 年修订前的专利法以专利权授权公告之日起满 6 个月为分界岭，规定了专利撤销和专利无效两个程序，其中专利撤销还可能会经历一次复审。因此，在 2000 年专利法修订前，挑战专利稳定性是一件在程序上较为复杂的程序。2000 年修订的专利法对此作出了相应简化，取消了专利撤销程序，而将专利无效的适用范围扩大到了自专利授权之日起。

此外，根据 2000 年修正前的专利法，无论是专利撤销的复审决定还是专利无效决定，对于实用新型及外观设计类型，专利复审委员会的决定都是终局决定而排除人民法院司法管辖的。而在 2000 年专利法修正后，对于专利复审委员会对所有类型专利权作出的无效决定，当事人不服的，都可以向人民法院提起诉讼，要求撤销。

第三章 专利侵权的抗辩

十、不能以两篇以上的
公开文献组合进行现有技术抗辩

——深圳市红门机电设备有限公司与

深圳市华伟荣科技有限公司、东莞市

金王科技有限公司发明专利侵权纠纷案[*]

【本案看点】

现有技术是指申请日以前同样的发明创造在国内外出版物上公开发表过、在国内公开使用过或者以其他方式为公众所知，而且是指一项发明或者实用新型作为一个整体所包含的技术特征。不能将多篇公开文献中记载的技术特征分割，并组合为一个新的技术方案作为现有技术

【相关法律法规】

《中华人民共和国专利法（2002）》第 9 条第 2 项，《中华人民共和国专利法（2008）》第 62 条，《最高人民法院关于审理侵犯专利权纠纷案件应用法律若干问题的解释（2009）》第 14 条第 1 款

---

[*]〔2005〕粤高法民三终字第 369 号。

【案情介绍】

深圳市红门机电设备有限公司（下称红门公司）是一家主营电动门、IC卡智能停车场管理系统、智能悬浮门等设备的科技型企业，其拥有一百多项国家专利和国际发明专利。红门公司于2001年2月23日就"无轨电动伸缩门"技术发明向国家知识产权局申请发明专利，该专利于2003年6月28日获得授权，专利号为ZL01107559.7。

涉案专利有一项独立权利要求：一种无轨电动伸缩门，包括多个主框架，多根连接于主框架上的横杆，连接各主框架的连接管及装在主框架底部的行走轮，其特征在于主框架由两侧边框、底边框及肩盖插接而成；每两个主框架之间通过连接管连接有一个装饰用副框架。

图10-1通过涉案专利的一个实施例说明涉案专利的整体结构。图中1为涉案专利无轨电动伸缩门主框架，主框架为伸缩门主体，根据整体宽度的需要可以任意调节实际数量；2为多根连接于主框架上的横杆；3为连接各主框架的连接管；4为主框架底部的行走轮。主框架1由两侧边框11、底边框12及肩盖插13通过插接的方式连接而成，每两个主框架1之间通过连接管连接有一个装饰用的副框架5。主框架1的插接处结构如图10-2所示，通过腹部中空的金属管，实现两侧边框11、底边框12及肩盖插13的连接。

2004年9月，红门公司发现深圳市华伟荣科技有限公司（下称华伟荣公司）销售的JD-03型号的"黑鼎"牌电动伸缩门使用涉案专利的技术方案，而该套产品是由华伟荣公司于2004年9月8日向东莞市金王科技有限公司（下称金王公司）购买的。红门公司认为金王公司及华伟荣公司未经其许可实施了涉案专利，构成了对其享有的专利权的侵权，遂将金王公司及华伟荣公司诉至法院。

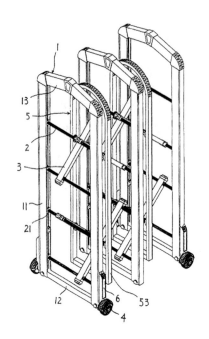

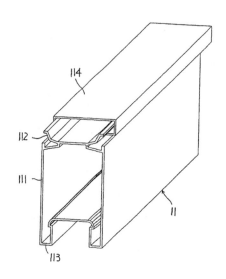

图 10 - 1 "无轨电动伸缩门"

专利整体结构图

图 10 - 2 "无轨电动伸缩门"

专利主框架 1 的插接处结构图

在一审中，金王公司确认被控侵权产品是其生产销售的，但认为其在主框架的连接方式上实施的是从案外第三人处取得独占实施许可的 ZL00251986.0 号"伸缩门弯头"实用新型专利（下称在先专利 A）。在先专利 A 由案外人谢某等人于 2000 年 11 月 30 日申请，并于 2001 年 10 月 3 日授权。该在先专利 A 的独立权利要求为伸缩门弯头，包括立柱、弯头、紧固件，弯头通过紧固件将立柱连接，其特征在于：所述的弯头的端部呈分叉状，分叉状的部位卡设在由型材构成的立柱的中片上。

在先专利 A 的伸缩门弯头如图 10-3 所示，弯头 2 两端具有分叉状的结构，其穿过型材构成的立柱 1、3 的中片 5 并卡设到位后，紧固件 4 穿过弯头 2 的分叉状的两层以及中片 5 上的孔，将弯头 2 紧紧地固定在中片 5 上，从而实现弯头 2 与立柱 1、3 的连接。

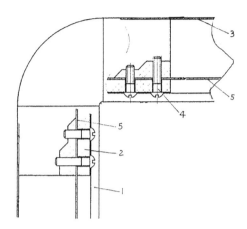

图10-3 在先专利A的伸缩门弯头示意图

金王公司还认为，被控侵权产品所采用的"副框架"的设计，实施的是ZL00320418.9号"伸缩门"外观设计专利（下称在先设计B）。在先设计B的主要视图如图10-4所示。

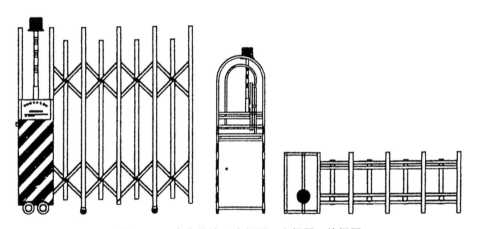

图10-4 在先设计B主视图、左视图、俯视图

金王公司因此认为其实施的是在先专利A与在先设计B的组合，不构成对涉案专利的侵犯。

一审法院审理后认为，涉案专利所反映的区别于现有技术的必要技术特征为：（1）主框架由两侧边框、底边框及肩盖"插接"而成（如图10-2所示）；（2）每两个主框架之间通过连接管连接有一个装饰用"副框架"（如图 10-1 所示）。

经一审庭审当庭拆解被控侵权产品，被控侵权产品 JD-03 型电动伸缩门的主框架肩盖两端有与肩盖一体化的弯头，该弯头的端部呈分叉状，侧边框中设有中片，也有螺杆等紧固件。被控侵权产品主框架肩盖与侧边框的装配过程是先将肩盖弯头端部分叉状的部位卡设在侧边框的中片上，然后运用中片，通过紧固件将肩盖和侧边框连接牢固。由此可见被控侵权产品与在先专利 A 的必要技术特征相同。而将被控侵权产品与红门公司专利的必要技术特征 A 相比较，红门公司专利技术方案的侧边框中没有中片、紧固件等设计。

另外，ZL00320418.9 号"伸缩门"外观设计专利的申请日为 2000 年 3月 8 日，授权日为 2000 年 12 月 1 日。该专利图片中显示，在两个主框架之间有通过构件连接的"副框架"。被控侵权产品的"副框架"形状与ZL00320418.9 号"伸缩门"外观设计专利相同，与红门公司 ZL01107559.7号专利的必要技术特征 B 也相同。

虽然红门公司 ZL01107559.7 号专利处于合法有效状态，应受法律保护，但合法的保护应该建立在正确理解专利的必要技术特征以及准确确定专利保护范围的基础之上。对红门公司专利中的"插接"特征，应理解为仅采用"插接"手段即能达到紧固主框架各部件位置的效果，而无须辅以其他技术手段固定位置和框架结构。在同类产品（包括被告的产品）之中，主框架各边框部件之间的相互插入或卡设是难免的，也是本领域普通技术人员容易作出的设计。这类设计方案可能是各边框部件直接互相插入或者通过弯头插接。关键是这种"插接"能否达到紧固各部件的效果。这是红门公司专利技术与现有技术的区别所在，也即系红门公司专利的发明点。如果主框架各边框部件相互插入之后，还不能达到紧固各部件的效果，则不能认为这类设计方案与红门公司专利技术相同或等同。

在被控侵权产品侧边框与底边框的连接方式中，其底边框部件是要插入侧边框内侧的凹槽中，但仅插入凹槽中是不能固定底边框部件的位置的，该底边框部件仍可上下移动，达不到侧边框与底边框紧固定位的效果与技术要求。只有在底边框中插入轮轴杆，加以轴套、螺杆等零件的配合才能紧固定位。所以被控侵权产品侧边框与底边框的连接方式与红门公司专利中"插接"的必要技术特征也不相同。因此，不能认定被控侵权产品 JD‑03 电动伸缩门主框架的组装方式采用了与红门公司专利必要技术特征 A 相同或等同的技术方案。

从在先设计 B 的专利图片中，能够清楚显示出一种"副框架"的设计。被控侵权产品中有与该外观设计专利相同的设计。被控侵权产品的该技术特征同时亦与红门公司专利的必要技术特征 B 相同。但"伸缩门"外观设计专利申请日和授权日均在 2000 年，比红门公司专利的申请时间（2001 年）早。尽管红门公司专利所述的"副框架"在文义上包括各种形状的"副框架"，但在先设计 B 的外观设计专利图片中"副框架"的设计特征，已经在在先获得专利授权中被公开，所以红门公司专利中"副框架"特征的保护范围应不包括与"伸缩门"外观专利相同的那一种形状的"副框架"设计。因此被控侵权产品采用了与"伸缩门"外观专利相同形状的"副框架"设计，不能认为是采用了红门公司专利的技术方案。

一审法院据此认定被控侵权产品 JD‑03 型号"黑鼎"牌电动伸缩门没有落入红门公司专利保护范围，不能认定金王公司侵犯了红门公司的专利权。

红门公司不服一审判决，向二审法院提起上诉。

【案件聚焦】

本案在二审过程中的争议焦点主要有以下两点：一是涉案专利权利要求 1 中的"插接"能否理解为限定在"能起到紧固效果的插接"的范围内；二是现有技术抗辩中，能否将两篇专利文献中的技术特征结合以获得技术方案。

上诉人红门公司认为首先，关于"插接"的理解，根据《专利法》的规定，对于权利要求书的理解，可以结合说明书和附图进行解释。专利说明书中记载，本发明的贡献在于将现有伸缩门的固定式连接改为插接式连接，使得各部件可以单独设计和成型等。采用"插接"方式可以使各部件实现独立加工，使用"插接"字眼的用意不在于表明技术方案是用插接方式实现各部件的紧固效果，紧固效果并不是所追求的目标，紧固效果也可以通过一些其他辅助方式最终实现。原审法院仅认定能够取得紧固效果的插接为权利要求中插接的真实含义，没有词学解释方面的依据，也不符合《专利法》的规定。其次，原审法院对金王公司现有技术抗辩的认定是错误的。原审法院认定被控产品肩盖与侧边框连接方式的技术方案与其获得独占许可的在先专利 A 相同，而非实施红门公司的专利；其还认为被控产品的副框架实际上是对在先设计 B 的实施，且该外观设计专利早于红门公司的专利。原审法院的错误在于金王公司是否侵权，应该看被控产品的技术是否落入专利的保护范围，与其是否实施他人专利无关。原审法院对现有技术的认定存在错误，现有技术应当是一项在专利申请日以前公开的技术，应当是一项单独的技术方案。原审法院将在先专利 A 和在先设计 B 两个专利的技术方案结合在一起，作为被告否认侵权的现有技术，不符合我国的司法实践。

金王公司答辩认为被控侵权产品没有落入专利保护范围，原审判决对"插接"的理解并无不当。从红门公司的专利权利要求可以看出，肩盖与侧边框的连接和侧边框与底边框的连接，插接即可紧固主框架的各部件。如果插接能够达到紧固的效果，则落入专利保护范围；如果不是，则不构成专利侵权。将被控产品的技术特征与专利权利要求的技术特征比较，主框架的各结构连接方式不同，两者的技术方案并不相同，没有落入专利技术的保护范围。

【裁判定夺】

二审法院审理后认为，涉案专利是红门公司于 2001 年 2 月 23 日向国家知识产权局申请，2003 年 6 月 28 日获得授权，至案件纠纷发生时仍是处于法定保护期限内的有效专利。因此，红门公司的专利权应当依法予以保护。

首先，关于"插接"的理解问题。根据本案所涉专利的权利要求书的文字表述，插接仅指"主框架由两侧边框、底边框及肩盖插接而成"，其中并没有对插接后的效果予以限制，即对插接后是否还需要用螺丝等辅助手段将各部件紧固没有明确。但按照通常理解，插接就是将两个以上的部件安装在一起，是一种活动的连接方式，并不涉及插接后的效果问题。结合本案专利的说明书看，"本发明的目的在于为解决现有伸缩门存在的问题而提供一种易于规模化生产，组装快捷，维修方便、装饰性强，豪华美观的无轨电动伸缩门，以提高伸缩门的档次和质量。本发明的贡献在于，它将现有伸缩门的固定式连接该为插接式连接，使得各部件可以单独设计和成型，……组装时只要对各部件依次进行插接即可成型，因而不仅易于生产、包装、运输，而且可在现场用散件进行组装，且组装更加方便快捷"。可见，本专利采用插接方式的目的在于使各部件单独设计和成型，插接的效果是各部件通过插接后"即可成型"，并非各部件插接后可以起到紧固的效果。因此，从该专利说明书中对"插接"的解释，也不能得出权利要求书中所述插接就是"能起到紧固效果的插接"的结论。

从本案专利的权利要求书的表述，并结合本专利的发明目的、说明书的解释可以确定，该专利必要技术特征中所述的插接，就是将两个以上的部件安装在一起，并非仅指"能起到紧固效果的插接"。也就是说，只要各部件通过插接可以成型即可，是否还需要采取某种辅助手段将各部件紧固，并不是本案专利的必要技术特征。

因此，一审法院有关涉案专利的"插接"技术特征是指"能起到紧固效果"的认定存在错误。

关于金王公司提出的现有技术抗辩问题。金王公司提供的证据是案外人的专利号为ZL00251986.0"伸缩门弯头"实用新型专利和专利号为ZL00320418.9号的"伸缩门"外观设计专利。金王公司的理由是该公司取得了"伸缩门弯头"实用新型专利的独占实施许可权，而且该专利和"伸缩门"外观设计专利的申请日期早于红门公司涉案专利。

现有技术是申请日以前同样的发明创造在国内外出版物上公开发表过、

在国内公开使用过或者以其他方式为公众所知，而且是指一项发明或者实用新型作为一个整体所包含的技术特征，不能将权利要求中记载的技术特征分割开来对比。因此，在判断本案专利是否为现有技术时，不能将各个技术特征分割开来，而应当作为一个整体，判断其是否属于现有技术。也就是说，不能用两份以上公开对比文件所记载的技术合并起来，而否定一项专利的新颖性。

金王公司所提供的两份公开对比文件，其中一份专利号为 ZL00251986.0 "伸缩门弯头" 实用新型专利，仅是无轨电动伸缩门的一个部件，而且本案红门公司专利必要技术特征中并不包含该技术，因此不能作为现有技术抗辩。另一对比文件专利号为 ZL00320418.9 号 "伸缩门" 外观设计专利，其中仅涉及伸缩门的外观形状，并不涉及伸缩门主框架、副框架的连接等技术方案，也不能证明红门公司的专利属于现有技术。因此，金王公司的现有技术抗辩理由不成立。

二审法院最终判决，撤销一审判决，金王公司构成对红门公司的专利侵权，承担停止侵权及赔偿红门公司 50 万元人民币。

【代理律师说】

本案涉及两个焦点问题，第一是有关涉案专利权利要求的解释问题，即涉案专利权利要求 1 中的 "插接" 能否理解为 "能起到紧固效果的插接"。

根据《中华人民共和国专利法》（下称《专利法》）第 59 条的规定，发明专利的保护范围以其权利要求的内容为准，说明书及附图可以用于解释权利要求的内容。又依据《最高人民法院关于审理专利纠纷案件适用法律问题的若干规定》第 17 条规定，专利权的保护范围应当以权利要求书中明确记载的必要技术特征所确定的范围为准，也包括与该必要技术特征相等同的特征所确定的范围。就本案专利而言，其保护范围也应当依据前述法律和司法解释的规定予以确定。

本案中，对于 "插接" 的理解，首先应当根据本案所涉专利的权利要求书的文字记载内容来理解，权利要求 1 中仅限定了"主框架由两侧边框、底边框及肩盖插接而成"，并没有对插接后的效果予以限制，即对插接后是否还需要用螺丝等辅助手段将各部件紧固没有明确。对于技术特征的理解，还应该结合对文字的通常理解，即通常情况下，本领域技术人员在看到"插接"一词时是如何理解的，是将插接仅理解为将两个以上的部件安装在一起，还是理解为包括了插接后的紧固效果，显然应该是前者。

对于权利要求的解释，还应当结合专利的说明书，找出该技术特征存在目的。通过前文对涉案专利说明书记载内容的描述，可见该专利采用插接方式目的在于使各部件单独设计和成型，插接的效果是各部件通过插接后"即可成型"，并非各部件插接后可以起到紧固的效果。

因此，当涉及专利保护范围的界定时，关键还是对权利要求技术特征的解释；作解释时一定要根据权利要求书的表述，并结合本专利的发明目的、说明书的解释，每一个技术特征所要达到的技术效果，要以说明书中明确记载的内容为准，不可想当然地添加技术效果，从而限缩权利要求的保护范围。

第二个焦点问题是现有技术抗辩中，能否将两份以上公开对比文件中的技术特征结合以获得技术方案。

专利民事侵权中的现有技术抗辩，又称公知技术抗辩，是指被诉侵权人有证据证明被控侵权产品实施的是在申请日以前在国内外为公众所知的技术，则不构成专利侵权。

现有技术抗辩的理论依据来自知识产权中的公共领域理论及利益平衡理论。专利制度的基石在于通过公开换取保护的等价交换思想，因此专利权仅能在其对现有技术作出的贡献的范围内获得垄断性的利益，若被控侵权人有证据证明他实施的涉案专利申请日前的现有技术，则不构成专利侵权。公知技术乃人类共同福祉，不能因为某人的专利权被授予而导致公众无法使用，并且不具有新颖性的专利技术本身就不应当被授予专利。但实践中，即便是在发明专利的审查环节，专利行政机关可能无法检索到全部的公知技术，导致错误的将丧失新颖性的专利权授予给权利人。而大量的专利只有通过侵权诉讼或社会公众提起的无效申请才可以确认无效，相对人面对专利侵权诉讼时，主张公知技术抗辩要比申请专利无效更为便捷。而这也是专利公知技术抗辩存在的合理性之一。操作上，专利无效申请要求涉案专利与公知技术相重合，而公知技术抗辩仅需要被诉技术方案和公知技术相同或等同即可。比对对象和程序的不同也决定了公知技术抗辩的特殊性，甚至可以不用考虑涉案专利，直接将被诉方案与公知技术相对比，如果成立抗辩，则可应对任何的专利侵权之诉，这一点与专利无效申请也是具有本质上的不同。

现有技术抗辩正式进入我国专利制度成文法是在 2008 年修订的专利法，《专利法（2008）》第 62 条规定："在专利侵权纠纷中，被控侵权人有证据证明其实施的技术或者设计属于现有技术或者现有设计的，不构成侵犯专利权。"《最高人民法院关于审理侵犯专利权纠纷案件应用法律若干问题的解释（2009）》进一步规定，构成现有技术抗辩的，应当是一项现有技术方案，而不能是两项或者两项以上的技术方案的组合。

根据现行的专利法相关制度，主张现有技术抗辩需要注意以下几点。

（1）"现有技术"中的"现有"是指相比于涉案专利申请之日而言，在国内外为已被公众所知的技术，故构成现有技术的技术文献的公开日期应当在涉案专利的申请日之前。因此，对于抵触申请的场合，某一项在先申请在后公开的专利文献因为其公开日在涉案专利申请日之后，因此不能以此主张现有技术抗辩。

（2）主张现有技术抗辩中的现有"技术"，应当是一项技术方案，而不是几个技术方案的结合，除非这种结合是简单的叠加或者替换。之所以现有技术抗辩要求构成现有技术的是一项技术方案，是因为将不同技术方案的进行结合本身就可能存在"创造性"的问题。从现有技术抗辩的立法本意来看，现有技术抗辩是为了避免专利权不正当的侵占公共领域的共同财富。但如果将现有的技术组合本身是需要创造性劳动的，那么这一组合后的技术就不再属于现有技术领域的公共产品。更何况，任何的发明创造总是要站在前人的肩膀上，如果将现有技术的组合都视为现有技术，那么任何技术都将落入现有技术的范畴，这无疑将架空专利制度。

（3）主张现有技术抗辩，比对对象是被控侵权产品是否属于现有技术，而并非涉案专利是否属于现有技术，因为后一问题实质上是属于专利权有效性的问题，而在专利侵权民事诉讼中，司法机关并不负责审核涉案专利是否实质有效，只要专利权在形式上有效，司法机关就应当依据涉案专利的保护范围认定是否构成民事侵权。

回到本案中，本案发生的时间在 2005 年至 2006 年，虽然前述有关现金现有抗辩制度的法律及司法解释都还没作出，但从当时的司法实践来看，人民法院已经在摸索在现实中适用技术抗辩原则。

本案中在先专利 A 的申请日虽然是在涉案专利申请日之前，但其公开日却在涉案专利的申请日之后，也即在涉案专利申请日前，并非为社会公众所普遍熟悉。若按照现行现有技术抗辩的规则，在先专利 A 不应当认定为是现有技术。

被控侵权产品在主框架各个部件的连接中实施了在先专利 A，而在副框架的设计中采用了在先设计 B，在先专利 A 及在先设计 B 各自都是一项完整、独立的技术方案，在这种情况下也不能将在先专利 A 与在先设计 B 组合作为一项新技术，从而评价是否构成现有技术抗辩。二审对此正确运用了法律推理，作出了符合法理的认定，是正确的。

从被诉侵权人的角度来看这个问题，如果被诉侵权人认为其所实施的技术方案来源于两个现有技术的组合，那么可以尝试通过专利无效宣告程序"釜底抽薪"以免除自身的侵权风险。盖因在无效宣告程序中，请求人可以将不同的现有技术组合起来，对专利权的创造性提出挑战。因此，可以说基于同样的现有技术，通过无效宣告请求宣告专利权无效从而间接免除侵权责任的可能性，大于通过现有技术抗辩来直接免除侵权的可能性。所以，在发现充分证据的情况下，建议侵权诉讼的被告采取多手准备。若被控侵权产品落入原告专利保护范围性的可能性极大，则被告应当考虑是否启动无效宣告程序，而不能过于依赖现有技术抗辩。

十一、专利侵权现有技术抗辩中
比对的对象是被控侵权产品与现有技术

——深圳市华坤天地科技有限公司、王某与

深圳市金冠智能科技有限公司、深圳市聚力得

科技有限公司实用新型专利侵权纠纷案*

【本案看点】

在专利侵权纠纷中，现有技术抗辩比较的是被控侵权产品或方法是否与现有技术相一致，而不需要比对涉案专利与现有技术是否一致，人民法院不负责审查在专利侵权纠纷中审理涉案专利与现有技术相比是否具有新颖性或者创造性的问题

【相关法律法规】

《最高人民法院关于审理商标民事纠纷案件适用法律若干问题的解释》第4条，《中华人民共和国专利法（2008）》第60条

【案情介绍】

深圳市华坤天地科技有限公司（下称华坤公司），成立于2001年年底，专业从事智能卡生产设备的研发、制造、服务与销售。在2004年3月，华坤

---

* 〔2008〕粤高法民三终字第363号。

公司就成功开发具有自主知识产权的高速非接触式 IC 卡的生产设备，用于国家第二代身份证的证卡生产，该设备获两项国家技术专利，技术与性能领先于国际的同类产品。2006 年年底，正式推出第三代接触式智能卡生产设备，已经被国际智能卡巨头大量使用，获得良好的市场价值。目前，华坤公司的设备不仅在国内的高端市场占有绝对的市场份额，设备已远销世界多国。

王某于 2005 年 9 月 23 日就"卡片加工设备"向国家知识产权局申请实用新型专利，该专利于 2006 年 10 月 25 日获得授权，专利号为 ZL200520065058.0。

涉案专利有五项权利要求，具体内容包括以下几个方面。

权利要求 1 为一种卡片加工设备，包括固定在移动装置之上的加工部件、加工部件和移动装置工作控制部件、承载被加工材料的放料台板，以及承载上述全部要素的设备本体，其特征是所述的放料台板不少于两个。

权利要求 2 为根据权利要求 1 所述的卡片加工设备，其特征是所述的两块或者两块以上放料台板相互间在同一水平面放置。

3 为根据权利要求 2 所述的卡片加工设备，其特征是所述的放料台板沿所述的卡片加工设备的总加工方向依次排布。

4 为根据权利要求 3 所述的卡片加工设备，其特征是所述的加工部件为绕线头。

5 为根据权利要求 4 所述的卡片加工设备，其特征是所述的加工部件的振幅杆可以上下移动。

涉案专利用于在 IC 卡加工过程中向 IC 卡内植入电子芯片。

图 11-1 中，加工部件 1 固定在移动装置 6 上，移动装置工作控制部件 5 控制移动装置 6 使加工部件 1 在二维平面运动，3 及 3a 皆为放料台板，上承载有 PVC 板料 2 及 2a。该加工装置开始工作后，加工部件 1 在移动装置工作控制部件 5 的控制下在 PVC 板料 2 上植入芯片。之后，加工部件 1 被移动装置移动到放料台板 3a 上方，对 PVC 板料 2a 进行植入芯片的作业，此时工作人员可以将放料台板 3 上已完成芯片植入的 PVC 板料 2 替换成待生产的 PVC 板料。

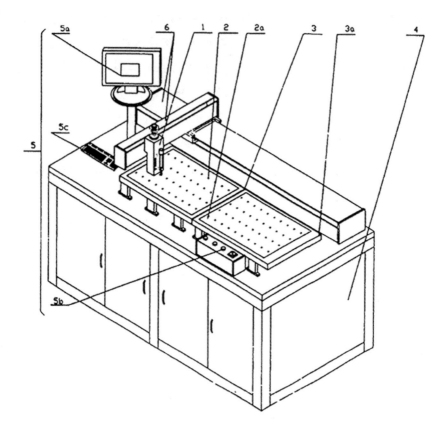

图 11 - 1   "卡片加工设备"专利只设置一个放料台版的结构示意图

2006 年 10 月 26 日，华坤公司从王某处获得涉案专利的实施许可，并与王某签订了"专利实施许可合同"。该合同约定由华坤公司于合同签订日起至 2011 年 10 月 25 日独占实施该专利，专利使用费为 100 万元人民币，于许可期满前六个月内支付。

深圳市金冠智能科技有限公司（下称金冠公司）与深圳市聚力得科技有限公司（下称聚力得公司）都是从事电子设备研发、生产、销售的企业。

2006 年，华坤公司发现聚力得公司销售的一款全自动四头上线机使用了涉案专利的技术方案，对其专利权造成了侵害。华坤公司进一步调查后发现，这一被控侵权产品是由金冠公司生产制造的。

2006 年，华坤公司与涉案专利专利权人王某共同作为原告向人民法院提起诉讼。在案件受理后，王某及华坤公司立即向一审法院提交了证据保全的申请，一审法院裁定，查封了金冠公司、聚力得公司涉嫌侵权的全自动四头上线机样品，并对实物进行拍照及录像。

在一审过程中，王某、华坤公司明确将以涉案专利的权利要求 1 至 5 主张权利，指控金冠公司、聚力得公司全自动四头上线机产品落入涉案专利权利要求 1 至 5 的保护范围内。

被控全自动四头上线机系一种卡片加工、制作设备，振幅杆与固定在振幅杆上的布线头共同组成了加工部件绕线头，且绕线头的振幅杆能带动布线头上下移动；移动装置控制部件为电脑系统，绕线头是固定于移动装置之上的且由移动装置带动移动；有水平放置且依次排布的两块放料台板以及承载各部件的设备本体。

经过当庭对被控侵权产品进行对比，被控侵权产品的上述技术特征与涉案专利保护范围的技术特征完全相同。对该比对结论，金冠公司、聚力得公司不持异议，但其明确抗辩被控产品使用的是现有技术。

金冠公司、聚力得公司作为现有技术抗辩的主要对比文献是其提交的 2004 年第 11 期刊号为 ISSN1560 – 1285《金卡工程》第 2 页华坤公司广告彩页。

一审法院人认为，在金冠公司、聚力得公司所指广告彩页上的"自动高速天线植入机"机器图片中，能够清晰所见的只有一个放料台板，此与专利以及被控产品特征均不相同；此外，由于是静态图景，该机器绕线头的振幅杆是否可以上下移动无从断定，也即根本无法判断是否与本案专利权利要求的内容相同，故该证据不能证明王某、华坤公司请求保护的实用新型专利不具有新颖性，亦不能证明金冠公司、聚力得公司被控侵权产品使用的是现有技术。由于金冠公司、聚力得公司提交的 2005 年第 1 期《金卡工程》彩页第 5 页广告彩页同样存在上述问题，故对上述两份证据原审法院不予采纳。

金冠公司、聚力得公司还引用了王某、华坤公司所提交检索报告中的两篇对比文件，认为这两份对比文件已经将涉案专利的技术方案公开。

一审法院对此则认为：这两篇对比文件的名称分别为"布线方法及布线装置"（下称对比文件1）和"零件安装装置"（下称对比文件2）。该两份文件的公开日期在涉案专利的申请日前。对比文件1并未涉及与涉案专利技术特征"放料台板"相对应的"工作台"的数量这一具体的技术特征，而增加一个或一个以上放料台板是涉案专利产品提高工作效率、不同于现有技术的必备特征，也是被控产品所具有的特征之一；而对比文件2是一种安装装置，与涉案专利所属领域并不相同，不能与对比文件1相组合进行现有技术抗辩。故金冠公司、聚力得公司所引用的以上两份对比文件不能证明被控侵权产品实施的是现有技术。

因此，一审法院最终判决认定金冠公司、聚力得公司构成对涉案专利的侵权，并承担相应的民事责任。由于没有证据证明金冠公司、聚力得公司的侵权获利，故一审法院在判决中根据涉案专利的许可费，酌定36万元的赔偿额。

金冠公司、聚力得公司不服一审判决，向二审法院提起上述。

【案件聚焦】

本案系侵害实用新型专利权纠纷。二审中争议焦点主要有以下两点。

一是本案被控侵权产品使用的是否为现有技术。

金冠公司、聚力得公司提出现有技术抗辩的主要文献是两期《金卡工程》中华坤公司的广告彩页以及华坤公司所提交检索报告中"布线方法及布线装置"、"零件安装装置"两篇对比文件。

金冠公司、聚力得公司认为：首先，根据一般常识，《金卡工程》彩页图片里中显示的振幅杆必然能上下移动的，否则该彩页图片中的设备是不可能进行植入天线操作。其次，涉案专利中的振幅杆结构及其与单块放料板的结合属于现有技术，是本领域的惯用手段，不具有创造性。涉案专利中的振幅杆结构本身只是由两个配件组成，而且这两个配件均由国外公司生产，并且一直是固定组合。王某、华坤公司目前自己生产的机器，也同样是采用国外的成品固定模式的配件。这一固定配置在我国 IC 卡生产领域属于惯用手段。我国 IC 卡生产企业中使用的振幅杆与绕线头一直都是加工生产 IC 卡的必备配件和固定组合，把两个其他国家生产制造的成品配件组合在一起在生产 IC 卡行业已使用多年。涉案专利中把振幅杆已经改称为固定在移动装置之上的加工部件、把绕线头改称为加工部件与移动装置工作控制部件，实际都是国外成品的固定组合，王某的专利无创造性。

二是金冠公司和聚力得公司应承担的赔偿额的确定问题。

金冠公司和聚力得公司认为，一审法院判决 34 万元人民币的赔偿额，缺乏有效证据。"专利实施许可合同"未经过备案，该合同中的专利许可费不能作为参考赔偿的依据，故一审法院对于金冠公司、聚力得公司作出的 34 万元的赔偿过高。王某、华坤公司则答辩称，王某、华坤公司销售一台涉案专利产品的设备价格 167 万元，成本大概是 50 万元，一台的利润是 100 万元，附加值高的原因是专利技术价值含量高。金冠公司的法定代表人原来是华坤公司的技术人员，其侵权主观恶意大、侵权行为持续时间长，从这两点考虑原审判决的判赔额并不高。

【裁判定夺】

二审法院审理本案后对上述两个案件焦点问题作出以下论述。

（一）本案被控侵权产品使用的是否为现有技术

金冠公司、聚力得公司作为现有技术抗辩第一组证据是 2004 年第 11 期《金卡工程》第 2 页华坤公司的广告彩页及 2005 年第 1 期《金卡工程》彩页第 5 页广告彩页。上述证据产生的时间虽在本案涉案专利的申请日之前，但上述广告彩页上的"自动高速天线植入机"机器图片中，能够清晰所见的只有一个放料台板，而本案被控侵权产品有水平放置且依次排布的两块放料台板以及承载各部件的设备本体。因此，金冠公司、聚力得公司作为现有技术抗辩证据的上述广告彩页与被控侵权产品的特征不相同。况且，上述广告彩页为静态图景，该机器绕线头的振幅杆是否可以上下移动无从断定从而无法判断是否与本案被控侵权产品的特征相同。金冠公司、聚力得公司关于现有技术抗辩的上诉理由不成立，法院不予支持。

此外，金冠公司、聚力得公司原审所提交的 2003 年的《金卡工程》第 3、4 期神州金卡科技有限公司的广告彩页、神州金卡科技有限公司与武汉恒威科技开发有限公司签订的《购货合同》《全自动天线植入机操作说明书》、德国纽豹高技术公司关于卡片加工设备的英文资料，用以证明本案涉案专利技术在专利申请日前已被公开。关于本案专利在申请日以前是否被公开的问题，即本案专利是否具有新颖性的问题，不属于人民法院在民事侵权案件中审查的范围。同样，金冠公司、聚力得公司主张本案专利不具有创造性的问题，不属于人民法院在民事侵权案件中审查的范围，对此本院不予审查。

鉴于本案被控侵权的全自动四头上线机与王某、华坤公司专利产品属相同产品，其包含了本案专利权利要求保护范围的全部技术特征，该被控侵权产品已落入本案涉案专利的保护范围，金冠公司、聚力得公司对此不持异议，故原审法院认定金冠公司、聚力得公司侵犯了涉案实用新型专利权并无不当。

（二）关于本案赔偿数额的确定问题

《中华人民共和国专利法（2008）》（下称《专利法》）第 60 条规定："侵犯专利权的赔偿数额，按照权利人因被侵权所受到的损失或者侵权人因侵权所获得的利益确定；被侵权人的损失或者侵权人获得的利益难以确定的，参照该专利许可使用费的倍数合理确定。"《最高人民法院关于审理专利纠纷案件适用法律问题的若干规定（2001）》第 21 条规定："被侵权人的损失或者侵权人获得的利益难以确定，有专利许可使用费可以参照的，人民法院可以根据专利权的类别、侵权人侵权的性质和情节、专利许可使用费的数额、该专利许可的性质、范围、时间等因素，参照该专利许可使用费的 1 至 3 倍合理确定赔偿数额；没有专利许可使用费可以参照或者专利许可使用费明显不合理的，人民法院可以根据专利权的类别、侵权人侵权的性质和情节等因素，一般在人民币 5000 元以上 30 万元以下确定赔偿数额，最多不得超过人民币 50 万元。"该法第 22 条规定："人民法院根据权利人的请求以及具体案情，可以将权利人因调查、制止侵权所支付的合理费用计算在赔偿数额范围之内。"本案中，原审法院并未参照涉案专利许可使用费的倍数确定本案的赔偿数额，而是根据王某、华坤公司请求保护专利的类别、金冠公司、聚力得公司侵权的性质、情节、涉案产品价值、王某、华坤公司为本案支出的合理费用等因素，酌情判令金冠公司、聚力得公司连带赔偿王某、华坤公司经济损失 34 万元，并未违反上述法律和司法解释的规定。因此，金冠公司、聚力得公司称原审法院参照专利许可费确定赔偿数额、本案赔偿数额过高的上诉理由缺乏事实和法律依据，法院不予支持。

二审法院判决驳回金冠公司、聚力得公司的上诉，维持原判。

【代理律师说】

（一）专利被许可人在专利侵权纠纷中诉讼地位问题

在本案中，我们可以注意到一个细节是，本案的原告有两位，分别是涉案专利的专利权人王某和涉案专利的独占许可人华坤公司。

根据我国《专利法（2008）》第 60 条（对应《专利法（2002）》第 57 条）规定，专利权人及利害关系人是专利侵权纠纷的适格当事人。但专利被许可人并不当然就是具有适格原告身份的利害关系人。专利的许可与被许可是专利权人与专利被许可人之间的契约关系，在普通许可的情况下专利被许可人仅从专利权人处获得可以实施该专利的许可，排除他人实施专利的权利仍然保留在专利权人手中，其不具有适格的诉讼地位。专利法中具有诉权的"利害关系人"通常是指排他许可人及独占许可人，在司法实践中，一般承认排他被许可人可以和专利权人共同起诉，而独占被许可人则可以自行独立起诉。这一规则，虽然没有明文写在我国专利法及相关法律法规中，但可以参考商标领域的相关规定，《最高人民法院关于审理商标民事纠纷案件适用法律若干问题的解释》第 4 条第 2 款规定："在发生注册商标专用权被侵害时，独占使用许可合同的被许可人可以向人民法院提起诉讼；排他使用许可合同的被许可人可以和商标注册人共同起诉，也可以在商标注册人不起诉的情况下，自行提起诉讼……"

另外，许可合同是否备案不影响被许可人的诉讼地位，因为专利许可合同的备案作为专利许可合同的生效要件，而仅仅是对抗善意第三人的要件。

在本案中，华坤公司是涉案专利的独占被许可人，和涉案专利的专利权人一起作为原告提起诉讼，其诉讼地位适格。

（二）现有技术抗辩中的比对对象问题

现有技术抗辩又称现有技术抗辩，是指在专利侵权诉讼中，被告的产品或者方法尽管落入专利权的保护范围，但其可以以该技术是现有技术为理由进行抗辩，从而免除侵权责任。主张现有技术抗辩的，应当以证明被控侵权产品实施的是一项涉案专利申请日前已经为公众所知的技术。现有技术抗辩中的"现有"的含义与《专利法》第22条的规定"已有技术"的判断标准是相同的，即在申请日前国内外出版物上公开发表过、在国内公开使用过以及以其他方式为公众所知的所有的技术内容。

在现有技术抗辩中，需要解决的是被控侵权技术方案是否属于现有技术的问题，而非涉案专利是否属于现有技术。因此，在现有技术抗辩中应当比对的是被控侵权技术方案与一项现有的技术，而不能将涉案专利与现有的技术进行比对。

本案中，金冠公司、聚力得公司已经明确认可其涉案产品落入了涉案专利权的保护范围。因此，其试图通过举证证明其产品技术方案属于现有技术来进行抗辩。但是，从金冠公司、聚力得公司所实际提交的材料来看，首先涉及《金卡工程》杂志的材料无法清楚地反映图中设备的技术方案，自然无法作为比对的对象。仅从静态图片上根本无法判断是否与本案专利权利要求的内容相同，不能证明金冠公司、聚力得公司被控侵权产品使用的是现有技术。其次，两份对比文件而言，"布线方法及布线装置"并未涉及与涉案专利技术特征"放料台板"相对应的"工作台"的数量这一具体的技术特征，增加一个或一个以上放料台板是涉案专利产品提高工作效率、不同于现有技术的必备特征，也是被控产品所具有的特征之一；而"零件安装装置"则不涉及天线布线的问题，与涉案专利技术方案不相同。金冠公司、聚力得公司显然不能以两份对比文件组合进行现有技术抗辩。最后，金冠公司、聚力得公司也不能以上述两篇对比文件主张涉案专利不具有新颖性和创造性。此处金冠公司和聚力得公司是错误地理解了现有技术抗辩的含义。现有技术抗辩中之所以不将涉案专利与现有技术进行比较，是因为涉案专利是否具有新颖性或者创造性并非民事侵权案件的审理范围。这既与民事诉讼与行政诉讼的划分有关，也与专利管理行政部门与人民法院在专利制度中的职能划分有关。涉案专利是否符合专利法所规定的授予专利权的要件，是属于专利确权授权的范畴，对这一问题的争议，应当通过主管专利确权授权的行政机关解决，或者对行政机关的决定不满再提起行政诉讼。而在专利侵权的民事诉讼中，人民法院主要审理的是平等主体的原被告之间的民事纠纷，因此法院不能在此时去评价行政机关的专利确权授权行为是否合法。本案中的金冠公司和聚力得公司如果认为涉案专利属于现有技术而不具有创造性，应当通过专利无效程序解决。

十二、专利侵权中的先用权抗辩

——广东省江门市矽比科嘉窑新会矿业
有限公司与广东省惠州市隆光陶瓷原料
有限公司发明专利侵权纠纷案*

【本案看点】

先用权抗辩是指在专利申请日前已经制造相同产品、使用相同方法或者已经做好制造、使用的必要准备的，那么在专利申请日后继续在原有范围内继续制造、使用专利中的技术方案的，不视为侵犯专利权

【相关法律法规】

《中华人民共和国专利法（2000）》第63条，《最高人民法院关于审理侵犯专利权纠纷案件应用法律若干问题的解释（2009）》第15条

【案情介绍】

广东省江门市矽比科嘉窑新会矿业有限公司（下称矽比科嘉窑公司）是一家主要经营生产经营黑泥粉、石粉、高岭土粉、水洗黑泥、瓷泥、瓷沙、瓷石、长石、石英等陶瓷原料的企业。

2004年4月28日，矽比科嘉窑公司就"一种作为超白抛光瓷砖原料的球

---

* 〔2007〕粤高法民三终字第304号。

土及其生产方法"向国家知识产权局申请发明专利，该专利于 2006 年 1 月 25 日获得授权，专利号为 ZL200410027086.3，案件审理过程中专利处于有效状态。

涉案专利涉及一种瓷砖原来的球土的成分及制作方法，有四项权利要求，其中权利要求 1 和 4 分别为独立的产品权利要求及方法权利要求。

权利要求 1 为一种作为超白抛光瓷砖原料的球土，该球土包含有如下原料：高岭土、二次黏土、水、稀释剂及絮凝剂；以球土的总重量计，其中高岭土含量为 14% ～63%；二次黏土含量为 7% ～56%；稀释剂的含量为 0.01% ～2%，絮凝剂的含量为 0.01% ～1%，水为 22% ～32%。

权利要求 4 为权利要求 1 所述的一种作为超白抛光瓷砖原料的球土生产方法，其包括如下步骤：（1）将高岭土原料按比例加入稀释剂和水在化浆池 1 化成浆料，浆料输送到除沙池 1 除去石英砂，再输送到振动筛 1 除去杂质，然后输送到中池 1，加入絮凝剂，使其絮凝沉降，沉降后的浆料输送到成品池 1 而得到纯高岭土浆；（2）将二次黏土原料按比例加入稀释剂和水在化浆池 2 化成浆料，浆料输送到除沙池 2 除去石英砂，再输送到振动筛 2 除去杂质，然后输送到中池 2，加入絮凝剂，使其絮凝沉降，沉降后的浆料输送到成品池 2 而得到纯二次黏土浆；（3）按比例将纯高岭土浆和纯二次黏土浆输送至成品池 3，均匀混合，混合后的物料经压滤脱去部分水后得到球土产品。

涉案专利中的技术方案通过化浆—除沙—振动筛去杂志—沉降—成品的方法分别获得高纯度的高岭土浆和二次黏土浆，再将高岭土浆和二次黏土浆按一定比例混合形成可作为超白抛光瓷砖原料的球土。

广东省惠州市隆光陶瓷原料有限公司（下称隆光公司），其经营产品主要包括有高强度的超白球土、混合土、釉用球土、耐火黏土、水洗高岭土、洁具土等，广泛应用于建筑陶瓷、日用瓷、耐火材料、洁具、陶瓷釉料等领域。

矽比科嘉窑公司认为隆光公司生产 SD－188、SD－2、SD－3、SR－3 四款被控侵权陶瓷产品时使用的技术方案落入了涉案专利的保护范围，将其诉至法院。

一审法院根据矽比科嘉窑公司的申请，于 2006 年 8 月 29 日到隆光公司进行证据保全，隆光公司向原审法院提供了 SD－188、SD－2、SD－3、SR－3 四款被控侵权产品的配方作业指导书、SD－188 的生产安排、生产现场的部分原材料以及产品宣传册一份。

在庭审过程中，隆光公司确认 SD－188、SD－2、SD－3、SR－3 四款被控侵权产品由其生产、销售，其中 SD－2、SD－3、SR－3 三款产品的配比与矽比科嘉窑公司专利的权利要求 1 相同，SD－188、SD－2、SD－3、SR－3 四款产品的生产方法与涉案专利的权利要求 4 相同。而经过当庭对比，SD－188 产品的原料及配比也落入涉案专利权利要求 1 的保护范围。

隆光公司在一审答辩中提出先用权抗辩。其认为，在涉案专利的申请日之前，隆光公司已经在实际生产经营活动中实施了涉案专利中的相关技术，对此隆光公司提供了下列证据以证明其主张。

（1）隆光公司向 Ronet 国际认证服务有限公司（Ronet International Certification Services Ltd. 下称 Ronet 公司）申请 ISO9001：2000 标准的质量管理体系认证证书，2004 年 4 月 5 日，隆光公司获得认证，证书在精制球土、高岭土、混合土的生产及其制造方法范围内有效。

（2）隆光公司申请 ISO9001：2000 标准时所提交的部分文件，这些文件盖有 Ronet International Certification Services Ltd. 印章，包括样品申请与制作管理程序、采购管制程序、生产及服务提供过程管制程序、制程管制程序、产品监视与测量管制程序、配方作业指导书、检验指导书、质量管理手册。其中文件"配方作业指导书"当中记载了 SD－188、SD－2、SD－3 三种产品的 1.0 版本（见表 12－1）和其他版本的配方。

表 12－1　SD－188、SD－2、SD－3 产品 1.0 版本成分表

型号	为高岭土浆/二次黏土浆配比	高岭土浆中水玻璃加入量	二次黏土浆中水玻璃加入量	氯化镁加入量
SD－188	17：83	3‰－4‰	4‰－5‰	0.4 公斤/立方米
SD－2	40：60	3‰－4‰	3‰	0.4 公斤/立方米

续表

型号	为高岭土浆/二次黏土浆配比	高岭土浆中水玻璃加入量	二次黏土浆中水玻璃加入量	氯化镁加入量
SD－3	60∶40	3‰－4‰	3‰－4‰	以0.4公斤/立方米为基准，酌情加减

（3）江门市新会区双水盛超陶瓷原料加工场出具的证明，证明隆光公司从2002年3月开始生产水洗泥，其配方为高岭土0～80%，二次黏土20%～100%，氧化铝0～10%，瓷沙0～20%，常规稀释剂水玻璃、三聚磷酸钠、焦磷酸钠、纯碱等，常规絮凝助滤剂氯化镁、氯化钙，并提供了生产工艺流程图。

一审法院审理后认为，涉案专利有两个独立权利要求，权利要求1涉及产品配方的权利要求，而权利要求4则涉及一种生产方法的权利要求。故需要分别判断隆光公司是否在先实施了这两个独立权利要求中的技术方案。

对于权利要求1，隆光公司向法院提交了Ronet公司颁发的ISO9001：2000标准的质量管理体系认证证书原件以及Ronet公司的相关资料。虽然Ronet公司的相关资料没有经过公证认证，但这些证据之间存在内在的关联性且互不矛盾，在矽比科嘉窑公司没有提交相反证据的情况下，法院对隆光公司提交的证据予以确认。原审法院认定隆光公司向Ronet公司申请ISO9001：2000标准的质量管理体系认证证书，并于2004年4月5日获得认证。隆光公司在其申请文件的"配方作业指导书"中记载了SD－188、SD－2、SD－3三种产品的1.0版本和其他版本的配方，该文件的形成时间早于矽比科嘉窑公司的专利申请日，且有多个版本的配方，因此，隆光公司以该文件作为涉案专利权利要求1的先用权的抗辩是成立的，隆光公司对SD－188、SD－2、SD－3三款产品的成分以及配方享有先用权。

对于隆光公司生产的SR－3产品，根据证据保全时保存的样品，其高岭土浆、二次黏土浆的比例与隆光公司申请ISO9001：2000标准的质量管理体系认证文件的"配方作业指导书"1.0版本中SD－2相同，但絮凝剂与稀释剂的比例不同，隆光公司也没有其他证据证明其于矽比科嘉窑公司专利申请日之前已经生产了型号为 SR－3 的产品或者为生产该产品做好了准备，因此，隆光公司对于 SR－3 产品成分以及配方的先用权不成立。

对于权利要求 4，由于权利要求 4 涉及方法专利，虽然隆光公司对于 SD－188、SD－2、SD－3 三款产品的成分以及配方的先用权成立，但由于隆光公司没有举证说明生产这几款产品只有涉案专利的方法，隆光公司没有证明其在涉案专利申请日前生产 SD－188、SD－2、SD－3 就已经使用矽比科嘉窑公司专利的生产步骤和方式，因此不能当然认定隆光公司对于 SD－188、SD－2、SD－3 三款产品的生产方法享有先用权。

综上所述，原审法院认定隆光公司生产销售的型号为 SD－188、SR－3、SD－2、SD－3 的球土产品侵犯了矽比科嘉窑公司的专利，其中 SR－3 既侵犯了涉案专利的产品权利要求，也侵犯了涉案专利的方法权利要求，SD－188、SD－2、SD－3 侵犯了涉案专利的方法权利要求。隆光公司的行为构成专利侵权，应承担相应的民事责任。

一审判决作出后，矽比科嘉窑公司和隆光公司均不服上述一审判决，向二审法院提起上诉。

【案件聚焦】

本案系侵害发明专利权纠纷。二审的争议焦点为隆光公司对本案专利产品及其制造方法是否享有先用权问题。

矽比科嘉窑公司认为，隆光公司向原审法院提交的 Ronet 公司颁发的 ISO9001：2000 标准的质量管理体系认证证书，以及 Ronet 公司的相关资料，没有经过公证认证，不能作为认定案件事实的依据，不能依据其中的配方作业指导书认定隆光公司对 SD－188、SD－2、SD－3 三款产品的成分以及配方享有先用权。

隆光公司则认为：（1）SR－3 与 SD－188、SD－2、SD－3 三款产品的配方相同，对设备、工程的依赖也一样，只是型号不同，因此，SR－3 款产品的配方也应当享有先用权。（2）SD-188、SD-2、SD-3、SR-3四款产品的制造方法不侵犯矽比科嘉窑公司的专利权。隆光公司在二审提交的2004年1月10日生效的"流程图"与原审法院在隆光公司证据保全并记载在原审判决书中的生产方法是一致的，隆光公司提交了大量工程、设备的发票，足以证明隆光公司在矽比科嘉窑公司专利申请日前与申请日后生产本案所涉四款产品的方法相同，进而证明隆光公司对本案所涉四款产品的制造方法也享有先用权。

【裁判定夺】

二审法院审理后对本案争议焦点问题作出下列论述。

（一）隆光公司对SD-188、SD-2、SD-3三种产品是否享有先用权的问题

原审期间，隆光公司提交了Ronet公司颁发的ISO9001：2000标准的质量管理体系认证证书原件、隆光公司申请认证的相关资料，以及隆光公司购买机器设备、原料、销售球土的发票。虽然Ronet公司的相关认证资料没有经过公证认证，但与隆光公司提交的其他证据能够相互印证，矽比科嘉窑公司也没有提交相反证据。而且，北京市高级人民法院（2008）高行终字第54号行政判决也终审确认了Ronet公司的相关认证资料的真实性。据此，本院对Ronet公司的相关认证资料的真实性，以及隆光公司于2004年4月5日获得认证这一事实的真实性，予以确认。在认证资料中，隆光公司认证申请文件"配方作业指导书"中记载了SD-188、SD-2、SD-3三种产品的1.0版本和其他版本的配方，该文件的形成时间在矽比科嘉窑公司专利申请日2004年4月28日之前，再加上隆光公司购买机器、原材料，进行销售的事实，应当认定隆光公司在专利申请日前已经开始制造相同产品，并且已经做好扩大规模制造的必要准备，隆光公司对本案专利产品享有先用权。矽比科嘉窑公司上诉主张隆光公司对本案专利产品不享有先用权，法院不予支持。

（二）隆光公司对 SR –3 型号的产品是否享有先用权的问题

根据本案查明的事实，原审法院证据保全的 SR –3 款产品配方中高岭土浆、二次黏土浆的比例与隆光公司的"配方作业指导书"1.0 版本中 SD –2 款产品配方相同，均为 40∶60，但絮凝剂与稀释剂的比例不同。隆光公司确认其生产的 SR –3 款产品的配比与矽比科嘉窑公司专利的权利要求 1 相同。矽比科嘉窑公司对此无异议。原审法院据此认定 SR –3 款产品与专利权利要求 1 相同。但以隆光公司在专利申请日前未制造、销售该款产品为由，判决隆光公司在专利申请日后生产销售该专利产品属侵犯专利权的行为。法院认为，根据《专利法（2000）》（下称《专利法（2000）》）第 63 条第 1 款第 2 项的规定，先用权是指在专利申请日前已经制造相同产品、使用相同方法或者已经作好制造、使用的必要准备，并且仅在原有范围内继续制造、使用的行为，不视为侵犯专利权。这里相同产品指先用权人在专利申请日之后制造的产品的技术特征与专利申请日之前已经制造的产品的技术特征相同或实质近似，而非与专利申请日之前已经制造的产品的型号相同。因此，当被控侵权产品为多种型号的产品时，即使某一型号被控侵权产品未在专利申请日前制造、销售，但只要该被控侵权产品与在专利申请日前制造、销售的其他被控侵权产品的技术特征没有实质差别，也属于第 63 条第 1 款所规定的"相同产品"。因此，尽管隆光公司未提供证据证明其在专利申请日前制造、销售了 SR –3 型号产品，但 SR –3 型号产品与 SD –188、SD –2、SD –3 三种型号产品的成分完全相同，仅存在加入的絮凝剂与稀释剂的比例不同的差异，且该比例的差异均在矽比科嘉窑公司专利的权利要求 1 范围之内，与其他型号产品的技术特征并无实质差别，因此，隆光公司生产、销售 SR –3 型号产品的行为属于行使先用权的行为。

（三）隆光公司对 SD –188、SD –2、SD –3、SR –3 四款产品的制造方法是否享有先用权问题

首先，本案中，矽比科嘉窑公司专利的权利要求 1 与权利要求 4 紧密相关联。权利要求 4 作为方法专利要求，其各个步骤之间具有时间要素上的连

续性以及过程要素上的整体性，其保护范围应当是整个工艺步骤。从权利要求 4 的内容看，引用了权利要求 1 中的独立权利要求，因此，在确定其保护范围时，应考虑被引用的权利要求的特征。权利要求 4 中的三处"按比例"应该理解为包括权利要求 1 中关于高岭土、二次黏土、水、稀释剂及絮凝剂的比例的特征。

其次，从客观实际出发，既然隆光公司在专利申请日前制造了与专利权利要求相同的产品，就必然要使用制造方法。本案中，矽比科嘉窑公司起诉主张隆光公司四款产品的制造方法与矽比科嘉窑公司专利相同，隆光公司在原审期间对此也予以自认，并主张其无论是专利申请日前或后，均是使用该种方法制造上述四款产品。矽比科嘉窑公司若主张隆光公司在专利申请日前或后使用的方法不同，应对此承担举证责任。在没有相反证据的情况下，可以认定隆光公司在专利申请日前已经开始使用相同方法制造 SD –188、SD – 2、SD –3 三款产品，并且已经做好扩大规模生产、销售使用相同方法制造的产品的准备。同时，隆光公司在二审提交的 ISO 申请文件"质量管理体系策划程序（QP –04）"中的生产"流程图"与原审法院在隆光公司证据保全并记载在原审判决书中的内容相互印证，本院对生产"流程图"的真实性予以认定。该生产"流程图"的内容间接印证了隆光公司被控侵权产品的制造方法，其生效日期为 2004 年 1 月 10 日，早于本案专利申请日。因此，隆光公司对本案专利方法享有先用权。并且，使用相同方法制造 SR –3 款产品的行为亦不属于侵犯专利权的行为。原审判决以隆光公司没有举证说明生产权利要求 1 的产品只有一种方法，隆光公司在专利申请日前后使用的方法有可能存在不同为由，否定隆光公司对本案专利方法享有先用权，举证责任分配明显错误，法院予以纠正。

二审法院最终判决撤销一审判决，驳回原告矽比科嘉窑公司的全部诉讼请求。

【代理律师说】

先用权抗辩制度是对专利权的一种限制。我国专利制度实行的是"先申请原则"，也即保护先申请的发明构思。在这种情况下，如果有其他人已经在该专利申请之前已经独立研发或合法取得了与之相同的技术方案，并且做好了开展生产的准备，此时禁止其实施这一技术方案，无疑带来一种不公平的结果。尽管"先申请原则"的初衷是为了鼓励发明技术的公开，促进技术的传播，但专利申请并非是一项强制的制度，也应当尊重发明人不公开其技术构思或者不申请专利的行为。在这种情况下，如果又出现在后的同样发明被申请为专利，就需要考虑在先发明人与在后专利权人之间的利益平衡问题，在不破坏专利"先申请原则"的基础上，允许在先发明人在一定的范围内实施其发明，从而可以收回其投入的人力、物力。

世界各国对于专利权的保护普遍遵循在先申请原则，即在先申请的专利权人将享有相应的独占权利，排除他人对专利的实施。在发生专利侵权案件时，判定专利保护期也是从专利申请日起算的。专利的授予本身是一种行政确认行为，而行政确认行为不得影响权力本身的性质，所以一旦存在现实中的情况，即一项专利的申请人并非实际上的专利权人，在此之前已经有人掌握了该项技术并投入使用；这种情况下再通过申请人获得的排他权利而使在先使用该技术的权利人陷入侵权的境地显然不公平且不合理。所以，赋予在先使用人以先用抗辩权。这一原则规定在我国《专利法（2008）》第69条第2款："在专利申请日前已经制造相同产品、使用相同方法或者已经做好制造、使用的必要准备，并且仅在原有范围内继续制造、使用的，不视为专利侵权。"

但是，从实际的保护内容和程序来看，先用权属于抗辩性的权利，而非一种独立的权利类型。先用权抗辩是十分苛刻的，以至于原使用人仅能够保证自己以原本的生产范围内继续制造使用才不构成侵权，这种衡量和使用权利明显不是为了保护其原本的智力劳动，而是更加偏向于对其前期投入与商业风险的综合衡量，是数字和利益的权衡，而不是对权利和智力劳动的肯定。例如，在北京英特莱技术公司与深圳市蓝盾实业有限公司北京分公司等侵害发明专利权纠纷申请案中，对于先用权抗辩是否成立，则要同时满足5个条件：分别认定了是否已经生产了相关产品，是否已经做好了必要准备，是否属于相同产品，是否在原有范围内继续制造，又对先用权的主体资格进行了确认，最终才得出结论。

先用权抗辩制度自 1985 年我国第一部专利法制定时就已经确定，一直沿袭到《专利法（2008）》第 69 条第 2 款。

本案审理时适用的则是《专利法（2000）》第 63 条第 1 款第 2 项的规定："在专利申请日前已经制造相同产品、使用相同方法或者已经做好制造、使用的必要准备，并且仅在原有范围内继续制造、使用的行为，不视为侵犯专利权。"

在进行先用权抗辩时，需要注意以下几点。

（1）先用权人应当是已经做好了制造被控侵权产品或者使用被控侵权技术方案的必要准备，如已经完成所必需的主要技术图纸或者工艺文件，或者已经制造或者购买实施发明创造所必需的主要设备或者原材料等。

（2）先用权人所在先实施的技术方案，应当是由其自身自己独立研究完成或者从其他合法渠道获得。实施以抄袭、窃取或者以其他不正当手段获取的技术方案不能构成先用权抗辩。

（3）先用权人仅能在原有范围内继续制造、使用，先用权抗辩制度是对专利权的限制，也是对先发明人的一种利益平衡机制，但这一制度同样是有限制的，否则专利制度就可能被架空。"原有范围"即对先用权人的限制。所谓"原有范围"，主要的判断标准是生产规模，先用权人不能随意扩大其生产规模，只能在专利申请日前已有的生产规模以及利用已有的生产设备或者根据已有的生产准备可以达到的生产规模范围内进行生产。此外，在司法实践中，产品的销售区域、方法专利的用途等也是考虑"原有范围"的重要因素。

本案中，隆光公司一审中提交了 Ronet 公司颁发的 ISO9001：2000 标准的质量管理体系认证证书原件、隆光公司申请认证的相关资料，以及隆光公司购买机器设备、原料、销售球土的发票。二审提交了 ISO 申请文件"质量管理体系策划程序（QP-04）"中的生产"流程图"，该"流程图"与一审法院在隆光公司证据保全并记载在原审判决书中的内容相互印证。在认证资料中，隆光公司的认证申请文件"配方作业指导书"中记载了 SD-188、SD-2、SD-3 三种产品的 1.0 版本和其他版本的配方，该文件的形成时间在矽比科嘉窑公司专利申请日 2004 年 4 月 28 日之前，再加上隆光公司购买机器、原材料，进行销售的事实，足以证明隆光公司在专利申请日前已经开始制造相同产品，并且已经做好扩大规模制造的必要准备。另外，尽管隆光公司未提供证据证明其在专利申请日前制造、销售了 SR-3 型号产品，但 SR-3 型号产品与 SD-188、SD-2、SD-3 三种型号产品的成分完全相同，仅加入的絮凝剂与稀释剂的比例不同，且该比例的差异均在矽比科嘉窑公司专利的权利要求 1 范围之内，与其他型号产品的技术特征并无实质差别，因此，针对 SR-3 型号产品，也应认定隆光公司在专利申请日前已经开始制造相同产品，并且已经做好扩大规模制造的必要准备。

本案除了涉及产品专利外，还涉及方法专利的先用权抗辩问题。从司法实践中来看，针对制造方法的先用权抗辩举证是比较困难的。原因在于通常情况下实施方法本身的过程是比较难以记录的，而专利侵权纠纷发生时又往往离需要举证证明的使用专利方法的时间点很远。鉴于这一现实的困难，法院在认定事实时通常会综合全案证据，并在必要时进行一些合理的逻辑推理。

本案中，矽比科嘉窑公司专利的权利要求 1 与权利要求 4 紧密相关联。权利要求 4 是权利要求 1 中的产品的制备方法，包括按照权利要求 1 中所要求的比例投入原料，并进行筛选、除杂、脱水等步骤。权利要求 4 中对各原料比例的要求外，其余步骤并不会带来额外的技术效果。同时，原告矽比科嘉窑公司主张隆光公司四款产品的制造方法与矽比科嘉窑公司专利相同，隆光公司也承认其无论是专利申请日前或后均是使用该种方法制造上述四款产品。因此，在隆光公司的被控侵权产品构成先用权的情况下，矽比科嘉窑公司若主张隆光公司在专利申请日前所使用的方法不同，应对此承担举证责任。在没有相反证据的情况下，可以认定隆光公司在专利申请日前已经开始使用相同方法制造上述四款产品，并且已经做好使用相同方法制造的产品的准备。此外，隆光公司所提交的流程图也间接印证了隆光公司被控侵权产品的制造方法。综合上述因素考虑，二审法院认定隆光公司对制造方法也享有先用权。

由此可见，法院在对该事实进行认定时，既考虑到涉案专利两个独立要求之间的对应关系，又考虑到产品制造的客观情况，并结合相关的辅助证据，通过合理分配举证责任，对事实作出认定。

十三、在专利侵权纠纷中
实施他人权利并不能构成一种抗辩

——周某与路神公司外观设计专利侵权纠纷案*

【本案看点】

在专利侵权纠纷中被控侵权人自身实施的是他人的专利并不能构成有效的抗辩事由。实施他人专利是否构成对涉案专利侵权问题的本质仍然是被控专利侵权的产品是否全面覆盖了在先专利的保护范围

【相关法律法规】

《最高人民法院关于在专利侵权诉讼中当事人均拥有专利权应如何处理问题的批复》,《中华人民共和国专利法(2000)》第70条

【案情介绍】

周某于1995年1月14日向国家专利局申请了名称为"安全信号灯(BS－A型)"外观设计专利,并于1995年12月9日获得授权,专利号为ZL95300440.6,授权公告日为1996年1月31日。涉案专利的国际专利分类号为26－05类,即照明设备下的灯、落地灯、灯罩等。

---

* 〔2003〕粤高法民三终字第8号。

涉案专利主要视图见图 13 - 1。

图 13 - 1　"安全信号灯（BS - A 型）"专利主视图、左视图及俯视图

温州市路神标志制造有限公司（下称路神公司）成立于 1999 年 10 月 22 日，经营范围包括反光标志、路障、警示灯制造的加工、销售。2000 年 6 月 26 日，路神公司设立了路神公司深圳分公司（下称路神深圳分公司）。

深圳市华路安反光材料制品有限公司（下称华路安公司）成立于 1999 年 3 月 18 日，公司经营范围为反光材料的购销及其他供销业务。

周某发现，2000 年华路安公司销售给三亚长丰海洋燃气供气有限公司的警示灯使用了与涉案专利一样的设计，而这些被控侵权的产品是由路神公司深圳分公司制造并销售给华路安公司的。2000 年 8 月 2 日，周某将路神公司及华路安公司诉至深圳市中级人民法院。在诉讼答辩期内，路神深圳公司向国家知识产权局专利复审委员申请宣告 ZL95300440.6 无效并被受理，深圳市中院人民法院因此裁定该案中止诉讼。

2000 年 12 月 31 日，路神公司与案外人王某签订"专利转让协议"，约定王某将其持有的 ZL00314268. X 号、名称为"（钻石型）交通故障警示灯"的专利（下称钻石警示灯专利）转让给路神公司。钻石警示灯专利的主要视图见图 13 - 2。

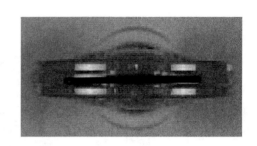

图 13-2 钻石警示灯专利主视图、左视图及俯视图

2001 年 3 月 22 日，国家知识产权局专利复审委员作出维持 ZL95300440.6 专利权有效的决定。案件恢复审理后，周某以本专利已转让，需变更诉讼主体重新起诉为由申请了撤诉。2001 年 7 月 16 日，变更后的权利人周某、霄万隆公司就被告在前案发生的侵权行为，以及新发生的侵权行为一并向法院提起诉讼。

深圳市中级人民法院审理后认为，路神公司制造、华路安公司销售的被控侵权产品与周某专利产品在外表形状、图案极为相似，构成了对周某涉案专利的侵权，故分别判决华路安公司及路神公司赔偿周某经济损失 7 万元及 20 万元。

华路安公司及路神公司均不服深圳市中院的一审判决，向广东省高级人民法院提起上诉。

【案件聚焦】

在二审中，路神公司答辩称，路神公司与王某签订了"专利转让协议"，取得了王某的钻石警示灯专利，路神公司实施的是钻石警示灯专利而非周某的涉案专利，钻石警示灯专利与涉案专利有多处不同，路神公司不构成侵权。

华路案公司则辩称，在法院或者行政部门确定涉案专利及钻石警示灯专利哪个有效之前，其无法判断销售的产品是否为侵权产品，因此其不具有"明知"的故意，不应当承担赔偿责任。

因此，本案的争议问题有两点：一是路神公司能否以其实施的是另一专利进行不侵权抗辩，二是侵权产品的销售者应当承担什么样的责任。

【裁判定夺】

涉案专利是周某于 1995 年 1 月 14 日向国家专利局提出，1995 年 12 月 9 日获得授权并于 1996 年公告。尽管在本案诉讼期间，路神深圳分公司曾经向国家知识产权局专利复审委员会提出无效宣告申请，要求宣告该专利无效，但经过审查后，2001 年 3 月 22 日专利复审委员会作出了维持该专利的决定。因此，涉案专利合法有效，应当受到法律保护。

路神公司、路神深圳分公司在没有取得专利权人的许可的情况下，生产、销售了被控侵权产品；对该事实，双方当事人没有异议。但路神公司上诉提出，被控侵权产品与涉案专利产品有多处不同，明显不近似，而且该公司从案外人王某处受让取得了钻石警示灯专利，被控产品是按照受让专利生产的，该行为不构成侵权。而经对比，路神公司生产的被控产品也是由三部分组成，即圆形的灯罩、圆台电池盒、圆柱形手柄，灯罩的顶部也有一个三角形吊环。灯罩中间的突出部分、边缘等均有方格、斜形装饰花纹。无论从整体观察还是从要部观察，其形状、图案均与周某在专利申请文件中的专利产品相近似。至于路神公司所述之区别，仅为产品大小尺寸以及装饰纹路的细小区别，以普通消费者眼光判断，这些区别不足以影响两者的相似性。因此，路神公司认为其生产的产品与本案专利产品不同，与事实不符，法院不予采纳。

至于路神公司辩称被控产品是依照所受让的专利而生产，从而不构成侵权的问题。首先因路神公司至今没有对其所受让的专利依法进行登记和公告，仅凭其与案外人签订的协议书，还不能确认该公司就是合法的专利权受让人，也没有证据证实该公司的被控侵权产品就是按照案外人王某的专利生产的。并且路神公司所述钻石警示灯专利是 2000 年申请的，是在周某获得本案涉案专利 5 年之后才提出申请，属于在后专利，无论该专利的效力如何，人民法院均应当根据我国《专利法（2000）》确定的申请在先原则，保护在先专利。路神公司认为其生产行为是合法行为，理由不充分，法院予以驳回。

华路安公司上诉认为该公司尽管销售了被控侵权产品，但其不知道、也不可能知道其销售的产品是"侵权产品"。根据本案查明的事实，专利权人周某曾经在本案之前起诉过华路安公司，警告过该公司销售行为侵权，但华路安公司自己认为不构成侵权，之后仍然继续销售。一审开庭审理时，华路安公司对此事实也明确承认。因此，华路安公司对周某拥有专利权的事实是明知的，在受到警告之后仍然继续销售，不符合《专利法》规定的免责情形，应当承担侵权民事责任。原审法院判令该公司停止侵权并赔偿损失正确，应予维持。

驳回华路安公司及路神公司的上诉，维持原判。

【代理律师说】

在专利侵权纠纷中，根据全面覆盖的侵权判定原则，被控侵权产品全面覆盖了涉案专利某一权利要求的所有技术特征，即构成侵权。被控侵权人自身实施的是他人的专利并不能构成有效的抗辩事由。实施他人专利是否构成对涉案专利侵权的本质仍然在于被控专利侵权的产品是否全面覆盖了在先专利的保护范围。

《最高人民法院关于在专利侵权诉讼中当事人均拥有专利权应如何处理问题的批复》指出，对于相同或者类似主题或者产品，不同的人都拥有专利权的有以下三种情形：一是不同的发明人对该产品所作出的发明创造的发明点不同，他们的技术方案之间有本质区别；二是在后的专利技术是对在先的专利技术的改进或者改良，它比在先的专利技术更先进，但实施该技术有赖于实施前一项专利技术，因而它属于从属专利；三是因实用新型专利或外观设计专利未经实质审查，前后两项专利的技术方案或设计相同或者等同，后一项专利属于重复授权。

因此当在先专利的持有人认为在后专利的实施人侵犯其专利权时，法院首先会依据原告的专利权保护范围，审查被告制造的产品主要技术特征是否完全覆盖原告的专利保护范围。在前述第一种情形中，由于在后专利的技术方案或设计同在先专利的技术方案或设计有本质的区别，故在后专利持有人当然不构成侵权；第二种情况则是属于在后专利人为了实施其从属专利而未经在先专利权人的许可，实施了在先的专利技术，在这种情况下，被告当然构成对在先专利的侵权；第三种是重复授权的情况，由于前后两项专利的技术方案或设计相同或者等同，在后重复授权的专利实际上并没有对社会总体的技术水平做出贡献，因此在后重复授权专利的实施，实际上也是构成对在先专利权的侵犯。

在本案中，路神公司抗辩其所实施的其合法取得的钻石警示灯专利，因此不构成对涉案专利的侵权。将涉案专利与钻石警示灯专利进行对比，可以看到，在后申请的钻石警示灯专利在整体视觉效果上与涉案专利差别细微，二者的区别设计特征在于涉案专利顶部采用三角形的挂钩设计，而钻石警示灯专利则采用倒梯形的设计，该区别设计特征在产品总体视觉大小上占比较小，并且属于在正常使用过程中一般消费者不容易观察到的部位。因此，钻石警示灯专利与涉案专利不具有实质性的区别，构成对涉案专利的相似设计，属于重复授权的情况。

在这种情况下，即便路神公司实施的是钻石警示灯专利，仍然落入了涉案专利的保护范围，构成了对涉案专利的侵权。

此外，本案中路神公司所谓的"实施自身的专利"也是不成立的。专利权的转让属于要式法律行为，即需要向国务院专利行政部门进行登记后方生效。路神公司主张其已经从钻石警示灯专利原权利人处受让取得了该专利，但是其未依法对专利权转让进行登记和公告，因此钻石警示灯专利的实际专利权人应当视为仍然是王某，路神公司甚至不构成实施自身专利的行为。

本案涉及的另一个问题是如何认定销售者的侵权责任。

我国的侵权法理论以过错责任为原则，以无过错责任和严格责任为例外。对于销售侵害专利产品的侵权行为而言，我国《专利法》一直采取的是过错责任。早在 1984 年我国第一部《专利法》之初，其第 62 条第 2 项就将使用或者销售不知道是未经专利权人许可而制造并售出的专利产品的行为排除在专利侵权行为之外，视为不侵犯专利权。这一规定后继续延及至《专利法(1992)》。

《专利法（2000）》对此条进行了修改，将其修改为："为生产经营目的使用或者销售不知道是未经专利权人许可而制造并售出的专利产品或者依照专利方法直接获得的产品，能证明其产品合法来源的，不承担赔偿责任。"《专利法（2000）》对此新增加了"依照专利方法直接获得的产品"以及"能证明其产品合法来源的"，并明确豁免的仅为"赔偿责任"。豁免销售由专利方法直接获得的产品的行为是因为方法专利所直接获得的产品的法律地位与产品专利的产品相等同。增加的"能证明其产品合法来源的"实际上则是对"不知道"的补充。从专利权"公开换保护"的性质来看，专利权天然具有公示公信的效力，国家专利行政机关负责对授权专利进行公告并且任何人都可以取得这一公告文件。因此，法律推定所有人对授权专利的情况都是可以知晓的，因此证明"销售不知道是侵权产品"的证明责任在于被告，而能证明其产品具有合法来源就是可以证明"不知道"的一种情况。但是，"产品具有合法来源"并不完全等同于"不知道"，原告同样可以举证证明即便被告具有"合法来源"，其主观上仍然是具有侵权的故意或者过失。而仅豁免"赔偿责任"则说明了"停止侵权"的责任是无过错责任，只要有未经专利权人许可而实施其专利的行为，都应当停止侵权，而至于是否需要承担赔偿责任则要看其是否具有侵权的过错。

本案中，华路安公司只参与了销售行为，并且其销售的侵权产品是从路神公司处合法购得的。因此，在这种情况下，如果原告周某无法证明华路安公司的恶意，华路安公司不应当承担赔偿责任。而从实际情况来看，华路安公司在接到周某的警告之后，未采取任何措施，仍继续销售侵权产品，其此时的主观状态明显是不具有"不知道"的。故在这种情况下，不应当豁免华路安公司的赔偿责任，二审法院对此认定正确。

　　此外，值得注意的是，现行《专利法》第 70 条相比《专利法（2000）》又做了一定修改，将"未经专利权人许可而制造并售出的专利产品或者依照专利方法直接获得的产品"统称为"专利侵权产品"，而除此之外对销售者的侵权责任承担仍沿袭了《专利法（2000）》的规定，即对于停止侵权的责任承担方式而言无须考虑销售者的主观状态，而对善意的销售者，则可以豁免其赔偿责任。

第四章　专利权属纠纷

十四、专利权属纠纷是否适用诉讼时效

——大连市塑料研究所诉茂名市天行塑胶制品有限公司专利权权属纠纷案[*]

【本案看点】

对于专利权权属纠纷是否适用诉讼时效法律并没有明文作出规定。从司法实践来看，需要区分权属纠纷是由侵权引起还是违约引起，侵权引起的权属纠纷不适用诉讼时效，而违约引起的权属纠纷则适用诉讼时效

【相关法律法规】

《最高人民法院关于审理专利纠纷案件适用法律问题的若干规定（2000）》第 23 条

【案情介绍】

大连市塑料研究所是一家主要从事于新材料特别是塑料加工应用技术的研究所（已于 2005 年改制为大连塑料研究所）。茂名市天行塑胶制品有限公司（下称天行公司），经营范围为销售塑料制品、日用百货。

---

[*] 〔2004〕穗中法民三知初字第 256 号。

1997 年 8 月，大连塑料研究所与茂名市天行塑胶制品有限公司（下称天行公司）签订一份技术转让合同书，在该合同中，双方约定：双方就名称为"PVC 泡沫防滑技术及成型机组研制"项目展开合作，大连塑料研究所根据天行公司的要求及提供的 PVC 泡沫防滑垫样品，为天行公司完成 PVC 泡沫防滑垫成型机组及技术的设计制造工作。具体而言，大连塑料研究需要向天行公司交付的成型机组主要设备包括：（1）由研磨机、搅拌机等设备组成 PVC 糊配料装置一套；（2）由放卷、多辊涂制等组成的涂糊装置一套；（3）由多针牵引烘道加热系统通风、冷却定型、切边收卷等组成的塑化发泡成型装置一套。大连塑料研究所交付的生产设备，应当满足生产的 PVC 泡沫防滑垫产品性能基本达到天行公司提供的样品水平，并且制品幅宽 2000 毫米、生产速率每分钟 6~10 平方米。同时大连塑料研究所自合同生效之日起 240 天内，将以书面方式，向天行公司提供以下技术资料：（1）设备平面布置图；（2）生产工艺说明及配方；（3）电器原理图及维修说明。

双方在合同中明确约定了保密义务及 7 年的保密期限。同时大连塑料研究所拥有技术所属权，技术成果归大连塑料研究所所有，天行公司不得仿制及对第三者转让相关设备及技术。

大连塑料研究所及天行公司在上述合同上盖章，并由天行公司法定代表人在合同上签名。后双方如约履行了上述技术转让合同。

1999 年 12 月 30 日，天行公司向国家知识产权局申请名称为"一种发泡防滑垫材的成型工艺方法"的发明专利。国家知识产权局于 2001 年 7 月 4 日公开，并于 2003 年 7 月 9 日授权了涉案专利，专利号为 ZL99127261.7。该专利的独立权利要求为：一种发泡防滑垫材的成型工艺方法，以纤维布为基材，把浆料均匀涂布纤维布，刮浆整形，加热发泡，其特征是纤维布按花式编织，纤维线间有一定空间，由纤维布的编织花式控制产品花式，浆料包裹着基料纤维，发泡成相应花式产品。

大连塑料研究所认为其于 1997 年就研制成功一种发泡防滑垫材的成型工艺方法，并作为技术秘密加以保密。大连塑料研究所与天行公司于 1997 年 8

月签订的技术转让合同书的内容正是关于这一技术,大连塑料研究所依约向天行公司提供了相关设备和技术资料,但是天行公司擅自将该技术向国家知识产权局申请了专利并获得了授权,故 ZL99127261.7 号涉案专利应当由大连塑料研究所所有。2004 年 5 月 9 日,大连塑料研究所就此纠纷向法院提起诉讼,要求法院判令涉案专利归大连塑料研究所所有,并变更发明人为大连塑料研究所员工。

大连塑料研究所为证明天行公司的侵权,所提交的证据有:(1)发明专利证书、发明专利说明书、权利要求书、说明书;(2)"技术转让合同书"及附件(附件包括:大连塑料研究所制作的"塑料发泡托垫"说明、聚氯乙烯发泡糊的制备过程、流程图);(3)"设备交接单"、天行公司方的人员到大连塑料研究所处验收设备的照片、技术项目验收证明及技术、《大连塑料研究所技术、设备成果售后服务情况反馈表》;(4)天行公司方要求和解的函件(传真件);(5)对涉案专利的方法流程所拍摄的光盘;(6)交接机器时,该机器所生产的产品样品。

其中,第 3 项《大连塑料研究所技术、设备成果售后服务情况反馈表》的落款时间为 1998 年 11 月 14 日,有双方代表签字,其上记载以下服务内容:发泡机组及配套设备(包括燃油锅炉、尾气回收装置、三辊研磨机、浆料搅拌机器)安装、调试、人员培训和产品试制。

而双方均确认,在上述合同签订后,大连塑料研究所向天行公司交付了机组设计图纸 4 张、《聚氯乙烯发泡糊的制备过程》及机器设备、原材料等。天行公司的代表人在 10 张记载了机器设备、原材料的设备交接单上签名。其中,《聚氯乙烯发泡糊的制备过程》上记载了发泡糊基本配方、发泡糊用原材料、发泡糊配置操作规程及生产发泡托垫采用的针织网技术要求:(1)原料要求采用抗拉伸、耐高温涤纶丝,(2)针织网要求……吸附能力较强的针织网。

大连塑料研究所称,其还向天行公司交付了落款时间为 1997 年 1 月、由大连塑料研究所制作的《塑料发泡托垫》,上面记载了以下内容:(1)前言。

塑料发泡托垫是一种防滑性强、弹力高、透气性好的 PVC 发泡托垫，主要应用于高档地毯托垫、浴室防滑垫等，可防止潮湿地面铺的地毯防霉和蛀虫现象发生。塑料发泡托垫是以网状为骨架材料，包覆一层塑料发泡体而成。基布可采用带网孔的针织布、机织布、无纺布为骨架材料。塑料发泡体可采用 PVC 糊状树脂与增塑剂、稳定剂、发泡剂、阻燃剂、防霉剂、填充剂混合而成。采用涂覆拉幅发泡工艺路线。（2）成型机组组成及特点。①工艺流程：基布开卷→挂针横向展平→涂布→发泡→定型→切边→静电消除→收卷……但天行公司否认收到过上述《塑料发泡托垫》。

此外，2005 年 10 月 11 日，大连塑料研究所向法院申请到天行公司住所地进行现场取证，法院于 2005 年 10 月 27 日到天行公司住所地，对天行公司正在使用的生产线及生产的流程进行了拍摄。该生产线的流程为：以纤维布为基材，将纤维布放入机组内，通过机组的各个设备把浆料均匀涂布纤维布、刮浆整形、加热发泡，最后形成发泡防滑垫材。同时，法院还对天行公司正在使用的纤维布编织机进行了拍摄，天行公司用该编织机制造不同花式的纤维布。

【案件聚焦】

本案的争议焦点有两个，一是本案是否已经过诉讼时效。天行公司认为，本案已过诉讼时效，涉案专利申请日为 1999 年 12 月 30 日，2001 年 7 月 4 日该专利已经公开，但大连塑料研究所于 2004 年才提起确权诉讼，已过了《民事诉讼法》规定的两年诉讼时效，丧失了胜诉权。

二是涉案专利的技术方案是否是天行公司依据"技术转让合同书"从大连塑料研究所处取得。大连塑料研究所认为，天行公司所申请并取得授权的"一种发泡防滑垫材的成型工艺方法"发明专利，其技术来源于双方于 1997 年签订的"技术转让合同"。天行公司将属于大连塑料研究所的技术成果申请为专利，故这一专利的权属应当归于大连塑料研究所所有。天行公司则抗辩认为，涉案专利的技术方案与双方 1997 年"技术转让合同"的技术方案并非同一方案，涉案专利的技术方案并非从大连塑料研究所处取得而是基于自身的研究开发。

【裁判定夺】

广东省广州市中级人民法院审理后对案件争议焦点作出以下论述。

（一）关于诉讼时效的问题

天行公司认为本案的诉讼时效应当自公开日 2001 年 7 月 4 日开始起算。但是申请人申请专利，在专利被获准授权之前，该申请是否会获准授权或申请人是否即为专利权人均是处于不确定的状态，而只有在专利获准授权之日才可确定专利权及专利权人。因此只有授权公告日才是对外公告确定专利权及专利权人日期的依据。故在本案中，应推定大连塑料研究所在涉案专利授权公告之日即 2003 年 7 月 9 日应当知道其权利受到侵害，诉讼时效应由此起算。故大连塑料所在起诉之时并未超出诉讼时效期间。

（二）关于涉案的专利技术是否是天行公司依据"技术转让合同书"从大连塑料研究所处取得的问题

双方签订的"技术转让合同书"，是双方当事人的真实意思表示，内容与法无悖，应为有效，双方均应依约履行各自的权利义务。合同签订后，大连塑料研究所依约为天行公司设计制造出 PVC 泡沫防滑垫成型机组（下称成型机组）并于 1998 年 6 月间交付给天行公司，天行公司也已依约将合同所约定的款项向大连塑料研究所付清。

天行公司是否据此从大连塑料研究所处取得了涉案的专利技术则是本案的焦点所在，法院认为大连塑料研究所的证据不足以证明涉案的专利技术是天行公司从大连塑料研究所处获得的，理由包括以下几个方面。

（1）大连塑料研究所未能提交证据证明其将涉案的专利技术移交给了天行公司。大连塑料研究所所提交的《设备交接单》仅反映出其移交给天行公司的设备、机组配件的情况，双方签订的《大连塑料研究所技术、设备成果售后服务情况反馈表》中明确记载的是对成型机组及设备的安装、调试、人员培训和产品试制，《技术项目验收证明》中则是对机组的试车验收，上述证据均未能证明大连塑料研究所移交给天行公司的技术的内容。

（2）根据大连塑料研究所移交给天行公司的成型机组不可以证明大连塑料研究所将涉案的专利技术一同移交给了天行公司。发明专利权的保护范围以其权利要求的内容为准；权利要求书应当有独立权利要求，独立权利要求包括前序部分和特征部分，其从整体上反映发明的技术方案，记载解决技术问题的必要技术特征，所以专利权的保护范围由其权利要求书中记载的独立权利要求予以界定。由于涉案专利的特征部分是"纤维布按花式编织，纤维线间有一定空间，由纤维布的编织花式控制产品花式，浆料包裹着基料纤维，发泡成相应花式产品"，而根据大连塑料研究所移交天行公司的成型机组，无法体现出该成型机组使用了上述方法。故即使大连塑料研究所移交给天行公司的成型机组设备使用的技术也是以纤维布为基材，把浆料均匀涂布纤维布，刮浆整形，加热发泡成发泡防滑垫材，也仅体现了涉案专利的前序部分的技术特征，而未能体现出涉案专利的特征部分的技术特征。

（3）大连塑料研究所提交的在涉案专利申请日之前，1999 年 6 月 6 日由大连塑料研究所出版发行的刊物《塑料科技》上刊登的机组及产品的图片，不能直接证明大连塑料研究所在 1999 年 6 月 6 日已持有涉案的专利技术。①根据双方所签订合同的约定，可以认定在合同签订之时、《塑料科技》出版发行之前，大连塑料研究所尚未设计制造出涉案《技术转让合同》所指向的成型机组，而天行公司已经持有产品的样品，即不能确定上述刊物所刊登的该图片上的产品是否为大连塑料研究所的产品。②虽然上述刊物所刊登的图片上产品的外观与涉案的专利产品外观接近，但由于涉案专利是方法发明，而非外观设计，仅凭一张照片并不能证明该产品是否涉案的专利产品，也不能够证明该产品就是由该成型机组生产出来的涉案的专利产品。

广州市中级人民法院据此作出判决，驳回大连塑料研究所诉讼请求。

【代理律师说】

本案是一起典型的因合同约定而产生的专利权权属纠纷。案件双方当事人在早期的合作中对某一技术方案的权利归属作出了约定，后另一方将另一技术方案申请为专利，就这一行为是否应当受合同约束双方产生纠纷。

（一）有关知识产权权属纠纷的诉讼时效问题

本案涉及的第一个焦点问题涉及知识产权权属纠纷的诉讼时效。广州市中级人民法院以授权公告日起算诉讼时效，得出本案未过诉讼时效的结论。但在广州市中级人民法院的上述认定中，隐含了一个前提，即知识产权的权属纠纷是适用民法通则关于两年诉讼时效的规定。

从司法实践来看，关于知识产权权属纠纷是否适用诉讼时效是具有争议的，各地法院对此的认知存在一个历史演变的过程。

我国关于诉讼时效的制度由民法通则规定，《中华人民共和国民法通则》第 135 条规定："向人民法院请求保护民事权利的诉讼时效期间为二年，法律另有规定的除外。"第 137 条规定："诉讼时效期间从知道或者应当知道权利被侵害时起计算……"

在早期的司法实践中，一般在知识产权权属纠纷中适用诉讼时效制度。在 1995 年的北京锅炉厂诉潘代明职务专利权属纠纷上诉案中，北京市高级人民法院根据民法通则的相关规定判定北京锅炉厂所提起的诉讼相距专利授权日 1988 年 3 月 3 日已超过两年的诉讼时效，因此驳回北京锅炉厂的诉讼请求。

而《最高人民法院关于审理专利纠纷案件适用法律问题的若干规定（2001）》则对专利权属纠纷是否适用两年诉讼时效作出了不一样的规定。该司法解释第 23 条规定："侵犯专利权的诉讼时效为二年，自专利权人或者利害关系人知道或者应当知道侵权行为之日起计算。权利人超过二年起诉的，如果侵权行为在起诉时仍在继续，在该项专利权有效期内，人民法院应当判决被告停止侵权行为，侵权损害赔偿数额应当自权利人向人民法院起诉之日起向前推算二年计算。"根据此条规定后半段，因侵权而造成的权属纠纷，因为持续性的处于被侵权状态，故而即使真正的专利权人超过两年起诉，人民法院仍判决停止侵权。

2003 年，时任最高人民法院民三庭庭长的蒋志培法官在全国法院专利审判工作座谈会上的总结讲话中谈道："对于专利权权属纠纷的诉讼时效问题，要区别情况来处理。有关专利权权属纠纷，不外乎由两种原因引起的：一种是侵权引起的权属纠纷，譬如将单位或者他人的技术成果擅自申请了专利。另一种是由于合同引起的权属纠纷，譬如当事人双方签订了技术开发合同，由于一方违约将技术成果申请了专利。对于前一种情况，应当按照专利司法解释有关持续侵权规定的诉讼时效来处理，也就是说由于侵权而导致的专利权权属纠纷，不受诉讼时效的限制，但当然要受到专利权存续期限的限制。而对于后一种情况，可以根据合同纠纷的诉讼时效来处理。"

根据上述司法解释及最高人民法院的观点可以看出，目前司法实践中对于专利权权属纠纷是否适用诉讼时效的态度是应区分权属纠纷是由侵权引起还是违约引起，侵权引起的权属纠纷不适用诉讼时效，而违约引起的权属纠纷则适用诉讼时效。

而本案是属于因为违反技术转让合同所产生的权属纠纷，可以适用诉讼时效的规定，因此广州市中级人民法院所做认定的前提是正确的。

在〔2004〕高民终字第 899 号中国人民解放军北京军区总医院与李某专利权权属纠纷上诉案、〔2004〕高民终字第 1051 号蓝派压实技术（控股）有限公司诉北京欣路特科技发展有限公司专利权权属纠纷案、〔2008〕粤高法民三终字第 217 号案与〔2006〕粤高法民三终字第 18 号案等案中，法院都作出基于侵权而产生的权属纠纷不适用诉讼时效的认定。

根据这样的司法实践情况，专利权属纠纷的当事人需要各位注意，如果请求权基础来源于合同约定，应当及时地主张权利，避免发生因诉讼时效届满而失去胜诉权。

（二）专利权属纠纷中原告需要完成的举证责任

在专利权属纠纷中，原告需要根据其请求权基础完成举证责任。

以本案为例，本案中大连塑料研究所认为天行公司所用以申请专利的技术方案来源于双方签订的技术转让合同，而根据合同这一技术方案应当由大连塑料研究所享有所有权。因此，大连塑料研究所应当证明的是：涉案专利技术与 1996 年技术转让合同中所体现的技术方案相一致、其所主张归其所有的专利的技术方案是由其独立开发完成、天行公司有机会从大连塑料研究所处接触或者获得该专利技术方案。而上述待证事项中，最核心的问题是证明涉案专利的技术方案与大连塑料研究所根据"技术转让合同书"所交付给天行公司的技术方案具有一致性。

本案中根据涉案专利的授权文本可知涉案专利为一方法专利，涉及一种发泡防滑垫材的成型工艺方法，其技术方案为：一种发泡防滑垫材的成型工艺方法，以纤维布为基材，把浆料均匀涂布纤维布，刮浆整形，加热发泡，其特征是纤维布按花式编织，纤维线间有一定空间，由纤维布的编织花式控制产品花式，浆料包裹着基料纤维，发泡成相应花式产品。

发明或者实用新型专利的独立权利要求一般情况下都包括前序部分和特征部分。其中前序部分是指要保护的发明或者实用新型技术方案的主题或者其与最接近的现有技术共有的必要技术特征。特征部分则是指发明或者实用新型专利区别于最接近现有技术的技术特征。因此，可以理解为发明或实用新型权利要求中的特征部分才是其对现有技术作出的发明点，而前序部分仅是用以确定专利的背景技术或者最接近现有技术。

从本案中涉案专利的权利要求书记载可以理解，涉案专利要求保护的、不同于现有技术的发明点在于：在浆料包裹及发泡形成最终产品前，需要通过花式编织以形成具有一定特定空间结构的纤维线结构，从而使得最终的产品也具备了特定的编织花式。因此对涉案专利而言，其特征部分所描述的"花式编织纤维线空间结构"才是涉案专利的创作性所在。

但是，从大连塑料研究所提供的其他证据来看，无论是 1997 年"专利转让合同"所记载的内容，还是现场考察的结果，大连塑料研究所根据 1997 年"技术转让合同"所交付给天行公司的成型机组设备及工艺并不具备"花式编织纤维骨架结构"这一技术特征。天行公司实施涉案专利是通过另外的纤维布编织机完成。故，虽然交给天行公司的成型机组设备具有"以纤维布为基材，把浆料均匀涂布纤维布，刮浆整形，加热发泡"等技术特征，但是这些技术特征属于涉案专利前序部分所记载的技术方案，这些技术方案需要结合特征部分才构成涉案专利的整体保护范围，并且其特征部分才是涉案专利对现有技术作出的创造改进，是涉案专利获得授权的根本性原因。大连塑料研究所提供的证据不能证明是其完成了对涉案专利这一特征部分的研发，故大连塑料研究所不能证明天行公司是从其处获取涉案专利的相关技术方案。

天行公司并未就来自大连塑料研究所的技术方案申请专利权。在这种情况下，大连塑料研究所认为涉案专利的全部技术方案来自 1997 年"专利转让合同"，显然是不会得到法院支持的。

十五、职务发明认定的要点

——深圳市迈瑞生物医疗电子股份有限公司诉深圳市华声医疗技术有限公司专利侵权纠纷案*

【本案看点】

执行本单位的任务或者主要是利用本单位的物质技术条件所完成的发明创造为职务发明创造。退休、调离原单位后或者劳动、人事关系终止后 1 年以内作出的，与其在原单位承担的本职工作或者原单位分配的任务有关的发明创造为职务发明，专利权应当归属于原单位

【相关法律法规】

《中华人民共和国专利法（2008）》第 6 条第 1 款，《中华人民共和国专利法实施细则（2010）》第 12 条

【案情介绍】

原告深圳迈瑞生物医疗电子股份有限公司（下称迈瑞公司）是一家高科技医疗设备研发制造厂商，产品涵盖了医疗器械的多个领域，在医疗器械领域具有极高的影响力及市场地位。毕某等人原本是迈瑞公司的员工，其中毕某于 2003 年 7 月至 2014 年 4 月任职迈瑞公司，在迈瑞公司的工作岗位为从

---

* 〔2015〕深中法知民初字第 1953 号、1954 号、1955 号。

事研发系统产品、开发工程师、技术经理、产品策划与需求技术经理、研发
系统、超声规划与需求部副经理；廖某于 2002 年 7 月至 2014 年 4 月任职迈
瑞公司，从事超声研发、研发技术经理、研发系统、超声软件研发部副经理
方面的工作；叶某于 2008 年 7 月至 2014 年 4 月任职迈瑞公司，承担研发系
统、研发工程师的工作；高某于 2007 年 3 月至 2013 年 8 月入职迈瑞公司，
承担超声机械的研发工作。上述员工从迈瑞公司离职，次日加入被告深圳华
声医疗技术有限公司（下称华声公司）。华声公司同样为深圳市一家从事医
疗器械研发销售的企业。毕某等人加入华声公司后，华声公司先后申请多项
专利，如表 15 - 1 所示。

表 15 - 1　华声公司申请专利一览表

专利号	名称	名称	申请日	授权日	发明人	专利权人
201410525700.2	医学图像的检索方法和共享方法	发明	2014 年 9 月 30 日	还未授权	毕某、廖某、叶某	深圳华声医疗技术有限公司
201420430642.0	插接头及插接头和主体的组件	实用新型	2014 年 7 月 31 日	2015 年 3 月 11 日	高某	深圳华声医疗技术有限公司
201420488237.4	一种可升降的支撑台	实用新型	2014 年 8 月 27 日	2015 年 1 月 14 日	高某	深圳华声医疗技术有限公司

迈瑞公司认为，上述争议专利是由其职工在离职 1 年内完成的，并且与
其在公司任职时的工作内容和本职任务密切相关，使用了公司的设备资源，
理应属于职务发明。而在我国的专利法制度下，这些职务发明的申请权及专
利权应当属于迈瑞公司。故此，迈瑞公司方认为，被告方的专利申请侵害了
迈瑞公司的合法权利，遂向人民法院提起诉讼。

【案件聚焦】

本系列纠纷的争议焦点在于涉案专利是否属于职务发明。

迈瑞公司为证明这一主张，提出了以下证据：（1）涉案发明相关专利申请文档及公开文档，用以证明涉案专利发明人及申请日期；（2）涉案专利发明人的"劳动合同书"，其中约定离职1年内做出的与迈瑞公司交付的任务有关的成果为职务成果，此外该证据还用以证明涉案专利发明人曾于分别于2013年至2014年之前在迈瑞公司处从事研发工作；（3）《离职审批表》和《员工离职交接单》，用以证明涉案专利发明人的离职时间；（4）《DMR管理指南》，用以据证与涉案专利有关的技术文档在迈瑞公司的ECM系统上操作，同时涉案专利发明人在迈瑞公司承担技术研发、技术文档的审批、检验等核心业务；（5）《离职承诺书》，用以证明涉案专利发明人从迈瑞公司离职时承诺的内容。

华声公司则答辩称，涉案专利并非迈瑞公司的职务发明，而是属于涉案专利发明人在完成华声公司交付的任务时产生的、属于华声公司的职务成果。从涉案专利的技术方案来看，与迈瑞公司相关产品所采用的技术方案不相同，更加佐证了涉案专利并非迈瑞公司的职务发明成果。

【裁判定夺】

"职务发明"相关条款规定在《专利法》第6条第1款："执行本单位的任务或者主要是利用本单位的物质技术条件所完成的发明创造为职务发明创造。职务发明创造申请专利的权利属于该单位；申请被批准后，该单位为专利权人。"该条款说明了职务发明的相关专利的专利权人应当属于单位。《专利法实施》细则中对于职务发明的认定作了详细的解释，退休、调离原单位后或者劳动、人事关系终止后1年以内作出的，与其在原单位承担的本职工作或者原单位分配的任务有关的发明创造为职务发明，专利权应当归属于原单位。《专利法》第6条所称本单位的物质技术条件，是指本单位的资金、设备、零部件、原材料或者不对外公开的技术资料等。

据此，认定构成职务发明必须以下条件之一：一是主要利用本单位物质技术条件所完成的发明创造。包括主要利用本单位的资金、设备、零部件、原材料或者不对外公开的技术资料等作出的发明创造；二是执行本单位的任务所完成的发明创造；三是劳动关系终止后 1 年内作出的，与其在原单位承担的本职工作或者原单位分配的任务有关的发明创造。

因此，对劳动关系终止后 1 年内作出的发明创造，只要具备"与其在原单位承担的本职工作或者原单位分配的任务有关的发明创造"即认定为职务发明创造。

诉争专利的所有技术文件的审批均在迈瑞公司的 ECM 系统上操作，并且根据涉案专利发明人在迈瑞公司任职的职务推定，这些发明人是接触到迈瑞公司不公开的技术材料的条件，并且不论是材料内容还是工作研发内容都与涉案专利密切相关，故可以认定涉案是专利发明人原单位承担的本职工作或者原单位分配的任务有关的发明创造，涉案专利发明人是在离职 1 年内完成了涉案专利的发明创造，这些涉案专利符合职务发明的条件。

从优势证据看，负有对相关待证事实有举证责任的迈瑞公司方提供了完整的证据链，证明了待证事实的高度可能性，而被告方提交的证据仅能够证明诉争专利为被告方所申请，不属于反证，也无法反驳迈瑞公司主张从而使其陷入真伪不明的状态。

综上华声公司所申请的诉争专利是发明人在从迈瑞公司处离职 1 年之内作出的，与其在迈瑞公司方承担的工作内容紧密相关，系职务发明。

法院最终判决，涉案专利的申请权及专利权归深圳迈瑞生物医药电子股份有限公司所有。

【代理律师说】

职务发明这个概念，理论界更多地将其认定为职务行为的外延；也就是既然一个人在雇用关系中所从事的职务行为，其责任承担者和获益者均为雇主，那么发明创造也要考虑雇主所有的可能。在我国的《专利法实施细则》条文中使用的词语是"单位"，也就是不仅包含法人，还包括其他的组织单位。"单位"这一词语更多地指的是雇主和雇员之间的雇用关系，而发明创造者本身所付出的劳动由雇主所评价并支付报酬，相对的，申请权和专利权也应当属于雇主。

最早的专利权的产生是私权保护的产物，可以说职务发明是雇用关系普遍发展的产物，这种关系也有着天然的创新驱动力：目前的发达国家诸如美国等，其职务发明的申请量往往占到全部申请量的 90% 以上①；即客观上能够促进社会发展的发明创造大多都是来源于单位，说明技术的进步更多地从私人转移到了更加有价值和驱动力的商业集体，这也反映了商业与社会驱动力对于知识产权的重要价值。而在我国，虽然职务发明创造的比重逐年攀升，但仍与发达国家存有很大差距。

我国对于职务发明创造的认定也是有章可循的。具体体现在专利法实施细则中，可以将其归为具体的四点：（1）在本职工作中作出的发明创造；（2）履行本单位交付的本职工作之外的任务所作出的发明创造；（3）退休、调离原单位后或者劳动、人事关系终止后 1 年内作出的，与其在原单位承担的本职工作或者原单位分配的任务有关的发明创造；（4）主要利用本单位的物质技术条件所产生的发明创造。

认定职务发明的基础在于存在雇用关系。在最高人民法院再审审理的天津南开大学蓖麻工程科技有限公司与张某专利申请权纠纷案②中，被告张某系南开大学教授，其在学校任职期间在蓖麻公司从事兼职，并在离职后 1 年内完成了与原告蓖麻公司业务领域相关的涉案专利的研发；被告因擅自申请专利被诉，最终法院认定其发明系职务发明，申请权及专利权应当属于原告公司。该案说明，只要是存在实际上的雇佣关系，不论是临时工还是正式工，都可以被认定为是职务发明，也即职务发明中雇佣关系的认定要以实际的情况为准。

在广东省高级人民法院审理的 TCL 王牌公司、TCL 新技术公司、齐齐哈

---

① 张宗任："职务发明的权利归属和报酬问题研究"，载《知识产权》2014 年第 10 期，第 72 页。

② 〔2011〕民申字第 1486 号民事裁定书。

尔大学与吴某专利申请纠纷一案①中，吴某认为涉案专利的研发并未得到原告方的帮助而是其独立开发，故发明创造系个人发明。但法院认为，吴某在三个原告单位联合项目中均有职位挂名，并且作为涉案专利开发项目的总负责人，其在任职开发期间充分利用了原告方的经济、设备、技术资料资源，故属于职务发明。从这一案例可见，不论是何种形式的雇佣，只要提供了实际有效的物质技术支持，从事了相关项目，就可以认定该创造为职务发明。

在职务发明的情况中，发明者所得到的社会奖励往往全部来源于雇主，如果从正向的角度来看，这种制度是对知识资源和商业生产能力的整合，有利于促进效益最大化，有利于提高知识实现价值的效率；但是另一个角度看，我国目前对真正的发明人的利益保护还略显不足，将对于知识技术进步的奖赏全部地交给市场企业进行再分配，容易使发明人的利益得不到保障，甚至会造成职务发明的专利权人与实际发明人的获益差距悬殊的情况。职务发明制度的利益分配不均，一方面，不利于保护发明人本身的利益，宏观来讲也容易造成技术创新驱动不足，导致职务发明申请量偏低的事实情况；另一方面，职务发明的专利权人即单位也容易怠于保护发明人的权益，导致技术创新者的地位不受尊重。

学界对这一问题的讨论也十分广泛，解决方式也大体分为两个角度，第一是对于职务发明的认定标准是否合理。例如，上述被告为吴某的专利申请权纠纷案件中，即使吴某主要地使用了原告方的物质技术及经济条件，但也仅限于书籍资料，有限的设备平台及资金扶持，如果实际上吴某的劳动投入价值要远高于上述物质条件，是否认定涉案专利为吴某个人发明更有利于促进技术创新，更加公平合理。是否可以考虑从简单的定性转移到一种定量的贡献率分析，以更好地保护善意的发明人。第二是对于职务发明酬劳的规范和调整。例如，首先建立广泛的专利贡献评估制度，按照一项专利的具体实际收益，赋予发明人以比例收益权；赋予技术人员查账的权利，随时监督研

---

① 〔2006〕粤高法民三终字第 15 号民事判决书。

发结果的实际收益；赋予专利发明人以优先受让权，一旦一项发明未得到充分而有效的实施，专利发明人随时可以合理请求将专利权转让给发明人，以避免资源浪费和利用不充分。同时可以将更多的专利权属认定的重心从事后认定转移到事前协商，通过公开公平的市场竞争来保证发明者的权益，通过平等的协商来保证双方利益的均衡，进而创造良好的知识创新环境。

第五章 专利无效纠纷

十六、创造性评判中公知常识的认定

——莱克电器股份有限公司与国家知识产权局
专利复审委员会纠纷及第三人江苏省美的清洁
电器股份有限公司发明专利权无效行政纠纷案*

【案件看点】

在专利无效宣告程序中，如果区别特征属于本领域技术人员所必然会考虑的因素，并且可以通过有限次实验次数得出，则该区别特征可以被认定为公知常识

【相关法律法规】

《专利审查指南（2010）》第2部分第4章

【案情介绍】

本案是家用电器吸尘器领域的发明专利权无效行政纠纷。

莱克电气股份有限公司（下称莱克公司）于2010年12月23日向国家知识产权产权局申请了一件"吸尘器风动地刷"发明专利，该专利申请于2014

---

* 〔2016〕京73行初6358号。

年1月8日被授予实用新型专利权，专利号为201010601228.8。

现有的吸尘器风动地刷，其风道的结构对地刷的吸尘能力和噪声等参数有较大影响，而现有的风道存在气流不顺畅、噪声较高等问题，造成上述问题的主要原因在于现有吸尘器地刷风道的进气口面积较大，产生的风速较低。基于此问题，涉案专利对现有吸尘器地刷的进气通道等结构进行了改进。

吸尘器风动地刷的大致结构如图16-1至图16-3所示。其中30是导气管，用于连接真空电机；40为后滚轮，用于地刷的移动；10为地刷上盖，14为地刷侧壁，12为地刷基底，上盖、侧壁及基底围城地刷室120；地刷室120中设置有滚刷体20及叶片22；122为进气通道，1240则为弧状的侧进气口。该吸尘器在工作时，真空电机（图中未示出）高速旋转，使得气流从进气通道122及侧进气口1240进入。进入进气通道122的气流的风速与进气通道122的截面积成负相关，也即进气通道122截面积越小、进入进气通道122的气流风速越大。涉案专利进而优选进气通道的截面积小于$150mm^2$，并且进气通道高度小于5mm。基于同样的思路，涉案专利同样优化侧进气口的截面积小于$8mm^2$。

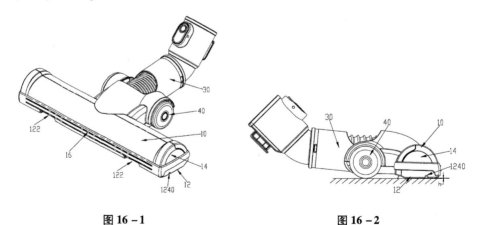

图 16-1   图 16-2

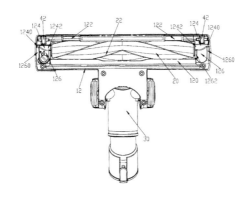

图 16 - 3

通过优化进气通道截面积，本发明从而提高了地刷的吸附效果和清洁的能力，同时由于侧面进气口的吸附能力也得到了优化，因此涉案专利在工作环境为拐角和死角时也具有较好的吸尘效果。

涉案专利授权公告文本的权利要求如下：

权利要求1为一种吸尘器风动地刷，其特征在于其包括：具有进气通道122的地刷基座10、位于地刷基座12上方的地刷上盖10、设置在地刷上盖10和地刷基座12之间且由气流驱动的滚刷体20，以及设置在滚刷体20后方的导气管30，其中所述进气通道122位于滚刷体20的前方，该进气通道122的截面积小于150mm^2，且进气通道122的高度小于5mm。

权利要求2为根据权利要求1所述的吸尘器风动地刷，其特征在于：该进气通道122包括进气口1220和出气口1222，其中进气口1220的截面积大于出气口1222的截面积。

权利要求3为根据权利要求2所述的吸尘器风动地刷，其特征在于：所述出气口1222的截面积小于等于75mm^2，且出气口1222的高度小于等于2mm。

权利要求4为根据权利要求1所述的吸尘器风动地刷，其特征在于：所述进气通道122的个数为两个，并以导气管30为中心对称设置。

权利要求5为根据权利要求4所述的吸尘器风动地刷，其特征在于：所述地刷基座10还包括侧进气通道124，该侧进气通道124包括侧进气口1240和侧出气口 1242，其中侧进气口 1240 的截面积小于侧出气口 1242 的截面积，所述侧进气口 1240 的截面积小于 8mm²，而侧出气口 1242 的截面积小于 18mm²。

权利要求 6 为根据权利要求 5 所述的吸尘器风动地刷，其特征在于：所述地刷基座 12 包括形成于两侧的地刷侧壁 14、位于两地刷侧壁 14 中间的滚刷室 120，以及与侧进气通道 124 相连通并位于地刷基座 12 底面的一凹部 126，其中所述侧进气通道 124 位于地刷侧壁 14 和滚刷室 120 之间。

权利要求 7 为根据权利要求 6 所述的吸尘器风动地刷，其特征在于：所述凹部 126 由两侧边缘向底部延伸而形成，该两侧边缘包括靠近地刷侧壁 14 的外侧边缘 1260、靠近滚刷室 120 的内侧边缘 1262，其中外侧边缘 1260 较内侧边缘 1262 更接近地面，并离地面高度小于 1mm。

权利要求 8 为根据权利要求 7 所述的吸尘器风动地刷，其特征在于：所述凹部 126 的顶面与侧进气通道 124 的顶面存在高度差。

权利要求 9 为根据权利要求 6 所述的吸尘器风动地刷，其特征在于：所述地刷侧壁 14 的底部距离地面高度小于 1mm。

2016 年 3 月，莱克公司认为江苏省美的清洁电器股份有限公司（下称江苏美的）生产的部分型号的吸尘器侵犯了其对涉案专利享有的专利权，故向江苏省苏州市中级人民法院提起专利侵权诉讼。

作为应对，江苏美的于 2016 年 4 月 20 日向国家知识产权局专利复审委员会提出了无效宣告请求，请求宣告涉案专利权利要求 1~9 全部无效。江苏美的在该此无效宣告请求中，主要用于评价涉案专利创造性的对比文件如表 16-1 所示。

表 16-1 江苏美的申请涉案专利无效使用的对比文件

序号	对比文件	公开日
对比文件 1	公开号为 JP 特开平 11-47050A 的日本专利申请	1999 年 2 月 23 日
对比文件 2	公开号为 JP 特开 2001-149282A 的日本专利申请	2001 年 6 月 5 日
对比文件 3	公开号为 CN1177914A 的中国发明专利申请公开说明书	1998 年 4 月 1 日
对比文件 4	公开号为 CN1466432A 的中国发明专利申请公开说明书	2004 年 1 月 7 日

上述对比文件中，对比文件 1 公开了一种用于电气吸尘器的吸口体，对比文件 2 公开了一种用于电动吸尘器的吸入口，对比文件 3 公开了一种真空吸尘器及其吸气管嘴总成，对比文件 4 公开了一种用于地板表面真空吸尘的地板工具。

2016 年 4 月 20 日专利复审委员会受理了上述无效宣告请求并于 2016 年 8 月 3 日举行口头审理。

专利复审委员会审查后认为，涉案专利权利要求 1 与对比文件 1 公开的内容相比区别技术特征就在于，对比文件 1 没有公开其中的进气通道 122 的截面积小于 150mm^2，且进气通道 122 的高度 H 小于 5mm。基于上述区别技术特征，本专利所要解决的技术问题是如何设置进气通道的截面积及高度以便吸入的风速更快、气流更流畅。专利复审委进一步认为，首先，本领域技术人员在设计风动地刷式吸尘器时，需要协调电机功率大小、进气通道数量、每个进气通道的尺寸等因素之间的关系，这是本领域技术人员在设计时必须考虑的公知常识。其次，进气通道截面积越小、高度越低，进气风速越高、进气越通畅，由此驱动滚刷体的转动的驱动力就越大，滚刷体的转速也就越大，这是流体（气体）力学基本规律，属于本领域公知常识。因此，涉案专利权利要求 1 相对于对比文件 1 和本领域公知常识的结合是显而易见的，不具备突出的实质性特点和显著的进步，权利要求 1 不具备创造性，不符合《中华人民共和国专利法》（下称《专利法》）第 22 条第 3 款的规定。

2016 年 9 月 30 日，专利复审委员会对涉案专利作出第 30238 号无效决定，宣告 201010601228.8 号发明专利权全部无效。莱克电器不服该无效决定，遂向北京知识产权法院提起行政诉讼。

【案件聚焦】

在行政诉讼中，案件的争议焦点主要在于被诉决定中认定权利要求 1 中限定的进气通道的截面积和高度的具体尺寸的选择为本领域公知常识是否正确。

对此，江苏美的认为，本领域技术人员可以根据情况选择进气通道的截面积和高度的具体尺寸，而权利要求 1 的技术方案没有意料不到的技术效果，故权利要求 1 中限定进气通道截面积和高度的具体尺寸属于本领域的公知常识。

而莱克电器认为，涉案专利的贡献就在于发现了进气通道截面积及高度的最佳上限值，即上述区别特征。进气通道截面积及高度参数的优选原理为进气通道越小，风速越快，滚刷体转速越高，故专利权人不认可该区别特征中限定的具体数值的选择是公知常识。

【裁判定夺】

北京知识产权法院审理后认为，对比文件 1 已经公开了电气吸尘器的吸口体放置在"地面或床榻"或"绒毯"上所触发的两种不同工作状态，前者是"进气管嘴 21 的截面积增加，流经进气管嘴 21 的气流的速度较少，由此，旋转清扫体 5 的转数减少"，后者则是"进气管嘴 21 的截面积较少，流经进气管嘴 21 的气流的速度增加，由此，旋转清扫体 5 的驱动力增加"。因此，对比文件 1 给出了当进气通道的截面积较小时，进气速度较大，由此使旋转清扫体转速较快的技术启示，而进气风道的截面积与高度密切相关。因此调整进气风道的高度进而调整截面积，是本领域技术人员所必然会考虑的因素。原告关于对比文件 1 没有给出通过选择进气通道截面积及高度的具体尺寸进而使得进风的风速更快的启示的主张，法院并未支持。

此外，进气通道截面积越小、高度越低，进气风速越高、进气越通畅，由此驱动滚刷体的转动的驱动力就越大，滚刷体转动的驱动力就越大，滚刷体的转速也就越大，这是流体（气体）力学基本规律，也属于本领域公知常识。在上述公知常识或对比文件 1 给出的上述技术启示的基础上，本领域技术人员容易想到为了使通过进气通道的风速更快、气流更顺畅，针对每个进气通道的尺寸的设计上可以将进气通道的截面积及高度设计得较小。而进气通道截面积及高度的具体尺寸的选择是本领域技术人员可以结合吸尘器电机功率大小、进气通道数量等条件，在目前已有的吸尘器的进气通道截面积及高度的基础上根据有限次实验进行设计的。涉案专利权利要求 1 相对于对比文件 1 和本领域公知常识的结合是显而易见的，不具备突出的实质性特点和显著的进步，权利要求 1 不具备创造性，不符合《专利法》第 22 条第 3 款的规定。

北京知识产权法院最终作出〔2016〕京 73 行初 6358 号判决书，认为被诉决定证据确凿，适用法律法规正确，符合法定程序，判决驳回原告的诉讼请求。

【代理律师说】

本案双方争议焦点集中在区别特征是否为公知常识，根据案件事实，专利复审委员会和法院也都相应地进行了说理，如"本领域技术人员所必然会考虑的因素""有限次实验"等，其实隐含地等同于专利审查指南中所述的"解决技术问题惯用的技术手段"，而"流体（气体）力学基本规律"虽系裁判主体主动援引且并未提供相应证据，但其属于教科书、工具书等类型的公知常识，相关技术知识早已充分公开应无异议。

创造性三步法的第三步"非显而易见性"的判断是三步法中最常见争议之处。《专利审查指南（2017 年）》规定，在该步骤中，要从最接近的现有技术和发明实际解决的技术问题出发，判断要求保护的发明对本领域的技术人员来说是否显而易见。判断过程中，要确定的是现有技术整体上是否存在某种技术启示，即现有技术中是否给出将上述区别特征应用到该最接近的现有技术以解决其存在的技术问题（发明实际解决的技术问题）的启示，这种启示会使本领域的技术人员在面对所述技术问题时，有动机改进该最接近的现有技术并获得要求保护的发明。如果现有技术存在这种技术启示，则发明是显而易见的，不具有突出的实质性特点。

《专利审查指南（2017 年）》列举了存在"技术启示"的三种情况：（1）所述区别特征为公知常识；（2）所述区别特征为与最接近的现有技术相

关的技术手段；（3）所述区别特征为另一份对比文件中披露的相关技术手段，该技术手段在该对比文件中所起的作用与该区别特征在要求保护的发明中为解决该重新确定的技术问题所起的作用相同。由于难以避免主观性色彩，相比后两种情况而言"公知常识"更易产生争议。《专利审查指南（2017年）》规定公知常识的主要形式为：（1）本领域中解决该重新确定的技术问题的惯用手段；（2）教科书或者工具书等中披露的解决该重新确定的技术问题的技术手段。

对于"公知常识"的认定，《专利审查指南（2017年）》规定，专利申请审查程序中，审查员在审查意见通知书中引用的本领域的公知常识应当是确凿的，如果申请人对审查员引用的公知常识提出异议，审查员应当能够说明理由或提供相应的证据予以证明。而在复审、无效程序的前置审查中规定："原审查部门在前置审查意见中不得补充驳回理由和证据，但下列情形除外：……"对驳回决定和前置审查意见中主张的公知常识补充相应的技术词典、技术手册、教科书等所属技术领域中的公知常识性证据。另外，在无效程序的合议审查中，合议组可以引入所属技术领域的公知常识，或者补充相应的技术词典、技术手册、教科书等所属技术复审请求的审查领域中的公知常识性证据。也就是说。专利复审委员会可以依职权认定技术手段是否为公知常识，并可以引入技术词典、技术手册、教科书等所属技术领域中的公知常识性证据。

对于"公知常识"的举证责任，应当由主张某技术手段是本领域公知常识的当事人承担。该当事人未能举证证明或者未能充分说明该技术手段是本领域公知常识，并且对方当事人不予认可的，合议组对该技术手段是本领域公知常识的主张不予支持。当事人可以通过教科书或者技术词典、技术手册等工具书记载的技术内容来证明某项技术手段是本领域的公知常识。

由于"公知常识"内容属于客观事实，因而其举证期限较其他证据而言较为宽松。对专利权人来说，应当在专利复审委员会指定的答复期限内提交证据，但对于技术词典、技术手册和教科书等所属技术领域中的公知常识性证据或者用于完善证据法定形式的公证文书、原件等证据，可以在口头审理辩论终结前补充。对于请求人来说，在提出无效宣告请求之日起 1 个月内补充证据的，应当在该期限内结合该证据具体说明相关的无效宣告理由，否则专利复审委员会不予考虑。但技术词典、技术手册和教科书等属于所属技术领域中的公知常识性证据或者用于完善证据法定形式的公证文书、原件等证据，并在该期限内结合该证据具体说明相关无效宣告理由的，可以在口头审理辩论终结前提交。

在无效口审和行政诉讼中，无效请求人或诉讼程序中的相应当事人经常使用"对比文件 + 公知常识"的结合方式。但专利审查指南中对公知常识证据尤其是"惯用手段"的定义及界定标准并未明确，由此易导致两个问题：（1）对教科书等公知常识的认定，易忽略其具体内容而偏离到其内容载体是否为审查指南所列举的有限几种形式；（2）对于惯用手段而言，各方当事人常自说自话，抑或裁判人员随意进行认定。

针对第一种情况即主张区别特征为教科书等公知常识的，当事人应当尽其所能充分举证。一方面，最了解涉案领域技术的通常还是当事人自身，因此需要当事人与代理人充分沟通，善于捕捉挖掘技术细节；另一方面，代理人应当具备扎实的专业技术知识，能充分理解技术文件并善于检索法律事实。

而针对第二种情况，专利法、专利法实施细则、专利审查指南都未规定何为"惯用手段"，因此裁量空间较大，容易导致争议。正如我们通常不去证明"1 + 1 = 2"一样，某些惯用手段同样无法直接举证，因此在说服裁判人员的时候，应当结合现有技术和涉案技术领域的发展水平，以客观上要解决的技术问题和发明构思出发，以技术方案整体为基础充分说明区别特征是（或不是）公知常识。

十七、通过专利无效程序
克服专利修改超范围的缺陷

——"用于空气调节装置的抽屉式水箱组件"
发明专利无效宣告案*

【本案看点】

当专利申请阶段的修改存在超范围的缺陷而遭到无效宣告的挑战时，可以通过再一次修改，缩小权利要求的保护范围，以克服在专利申请阶段修改超范围的缺陷

【相关法律法规】

《中华人民共和国专利法（2000）》第33条

【案情介绍】

对于现代社会而言，空气调节器已经成了一种生活必需品。在动辄38摄氏度的高温天气下，空气调节装置对改善人们生活质量的重要性不言而喻。现有技术中，空调扇、电风扇、塔式空调电扇等类别的家用空气调节装置都设置了水循环系统。一般的水循环系统包括了一个水箱及放置在水箱里的潜水泵，潜水泵用于将水箱里的水抽引出来，经由出水管淋至空气调节装置中的水帘

---

* 专利复审委员会第32698号无效宣告请求审查决定书。

布，进而再经过吹风装置吹出成水雾散发，从而达到降温或加湿功能。

水箱需经常取出换水和清洗，以避免滋生细菌甚至产生异味。通常情况下，为解决水箱的取出和清洗，一般的空气调节装置采用如下设计：一是潜水泵固定在水箱内的底部，如此由于水箱不能被完全抽出到壳体外，因此对水箱的清洗既不方便也不彻底；二是潜水泵可拆卸地嵌在水箱底部的定位槽内，但如此一来，水箱的抽出和推入相当麻烦不便。

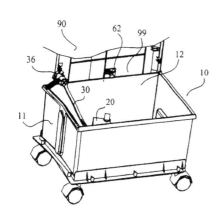

图 17-1　抽屉式水箱组件一个
实施例的剖面图附图 1

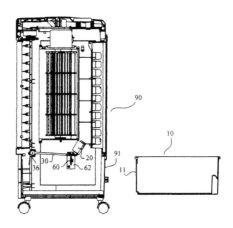

图 17-2　抽屉式水箱组件一个
实施例的剖面图附图 2

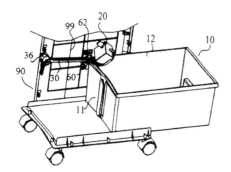

图 17-3a　抽屉式水箱组件一个
实施例的剖面图附图 3a

图 17-3b　抽屉式水箱组件
一个实施例的剖面图附图 3b

为解决上述技术问题，深圳市联创科技集团有限公司（下称联创科技）发明了一种便于水箱抽出和推入的用于空气调节装置的抽屉式水箱组件。

图 17-1 是联创科技发明的抽屉式水箱组件一个实施例的剖面图。90 是空气调节装置本身，10 为水箱，20 为潜水泵，30 为潜水泵定位架，36 为可转动的转动轴，60、62 共同构成一种支撑构件。潜水泵定位架 30 一端可转动地连接在转动轴 36 上，另一端则连接潜水泵 20。如图 17-2 所示，当水箱 10 未抽出时，潜水泵 20 因为自身重力处于水箱底部。当水箱 10 抽出时，水箱 10 的后壁 11 在向外移动的过程中，推动潜水泵定位架 30 向上抬起，从而使得潜水泵 20 被抬出水箱。当水箱 10 完全抽出时，潜水泵 20 也完全脱离水箱 10，此时支撑构件 60、62 发挥支撑作用，支撑潜水泵定位架 30 使其保持悬空状态，从而使得水箱 10 在推入时没有阻碍。而在水箱 10 推入时，支撑构件 60、62 则失去支撑作用，从而使得潜水泵 20 落入水箱 10 内。

联创科技的上述发明有三个关键的发明要点：第一是将潜水泵与空气调节装置做转动连接，使得水箱能不受阻碍地抽出；第二是支撑构件的设计，在潜水泵及潜水泵定位架上升至可让水箱完全抽出时，支撑构件产生支撑作用，从而使得潜水泵及潜水泵定位架悬空；第三是水箱推入时，支撑构件失去支撑作用，潜水泵及潜水泵定位架从而可以落入水箱内。

为实现上述支撑构件在水箱推出时产生支撑作用、推入时失去支撑作用，联创公司列举了三种支撑构件的技术方案。

第一种方案是三角形支撑板的技术方案。三角形支撑板的结构如图 17-4a 所示，其中 61 为一扭力弹簧。三角形支撑板安装的位置位于图 17-1 所示的空气调节装置外壳内壁上 60、62 处。

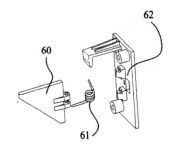

图 17-4a 三角形支撑板
的技术方案示意图

图 17-4b 水箱推入
状态时三角形支撑板
状态示意图

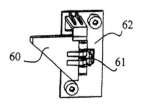

图 17-4c 水箱完全推出
状态时三角形支撑板
状态示意图

当水箱 10 如图 17 – 2 所示推入状态时，三角形支撑板的状态如图 17 – 4b，折叠位于空气调节装置外壳内壁与水箱壁之间。当水箱完全推出至图 17 – 3 所示的状态时，三角形支撑板在弹簧 61 的作用下弹起呈图 17 – 4c 的状态，三角形 60 的上沿正好能托住潜水泵定位架 30，从而起到支撑作用。当水箱 10 推入，水箱 10 后壁 11 推动三角形 60 折叠，三角形支撑板又回复至图 17 – 4b 的折叠状态。潜水泵定位架 30 受到的支撑作用消失，潜水泵定位架 30 及潜水泵 20 从而又落回水箱 10 内。

第二种支撑构件的方案是磁吸组件或弹性卡扣的设计方案。如图 17 – 5 所示，磁吸组件或弹性卡扣对应图中 40。磁吸组件或弹性卡扣 40 包括了相适配且可分离的两部分，一部分位于潜水泵定位架 30 上，另一部分位于空气调节装置外壳内壁上的相应位置。

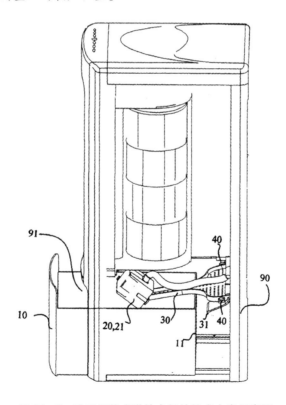

图 17 – 5　磁吸组件或弹性卡扣的技术方案示意图

当水箱处于推入状态时，磁吸组件或弹性卡扣 40 两部分相分离，状态如图 17 – 6a 所示。当水箱拉出时，潜水泵定位架 30 及潜水泵 20 如图 17 – 6b 所示被抬起。水箱完全拉出的状态如图 17 – 6c 所示，此时磁吸组件或弹性卡扣 40 两部分相吸合，从而发挥支撑作用使得潜水泵定位架 30 及潜水泵 20 悬空。水箱的推入过程如图 17 – 6d 所示，其中 31 为一跟两直线段相交呈钝角的定位杆，定位杆 31 固定在潜水泵定位架 30 下方。当水箱 10 推入时，后壁 11 抵住定位杆 31，对定位杆 31 施加一个横向的推力，从而定位杆 31 将此推力传递至磁吸组件或弹性卡扣 40，使得磁吸组件或弹性卡扣 40 分离从而失去支撑作用。潜水泵定位架 30 及潜水泵 20 回复至图 17 – 6a 的状态。

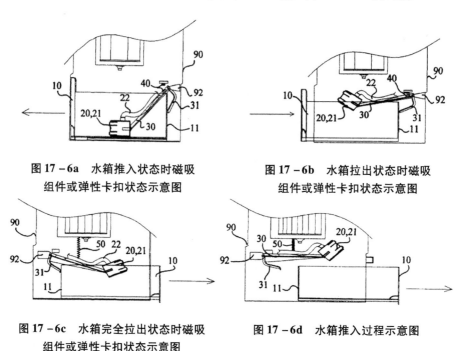

图 17 – 6a　水箱推入状态时磁吸
组件或弹性卡扣状态示意图

图 17 – 6b　水箱拉出状态时磁吸
组件或弹性卡扣状态示意图

图 17 – 6c　水箱完全拉出状态时磁吸
组件或弹性卡扣状态示意图

图 17 – 6d　水箱推入过程示意图

第三种支撑构件的方案是可伸缩螺旋弹簧的设计方案。

可伸缩螺旋弹簧为图 17 – 7a 中的 50。当水箱处于推入状态时，可伸缩螺旋弹簧 50 伸展，水箱 10 后壁 11 抵住定位杆 31 避免螺旋弹簧 50 收缩抬起潜水泵定位架 30 及潜水泵 20。当水箱拉出时，潜水泵定位架 30 及潜水泵 20 抬起最终至图17-7b的状态，此时螺旋弹簧50收缩提供支撑潜水泵定位架30及潜水泵20悬空的作用力。当水箱推入时，水箱10后壁11给予定位杆31一个横向的推力，在定位杆31的传导下，螺旋弹簧50被拉伸，直至最终图17-7d的状态。

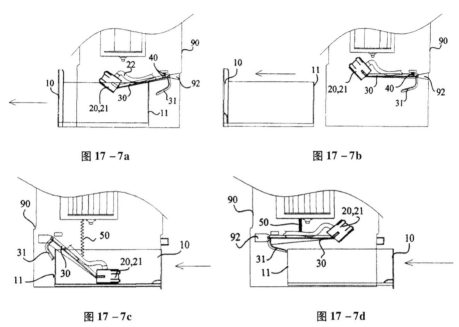

图17-7a

图17-7b

图17-7c

图17-7d

上述三中技术方案都是为了实现支撑板在水箱拉出时支撑潜水泵定位架30及潜水泵20悬空，而在水箱推入时失去支撑作用使得潜水泵定位架30及潜水泵20落回水箱这一功能。

2007年1月9日，联创公司将上述发明构思向国家知识产权局申请发明专利，申请号为200710026311.5。国家知识产权局于2008年7月16日公开了本发明申请的申请文本包括以下几个方面。

权利要求1为一种用于空气调节装置的抽屉式水箱组件，包括置于所述空气调节装置壳体内的水箱和开设在所述装置壳体上供水箱抽出或推入的开口，所述水箱内放置有潜水泵。其特征在于：还包括潜水泵定位架和支撑构件，所述定位架一端与潜水泵连接固定，该定位架的另一端与空气调节装置壳体作可转动连接；所述水箱在装置壳体内未被抽出时，所述潜水泵位于水箱内，所述潜水泵定位架呈下斜状态；所述水箱从装置壳体内向外抽出过程中，该水箱的后立壁沿定位架的下表面滑行，所述定位架并潜水泵被抬起向上转动，直至水箱被完全抽出，此时，所述支撑构件发挥支撑作用，克服潜水泵的重力而使潜水泵保持悬空状态，以便水箱下一次推入时不被潜水泵阻挡而可顺利地推进壳体内。

权利要求2为如权利要求1所述的用于空气调节装置的抽屉式水箱组件，其特征在于：所述装置壳体上设有定位架固定座，所述定位架借助转轴与定位架固定座可转动地连接。

权利要求3为如权利要求1或2所述的用于空气调节装置的抽屉式水箱组件，其特征在于：所述支撑构件包括支撑板，该支撑板可转动地安装在所述装置壳体侧壁上，支撑板与壳体侧壁之间设有扭力弹簧；水箱在装置壳体内未被抽出时，所述支撑板被夹在壳体侧壁与水箱侧壁之间，呈收拢状态，所述扭力弹簧被强迫扭转；水箱被完全抽出后，所述扭力弹簧复位，其扭力作用使所述支撑板转动至打开状态，支撑板的上顶面顶住所述定位架而使定位架并潜水泵保持悬空状态；水箱推入过程中，至水箱后立壁碰到所述支撑板后，所述扭力弹簧在推力的作用下被强迫扭转，直至所述支撑板转动成收拢状态而被夹在壳体侧壁与水箱侧壁之间。

权利要求4为如权利要求3所述的用于空气调节装置的抽屉式水箱组件，其特征在于：所述支撑构件还包括安装支座，该安装支座固定在所述装置壳体侧壁上，所述支撑板借助枢轴与安装支座作可转动连接，所述扭力弹簧安装在支撑板和安装支座之间。

权利要求5为如权利要求1或2所述的用于空气调节装置的抽屉式水箱组件，其特征在于：所述支撑构件为一对磁吸组件或弹性卡扣组件，该磁吸组件或弹性卡扣组件包括相适配且可分离的两部分，其中一部分固定在所述定位架上，另一部分固定在所述壳体内的对应位置处；所述水箱在壳体内未被抽出时，所述潜水泵位于水箱内，所述潜水泵定位架呈下斜状态，所述磁吸组件或弹性卡扣组件的两部分分离；水箱被完全抽出时，所述磁吸组件或弹性卡扣组件的两部分吸合或扣合，从而克服潜水泵的重力而使潜水泵保持悬空状态。

权利要求6为如权利要求5所述的用于空气调节装置的抽屉式水箱组件，其特征在于：所述定位架上连接有方向朝下的定位杆；施加推力将水箱推入壳体一段距离，水箱的后立壁触碰到所述定位杆；所述推力通过水箱和定位杆的传递而作用到所述磁吸组件或弹性卡扣组件，致使该磁吸组件或弹性卡扣组件的两部分脱开。

权利要求7为如权利要求6所述的用于空气调节装置的抽屉式水箱组件，其特征在于：所述定位杆为一根两直线段相交呈钝角的弯杆，且该定位杆在定位架的根部与定位架连接固定。

权利要求8为如权利要求1或2所述的用于空气调节装置的抽屉式水箱组件，其特征在于：所述支撑构件为一根螺旋弹簧，该螺旋弹簧一端与所述定位架连接，另一端连接在所述壳体内的对应位置处；所述定位架上连接有方向朝下的定位杆；所述水箱在装置壳体内未被抽出时，水箱的后立壁顶住所述定位杆使潜水泵定位架呈下斜状态而令所述潜水泵位于水箱内，此时所述螺旋弹簧被拉伸成储能状态；水箱从壳体内抽出时，所述后立壁对定位杆的作用力消失，所述定位架并潜水泵在所述螺旋弹簧的复位收缩力作用下被抬起成悬空状态；水箱从壳体内被完全抽出后，所述螺旋弹簧的收缩力克服所述潜水泵的重力而使潜水泵仍保持悬空状态，以便水箱下一次推入时不被潜水泵阻挡而可顺利地进入壳体内。

权利要求9为如权利要求8所述的用于空气调节装置的抽屉式水箱组件，其特征在于：所述定位杆为一根两直线段相交呈钝角的弯杆，且该定位杆在定位架的根部与定位架连接固定。

上述专利申请中，权利要求1描述了潜水泵定位架、支撑构件及可转动连接的基本结构。权利要求2在权利要求1的基础上附加了定位架固定座的技术特征。权利要求3及权利要求4为前述三角形支撑板的支撑构件技术方案，权利要求5、6、7为前述磁吸组件和弹性卡扣的支撑构件技术方案，权利要求8和权利要求9则为前述可伸缩螺旋弹簧的支撑构件技术方案。

可以看到，在权利要求 1 中，联创科技并没有具体限定支撑构件的实现方式，要求了一个比较大的保护范围。因此本专利的实质审查阶段中，审查员认为存在"支撑结构"不清楚的缺陷。因此，联创科技修改了其权利要求，最终修改后的授权文本包括以下几个方面。

权利要求 1 为一种用于空气调节装置的抽屉式水箱组件，包括置于所述空气调节装置壳体内的水箱和开设在所述装置壳体上供水箱抽出或推入的开口，所述水箱内放置有潜水泵，其特征在于：包括潜水泵定位架和支撑构件，所述定位架一端与潜水泵连接固定，该定位架的另一端与空气调节装置壳体作可转动连接；所述水箱在装置壳体内未被抽出时，所述潜水泵位于水箱内，所述潜水泵定位架呈下斜状态；所述支撑构件为单个支撑件或者包括可离合两部分的支撑组件；当为单个支撑件时，该支撑件在设置所述装置壳体与潜水泵定位架之间；当为包括相适配的可离合的两部分支撑组件时，一部分支撑件固定所述装置壳体内壁上，另一部分支撑件固定在所述潜水泵定位架上；所述水箱从装置壳体内向外抽出过程中，该水箱的后立壁沿定位架的下表面滑行，所述定位架和潜水泵被抬起向上转动，直至水箱被完全抽出，此时所述支撑构件发挥支撑作用：如为单个支撑件，该单个支撑件直接给予所述定位架一个向上的作用力，克服潜水泵的重力而使潜水泵保持悬空状态；如为可离合两部分的支撑组件，位于定位架上的支撑件因定位架被抬起向上而与位于装置壳体内壁上的另一部分支撑件相结合在一块，从而克服潜水泵的重力而使潜水泵保持悬空状态；以便水箱下一次推入时不被潜水泵阻挡而可顺利地推进装置壳体内；所述水箱推入时，水箱后立壁直接作用于所述单个支撑件，或者施加外力作用于所述单个支撑件或可离合的两部分支撑组件，使所述单个支撑件给予所述定位架向上的作用力被克服或消失，或者使所述可离合的两部分支撑组件脱开分离，即令所述支撑构件不发挥支撑作用，从而潜水泵在重力的作用下落入所述水箱。

权利要求 2 为如权利要求 1 所述的用于空气调节装置的抽屉式水箱组件，其特征在于：所述装置壳体上设有定位架固定座，所述定位架借助转轴与定位架固定座可转动地连接。

权利要求 3 为如权利要求 1 或 2 所述的用于空气调节装置的抽屉式水箱组件，其特征在于：所述支撑构件包括支撑板，该支撑板可转动地安装在所述装置壳体侧壁上，支撑板与壳体侧壁之间设有扭力弹簧；水箱在装置壳体内未被抽出时，所述支撑板被夹在壳体侧壁与水箱侧壁之间、呈收拢状态，所述扭力弹簧被强迫扭转；水箱被完全抽出后，所述扭力弹簧复位，其扭力作用使所述支撑板转动至打开状态，支撑板的上顶面顶住所述定位架而使定位架并潜水泵保持悬空状态；水箱推入过程中，至水箱后立壁碰到所述支撑板后，所述扭力弹簧在推力的作用下被强迫扭转，直至所述支撑板转动成收拢状态而被夹在装置壳体侧壁与水箱侧壁之间。

权利要求 4 为如权利要求 3 所述的用于空气调节装置的抽屉式水箱组件，其特征在于：所述支撑构件还包括安装支座，该安装支座固定在所述装置壳体侧壁上，所述支撑板借助枢轴与安装支座作可转动连接，所述扭力弹簧安装在支撑板和安装支座之间。

权利要求 5 为如权利要求 1 或 2 所述的用于空气调节装置的抽屉式水箱组件，其特征在于：所述支撑构件为一对磁吸组件或弹性卡扣组件，该磁吸组件或弹性卡扣组件包括相适配且可分离的两部分，其中一部分固定在所述定位架上，另一部分固定在所述壳体内壁上；所述水箱在装置壳体内未被抽出时，所述潜水泵位于水箱内，所述潜水泵定位架呈下斜状态，所述磁吸组件或弹性卡扣组件的两部分分离；水箱被完全抽出时，所述磁吸组件或弹性卡扣组件的两部分吸合或扣合，从而克服潜水泵的重力而使潜水泵保持悬空状态。

权利要求 6 为如权利要求 5 所述的用于空气调节装置的抽屉式水箱组件，其特征在于：所述定位架上连接有方向朝下的定位杆；施加推力将水箱推入壳体一段距离，水箱的后立壁触碰到所述定位杆；所述推力通过水箱和定位杆的传递而作用到所述磁吸组件或弹性卡扣组件，致使该磁吸组件或弹性卡扣组件的两部分脱开。

权利要求 7 为如权利要求 6 所述的用于空气调节装置的抽屉式水箱组件，

其特征在于：所述定位杆为一根两直线段相交呈钝角的弯杆，且该定位杆在定位架的根部与定位架连接固定。

权利要求 8 为如权利要求 1 或 2 所述的用于空气调节装置的抽屉式水箱组件，其特征在于：所述支撑构件为一根螺旋弹簧，该螺旋弹簧一端与所述定位架连接，另一端连接在所述装置壳体内壁上；所述定位架上连接有方向朝下的定位杆；所述水箱在装置壳体内未被抽出时，水箱的后立壁顶住所述定位杆使潜水泵定位架呈下斜状态而令所述潜水泵位于水箱内，此时所述螺旋弹簧被拉伸成储能状态；水箱从装置壳体内抽出时，所述后立壁对定位杆的作用力消失，所述定位架并潜水泵在所述螺旋弹簧的复位收缩力作用下被抬起成悬空状态；水箱从装置壳体内被完全抽出后，所述螺旋弹簧的收缩力克服所述潜水泵的重力而使潜水泵仍保持悬空状态，以便水箱下一次推入时不被潜水泵阻挡而可顺利地进入装置壳体内。

权利要求 9 为如权利要求 8 所述的用于空气调节装置的抽屉式水箱组件，其特征在于：所述定位杆为一根两直线段相交呈钝角的弯杆，且该定位杆在定位架的根部与定位架连接固定。

2017 年 1 月，李某认为本专利在授权过程中所作出的修改有超出原说明书和权利要求书记载的范围的缺陷，故对本专利提起了无效宣告请求。

李某认为，本专利授权公告的权利要求 1 相对于本专利申请公开的权利要求 1 增加了如下技术特征：

（1）"所述支撑构件为单个支撑件或者包括可离合两部分的支撑组件；当为单个支撑件时，该支撑件在设置所述装置壳体与潜水泵定位架之间；当为包括相适配的可离合的两部分支撑组件时，一部分支撑件固定所述装置壳体内壁上，另一部分支撑件固定在所述潜水泵定位架上。"

（2）"如为单个支撑件，该单个支撑件直接给予所述定位架一个向上的作用力，克服潜水泵的重力而使潜水泵保持悬空状态；如为可离合两部分的支撑组件，位于定位架上的支撑件因定位架被抬起向上而与位于装置壳体内壁上的另一部分支撑件相结合在一块。"

（3）"所述水箱推入时，水箱后立壁直接作用于所述单个支撑件，或者施加外力作用于所述单个支撑件或可离合的两部分支撑组件，使所述单个支撑件给予所述定位架向上的作用力被克服或消失，或者使所述可离合的两部分支撑组件脱开分离，即令所述支撑构件不发挥支撑作用，从而潜水泵在重力的作用下落入所述水箱。"

对于增加的技术特征（1），原始申请文件记载：支撑构件设计方式包括三角形支撑板 60 和其安装支座 62……水箱 10 在装置壳体 90 内未被抽出时，如图 3F 所示，所述支撑板 60 被夹在壳体侧壁 99 与水箱侧壁 12 之间……呈打开状态（参见图 3B），此时支撑板 60 发挥支撑作用，支撑板 60 的上顶面顶住所述定位架 30 而使定位架 30 并潜水泵 20 保持悬空状态……此时又回到水箱 10 在壳体 90 内的状态（参见原始申请文件第 5 页倒数第 1 段至第 6 页第 1 段）。

由此可知，原始申请文件中记载的是支撑构件包括三角形支撑板，而授权后的权利要求 1 记载的是所述支撑构件为单个支撑件，超出了原权利要求书和说明书记载的范围。

原始申请文件记载的是当支撑构件包括三角形支撑板时，水箱 10 在装置壳体 90 内未被抽出时，支撑板 60 被夹在壳体侧壁 99 与水箱侧壁 12 之间；水箱 10 被抽出时，支撑板 60 发挥支撑作用，支撑板 60 的上顶面顶住所述定位架 30 而使定位架 30 并潜水泵 20 保持悬空状态。而授权后的权利要求 1 记载的是当为单个支撑件时，该支撑件在设置所述装置壳体与潜水泵定位架之间。原始申请文件记载的支撑构件的设置位置不能直接地、毫无疑义地得出授权后的权利要求 1 记载的支撑件的设置位置，并且原始申请文件分别记载了水箱在壳体内和不在壳体内的两种设置位置的情形，而授权后的权利要求 1 只描述了支撑件在设置所述装置壳体与潜水泵定位架之间一种情形，无法得知此种情形属于水箱在壳体内还是壳体外的情形，并且当水箱在壳体内时，支撑件没有设置所述装置壳体与潜水泵定位架之间，超出了原权利要求书和说明书记载的范围。并且，根据授权后的权利要求 1 的描述，支撑件可能设置在潜水泵定位架与装置壳体的侧壁、上壁或下壁之间三种情况，但是当支撑件设置在潜水泵定位架与装置壳体的上壁或下壁之间时不能够实现支撑功能，因为支撑板位于上壁时无法完成对定位架的支撑，也就不能解决本专利的技术问题，况且，原申请文件也只记载了支撑板安装在壳体侧壁上，所以，授权后的权利要求1中对单个支撑件的位置限定超出了原说明书和权利要求书记载的范围。

参见原申请文件说明书第6页倒数第3段的记载，原始申请文件记载了支撑构件设计成一对磁吸组件40，该磁吸组件40包括相适配且可分离的两部分，而授权后的权利要求1记载的是支撑构件包括可离合两部分的支撑组件，相适配且可分离的两部分不能直接地、毫无疑义地得出可离合两部分的支撑组件，超出了原权利要求书和说明书记载的范围。

参见原申请文件说明书第6页倒数第3段和倒数第2段的记载，原始申请文件记载了磁吸组件40包括相适配且可分离的两部分，其中一部分固定在所述定位架30上，另一部分固定在所述壳体90的对应位置处。定位架30一端与潜水泵外壳21连接固定。而授权后的权利要求1记载的是当为包括相适配的可离合的两部分支撑组件时，一部分支撑件固定所述装置壳体内壁上，另一部分支撑件固定在所述潜水泵定位架上。以及原申请文件说明书第8页第1段记载了螺旋弹簧50一端与所述定位架30连接，另一端连接在所述壳体90的对应位置处。由此可知，通过原申请文件记载的磁吸组件的一部分固定在定位架30上，定位架30一端与潜水泵外壳21连接固定，可得定位架30与潜水泵是单独的两个组件，而授权后的权利要求1记载的另一部分支撑件固定在所述潜水泵定位架上，可得潜水泵与定位架是一个整体，所以申请文件记载的磁吸组件与定位架和壳体之间的连接关系不能直接地、毫无疑义地得出授权后权利要求1记载的支撑组件与壳体之间的连接关系。即便承认申请文件中的磁吸组件40相当于授权后的支撑组件，申请文件中的磁吸组件的一部分与授权后的权利要求1记载的一部分指的不是同一组件；申请文件记载的磁吸组件 40 的另一部分固定在所述壳体 90 的对应位置处，不能直接地、毫无疑义地得出一部分支撑件固定所述装置壳体内壁上。

对于增加的技术特征（2），原始申请文件记载：水箱 10 被完全抽出后，由于受水箱侧壁 12 的压力消失，所述扭力弹簧 61 复位，其扭力作用使所述支撑板 60 转动至与壳体侧壁 99 垂直，呈打开状态（见图 3B），此时支撑板 60 发挥支撑作用，支撑板 60 的上顶面顶住所述定位架 30 而使定位架 30 并潜水泵 20 保持悬空状态（参见原说明书第 5 页倒数第 1 段至第 6 页第 1 段）。水箱 10 从壳体 90 内被完全抽出后，螺旋弹簧 50 呈收缩状态即自由复位状态，此时螺旋弹簧 50 发挥支撑作用，螺旋弹簧 50 的收缩力克服潜水泵 20 的重力而使潜水泵 20 仍保持悬空状态（参见说明书第 8 页第 2 段）。而授权后的权利要求 1 直接进行功能性的概括为该单个支撑件直接给予定位架一个向上的作用力，克服潜水泵的重力，或者说授权后的权利要求 1 是原申请文件演变而得来的。首先，原申请文件中的实施例记载的是支撑板和螺旋弹簧的两种实施例，本领域技术人员无法根据原说明书记载的上述两种实施方式得到其他类似的单个支撑件的实现方式，也即，除原说明书实施例一和实例三中记载的特定的实施方式以外，本领域技术人员不能明确的得出单个支撑件的功能还可以采用说明书中未提到的其他替代实施方式来完成，因此，授权后的权利要求 1 中对单个支撑件的功能性限定得不到说明书的支持。其次，本领域技术人员无法根据原说明书记载的上述两种实施方式得到其他类似单个支撑件直接给予定位架一个向上的作用力的实施方式，也即，除了原说明书实施例一和实例三中记载的特定的实施方式以外，本领域技术人员不能明确地采用说明书中未提到的其他替代实施方式来实现单个支撑件直接给予定位架一个向上的作用力的功能。

对于可离合两部分的支撑组件的功能性限定，原申请文件记载的是磁吸组件 40 的两部分吸合，磁吸组件 40 之间的磁吸力发挥支撑作用。以及水箱 10 被完全抽出时，弹性卡扣组件的两部分扣合。授权后的权利要求 1 演绎为如为可离合两部分的支撑组件，位于定位架上的支撑件因定位架被抬起向上而与装置壳体内壁上的另一部分支撑件结合在一起。除了原说明书第二实施例中记载的磁吸组件 40 的两部分吸合和弹性卡扣组件的两部分扣合以外，本领域技术人员不能明确地得出支撑组件的一部分与另一部分还能以何种方式结合在一起，所以可离合两部分的支撑组件的结合方式超出了原权利要求书和说明书记载的范围。

对于增加的技术特征（3），原始申请文件记载：水箱 10 被向壳体 90 推入后立壁 11 越过潜水泵 20 的竖直位置，随即给潜水泵 20 施加一作用力致使磁吸组件 40 或弹性卡扣组件的两部分脱开。以及推力通过水箱 10 和定位杆 31 的传递而作用到磁吸组件 40 或弹性卡扣组件。但授权后的权利要求 1 功能性的概括为水箱后立壁施加外力作用于可离合的两部分支撑组件。本领域技术人员根据原始申请文件的记载，不能直接地、毫无疑义地得出水箱后立壁施加外力作用于可离合的两部分支撑组件的技术方案，或者说除原申请文件记载的后立壁施加作用力和推力的传递作用力的实施方式外，本领域技术人员不能得出其他替代的实施方式来实现后立壁施加外力作用于可离合的两部分支撑组件，超出了原权利要求书和说明书记载的范围。

原始申请文件记载（参见原说明书第 8 页第 2-4 段）：后立壁 11 顶住定位杆 31 时，推力在水箱 10 和定位杆 30 的传递下作用到潜水泵 20 并定位架 30 而使它们向下转动，传递推力以拉伸螺旋弹簧 50 而使潜水泵 20 落入水箱 10 内。可知后立壁不是直接作用于螺旋弹簧 50，而是后立壁直接作用于定位杆后，潜水泵并定位架向下转动使得拉伸螺旋弹簧 50，超出了原权利要求书和说明书记载的范围。

为克服这一缺陷，联创公司安排其员工李某以个人身份对本专利提起无效宣告请求，理由为本专利权利要求书和说明书的修改超出原说明书和权利要求书记载的范围，不符合《专利法（2000）》第 33 条的规定。

在无效程序中，联创公司再次修改了权利要求，包括以下几点：（1）删除授权公告的权利要求 1 和权利要求 2；（2）删除授权公告的权利要求 3 引用权利要求 1 或 2 中涉及"可离合两部分的支撑组件"的技术特征，并将技术方案分立为两个独立的权利要求，作为修改后的权利要求1、权利要求2；（3）删除授权公告的权利要求5引用权利要求1或2中涉及"单个支撑件"的技术特征，并将技术方案分立为两个独立权利要求，作为修改后的权利要求4和权利要求5；（4）删除授权公告的权利要求8引用权利要求1或2中涉及"可离合两部分的支撑组件"的技术特征，并将技术方案分立为两个独立权利要求，作为修改后的权利要求8和权利要求9；（5）其他从属权利要求相应调整引用编号。

再次修改后的权利要求包括以下几个方面。

权利要求1为一种用于空气调节装置的抽屉式水箱组件，包括置于所述空气调节装置壳体内的水箱和开设在所述装置壳体上供水箱抽出或推入的开口，所述水箱内放置有潜水泵，其特征在于：还包括潜水泵定位架和支撑构件，所述定位架一端与潜水泵连接固定，该定位架的另一端与空气调节装置壳体作可转动连接；所述水箱在装置壳体内未被抽出时，所述潜水泵位于水箱内，所述潜水泵定位架呈下斜状态；所述支撑构件为单个支撑件；当为单个支撑件时，该支撑件在设置所述装置壳体与潜水泵定位架之间；所述水箱从装置壳体内向外抽出过程中，该水箱的后立壁沿定位架的下表面滑行，所述定位架和潜水泵被抬起向上转动，直至水箱被完全抽出，此时，所述支撑构件发挥支撑作用体现在如为单个支撑件，该单个支撑件直接给予所述定位架一个向上的作用力，克服潜水泵的重力而使潜水泵保持悬空状态；以便水箱下一次推入时不被潜水泵阻挡而可顺利地推进装置壳体内；所述水箱推入时，水箱后立壁直接作用于所述单个支撑件，或者施加外力作用于所述单个支撑件，使所述单个支撑件给予所述定位架向上的作用力被克服或消失，即令所述支撑构件不发挥支撑作用，从而使潜水泵在重力的作用下落入所述水箱；所述支撑构件包括支撑板，该支撑板可转动地安装在所述装置壳体侧壁上，支撑板与壳体侧壁之间设有扭力弹簧；水箱在装置壳体内未被抽出时，所述支撑板被夹在壳体侧壁与水箱侧壁之间、呈收拢状态，所述扭力弹簧被强迫扭转；水箱被完全抽出后，所述扭力弹簧复位，其扭力作用使所述支撑板转动至打开状态，支撑板的上顶面顶住所述定位架而使定位架并潜水泵保持悬空状态；水箱推入过程中，至水箱后立壁碰到所述支撑板后，所述扭力弹簧在推力的作用下被强迫扭转，直至所述支撑板转动成收拢状态而被夹在装置壳体侧壁与水箱侧壁之间。

权利要求 2 为一种用于空气调节装置的抽屉式水箱组件，包括置于所述空气调节装置壳体内的水箱和开设在所述装置壳体上供水箱抽出或推入的开口，所述水箱内放置有潜水泵，其特征在于：还包括潜水泵定位架和支撑构件，所述定位架一端与潜水泵连接固定，该定位架的另一端与空气调节装置壳体作可转动连接；所述水箱在装置壳体内未被抽出时，所述潜水泵位于水箱内，所述潜水泵定位架呈下斜状态；所述支撑构件为单个支撑件；当为单个支撑件时，该支撑件在设置所述装置壳体与潜水泵定位架之间；所述水箱从装置壳体内向外抽出过程中，该水箱的后立壁沿定位架的下表面滑行，所述定位架和潜水泵被抬起向上转动，直至水箱被完全抽出，此时，所述支撑构件发挥支撑作用在于如为单个支撑件，该单个支撑件直接给予所述定位架一个向上的作用力，克服潜水泵的重力而使潜水泵保持悬空状态；以便水箱下一次推入时不被潜水泵阻挡而可顺利地推进装置壳体内；所述水箱推入时，水箱后立壁直接作用于所述单个支撑件，或者施加外力作用于所述单个支撑件，使所述单个支撑件给予所述定位架向上的作用力被克服或消失，即令所述支撑构件不发挥支撑作用，从而使潜水泵在重力的作用下落入到所述水箱内；所述装置壳体上设有定位架固定座，所述定位架借助转轴与定位架固定座可转动地连接；所述支撑构件包括支撑板，该支撑板可转动地安装在所述装置壳体侧壁上，支撑板与壳体侧壁之间设有扭力弹簧；水箱在装置壳体内未被抽出时，所述支撑板被夹在壳体侧壁与水箱侧壁之间、呈收拢状态，所述扭力弹簧被强迫扭转；水箱被完全抽出后，所述扭力弹簧复位，其扭力作用使所述支撑板转动至打开状态，支撑板的上顶面顶住所述定位架而使定位架并潜水泵保持悬空状态；水箱推入过程中，至水箱后立壁碰到所述支撑板后，所述扭力弹簧在推力的作用下被强迫扭转，直至所述支撑板转动成收拢状态而被夹在装置壳体侧壁与水箱侧壁之间。

权利要求 3 为如权利要求 1 或 2 所述的用于空气调节装置的抽屉式水箱组件，其特征在于：所述支撑构件还包括安装支座，该安装支座固定在所述装置壳体侧壁上，所述支撑板借助枢轴与安装支座作可转动连接，所述扭力弹簧安装在支撑板和安装支座之间。

权利要求 4 为一种用于空气调节装置的抽屉式水箱组件，包括置于所述空气调节装置壳体内的水箱和开设在所述装置壳体上供水箱抽出或推入的开口，所述水箱内放置有潜水泵，其特征在于：还包括潜水泵定位架和支撑构件，所述定位架一端与潜水泵连接固定，该定位架的另一端与空气调节装置壳体作可转动连接；所述水箱在装置壳体内未被抽出时，所述潜水泵位于水箱内，所述潜水泵定位架呈下斜状态；所述支撑构件包括可离合两部分的支撑组件；当为包括相适配的可离合的两部分支撑组件时，一部分支撑件固定所述装置壳体内壁上，另一部分支撑件固定在所述潜水泵定位架上；所述水箱从装置壳体内向外抽出过程中，该水箱的后立壁沿定位架的下表面滑行，所述定位架和潜水泵被抬起向上转动，直至水箱被完全抽出，此时，所述支撑构件发挥支撑作用：如为可离合两部分的支撑组件，位于定位架上的支撑件因定位架被抬起向上而与位于装置壳体内壁上的另一部分支撑件相结合在一块，从而克服潜水泵的重力而使潜水泵保持悬空状态；以便水箱下一次推入时不被潜水泵阻挡而可顺利地推进装置壳体内；所述水箱推入时，水箱后立壁施加外力作用于所述可离合的两部分支撑组件使所述可离合的两部分支撑组件脱开分离，即令所述支撑构件不发挥支撑作用，从而使潜水泵在重力的作用下落入到所述水箱内；所述支撑构件为一对磁吸组件或弹性卡扣组件，该磁吸组件或弹性卡扣组件包括相适配且可分离的两部分，其中一部分固定在所述定位架上，另一部分固定在所述壳体内壁上；所述水箱在装置壳体内未被抽出时，所述潜水泵位于水箱内，所述潜水泵定位架呈下斜状态，所述磁吸组件或弹性卡扣组件的两部分分离；水箱被完全抽出时，所述磁吸组件或弹性卡扣组件的两部分吸合或扣合，从而克服潜水泵的重力而使潜水泵保持悬空状态。

权利要求 5 为一种用于空气调节装置的抽屉式水箱组件，包括置于所述空气调节装置壳体内的水箱和开设在所述装置壳体上供水箱抽出或推入的开口，所述水箱内放置有潜水泵，其特征在于：还包括潜水泵定位架和支撑构件，所述定位架一端与潜水泵连接固定，该定位架的另一端与空气调节装置壳体作可转动连接；所述水箱在装置壳体内未被抽出时，所述潜水泵位于水箱内，所述潜水泵定位架呈下斜状态；所述支撑构件包括可离合两部分的支撑组件；当为包括相适配的可离合的两部分支撑组件时，一部分支撑件固定所述装置壳体内壁上，另一部分支撑件固定在所述潜水泵定位架上；所述水箱从装置壳体内向外抽出过程中，该水箱的后立壁沿定位架的下表面滑行，所述定位架和潜水泵被抬起向上转动，直至水箱被完全抽出，此时，所述支撑构件发挥支撑作用：如为可离合两部分的支撑组件，位于定位架上的支撑件因定位架被抬起向上而与位于装置壳体内壁上的另一部分支撑件相结合在一块，从而克服潜水泵的重力而使潜水泵保持悬空状态；以便水箱下一次推入时不被潜水泵阻挡而可顺利地推进装置壳体内；所述水箱推入时，水箱后立壁施加外力作用于所述可离合的两部分支撑组件使所述可离合的两部分支撑组件脱开分离，即令所述支撑构件不发挥支撑作用，从而使潜水泵在重力的作用下落入到所述水箱内；所述装置壳体上设有定位架固定座，所述定位架借助转轴与定位架固定座可转动地连接；所述支撑构件为一对磁吸组件或弹性卡扣组件，该磁吸组件或弹性卡扣组件包括相适配且可分离的两部分，其中一部分固定在所述定位架上，另一部分固定在所述壳体内壁上；所述水箱在装置壳体内未被抽出时，所述潜水泵位于水箱内，所述潜水泵定位架呈下斜状态，所述磁吸组件或弹性卡扣组件的两部分分离；水箱被完全抽出时，所述磁吸组件或弹性卡扣组件的两部分吸合或扣合，从而克服潜水泵的重力而使潜水泵保持悬空状态。

权利要求 6 为如权利要求 4 或 5 所述的用于空气调节装置的抽屉式水箱组件，其特征在于：所述定位架上连接有方向朝下的定位杆；施加推力将水箱推入壳体一段距离，水箱的后立壁触碰到所述定位杆；所述推力通过水箱和定位杆的传递而作用到所述磁吸组件或弹性卡扣组件，致使该磁吸组件或弹性卡扣组件的两部分脱开。

权利要求 7 为如权利要求 6 所述的用于空气调节装置的抽屉式水箱组件，其特征在于：所述定位杆为一根两直线段相交呈钝角的弯杆，且该定位杆在定位架的根部与定位架连接固定。

权利要求 8 为一种用于空气调节装置的抽屉式水箱组件，包括置于所述空气调节装置壳体内的水箱和开设在所述装置壳体上供水箱抽出或推入的开口，所述水箱内放置有潜水泵，其特征在于：还包括潜水泵定位架和支撑构件，所述定位架一端与潜水泵连接固定，该定位架的另一端与空气调节装置壳体作可转动连接；所述水箱在装置壳体内未被抽出时，所述潜水泵位于水箱内，所述潜水泵定位架呈下斜状态；所述支撑构件为单个支撑件；当为单个支撑件时，该支撑件在设置所述装置壳体与潜水泵定位架之间；所述水箱从装置壳体内向外抽出过程中，该水箱的后立壁沿定位架的下表面滑行，所述定位架和潜水泵被抬起向上转动，直至水箱被完全抽出，此时，所述支撑构件发挥支撑作用体现在如为单个支撑件，该单个支撑件直接给予所述定位架一个向上的作用力，克服潜水泵的重力而使潜水泵保持悬空状态；以便水箱下一次推入时不被潜水泵阻挡而可顺利地推进装置壳体内；所述水箱推入时，水箱后立壁直接作用于所述单个支撑件，或者施加外力作用于所述单个支撑件，使所述单个支撑件给予所述定位架向上的作用力被克服或消失，即令所述支撑构件不发挥支撑作用，从而使潜水泵在重力的作用下落入所述水箱；所述支撑构件为一根螺旋弹簧，该螺旋弹簧一端与所述定位架连接，另一端连接在所述装置壳体内壁上；所述定位架上连接有方向朝下的定位杆；所述水箱在装置壳体内未被抽出时，水箱的后立壁顶住所述定位杆使潜水泵定位架呈下斜状态而令所述潜水泵位于水箱内，此时所述螺旋弹簧被拉伸成储能状态；水箱从装置壳体内抽出时，所述后立壁对定位杆的作用力消失，所述定位架并潜水泵在所述螺旋弹簧的复位收缩作用下被抬起成悬空状态；水箱从装置壳体内被完全抽出后，所述螺旋弹簧的收缩力克服所述潜水泵的重力而使潜水泵仍保持悬空状态,以便水箱下一次推入时不被潜水泵阻挡而可顺利地进入装置壳体内。

权利要求9为一种用于空气调节装置的抽屉式水箱组件,包括置于所述空气调节装置壳体内的水箱和开设在所述装置壳体上供水箱抽出或推入的开口,所述水箱内放置有潜水泵,其特征在于:还包括潜水泵定位架和支撑构件,所述定位架一端与潜水泵连接固定,该定位架的另一端与空气调节装置壳体作可转动连接;所述水箱在装置壳体内未被抽出时,所述潜水泵位于水箱内,所述潜水泵定位架呈下斜状态;所述支撑构件为单个支撑件;当为单个支撑件时,该支撑件在设置所述装置壳体与潜水泵定位架之间;所述水箱从装置壳体内向外抽出过程中,该水箱的后立壁沿定位架的下表面滑行,所述定位架和潜水泵被抬起向上转动,直至水箱被完全抽出,此时,所述支撑构件发挥支撑作用:如为单个支撑件该单个支撑件直接给予所述定位架一个向上的作用力,克服潜水泵的重力而使潜水泵保持悬空状态;以便水箱下一次推入时不被潜水泵阻挡而可顺利地推进装置壳体内;所述水箱推入时,水箱后立壁直接作用于所述单个支撑件,或者施加外力作用于所述单个支撑件,使所述单个支撑件给予所述定位架向上的作用力被克服或消失,即令所述支撑构件不发挥支撑作用,从而使潜水泵在重力的作用下落入所述水箱;所述装置壳体上设有定位架固定座,所述定位架借助转轴与定位架固定座可转动地连接;所述支撑构件为一根螺旋弹簧,该螺旋弹簧一端与所述定位架连接,另一端连接在所述装置壳体内壁上;所述定位架上连接有方向朝下的定位杆;所述水箱在装置壳体内未被抽出时,水箱的后立壁顶住所述定位杆使潜水泵定位架呈下斜状态而令所述潜水泵位于水箱内,此时所述螺旋弹簧被拉伸成储能状态;水箱从装置壳体内抽出时,所述后立壁对定位杆的作用力消失,所述定位架并潜水泵在所述螺旋弹簧的复位收缩力作用下被抬起成悬空状态;水箱从装置壳体内被完全抽出后,所述螺旋弹簧的收缩力克服所述潜水泵的重力而使潜水泵仍保持悬空状态,以便水箱下一次推入时不被潜水泵阻挡而可顺利地进入装置壳体内。

权利要求10为如权利要求8或9所述的用于空气调节装置的抽屉式水箱组件，其特征在于：所述定位杆为一根两直线段相交呈钝角的弯杆，且该定位杆在定位架的根部与定位架连接固定。

2017年5月，专利复审委对本案进行了口头审理。

【案件聚焦】

本专利的授权文本与申请文本相比，最主要的修改在于进一步限定了原申请文本权利要求1中的支撑构件为"单个支撑件或者包括可离合两部分的支撑组件"。但是原申请文本中的实施例只包括了三角形支撑板、磁性组件、弹性扣件以及可伸缩螺旋弹簧四中支撑构件。原申请文本的说明书没有进一步说明是否还有其他的单个支撑件或者可离合两部分的支撑组件的实现方式，即从原始申请文件中记载的三角形支撑板、磁性组件、弹性扣件以及可伸缩螺旋弹簧的支撑结构并不能直接地、毫无疑义地得出单个支撑件或者可离合两部分的支撑组件的支撑结构。

因此，本专利授权文本相较于申请文本存在超范围修改的风险。

在专利无效宣告程序中，联创科技进一步修改了其专利要求，修改后的权利要求直接以三角形支撑板和可伸缩螺旋弹簧进一步限定单个支撑件，以磁性组件和弹性扣件进一步限定可离合两部分的支撑组件，因此联创科技认为已经克服了授权文本超范围修改的缺陷。

因此，本案主要焦点问题在于本专利在授权阶段以及专利无效阶段所做的修改是否分别存在超出原说明书或者权利要求书记载的范围的问题。

【裁判定夺】

合议组经审查，专利权人对本专利先后进行过两次修改，包括在实质审查程序中的修改和在无效宣告程序中的修改，因此本案判断专利权人修改是否超范围的焦点是无效宣告程序中的修改文本，即判断其是否超出原说明书和权利要求书的范围，但同时考虑到专利审查程序和专利权人修改过程的延续性，也需要综合考察专利权人在实质审查程序中的修改文本。

本专利原权利要求 1 中记载了"支撑构件"以及"水箱抽出过程中支撑构件的作用",为了克服第一次审查意见通知书中提出的关于权利要求 1 中"支撑构件"不清楚的缺陷,专利权人的授权公告文本中增加了特征,将"支撑构件"分为"单个支撑构件"和"可离合两部分的支撑组件"两种方案,并且进一步说明了"水箱抽出过程中单个支撑件或者可分离两部分的支撑组件的作用"以及"水箱推入时单个支撑件或者可分离两部分的支撑组件的作用"。这样的修改源于本专利原说明书中的三个实施例(分别对应原权利要求 3,5,8);支撑构件设计方式分别为"三角形支撑板""磁吸组件"以及"可伸缩的螺旋弹簧"的方案,相对于原权利要求 1 的上位概括而言,属于对这二个实施例(或者原权利要求 3,5,8)的中位概括。

专利权人在本次无效宣告程序中提出的修改属于对权利要求及技术方案的删除,符合专利审查指南中关于无效宣告程序中权利要求修改方式的规定。

关于本专利的具体内容修改是否超范围,合议组经审查认为,本专利原始申请的权利要求 3 为"支撑构件为支撑板"的技术方案,修改后的权利要求 1 中虽然仍然保留授权公告文本中增加的"支撑构件为单个支撑构件""水箱抽出过程中单个支撑件的作用"以及"水箱推入时单个支撑件的作用"的三个特征,但是权利要求 1 中最后一段技术特征(即原权利要求 3 的附加技术特征)又进一步限定了"所述支撑构件包括支撑板"以及"支撑板在水箱抽出和推入时起的作用",也就是说对于本领域技术人员而言,修改后的权利要求 1 与原始申请的权利要求 3 中所呈现的技术方案是一样的,技术信息也是一致的,所有技术特征也均记载于原始申请文本中。就专利权人的修改过程而言,即使授权公告文本中存在请求人提出的"功能性的概括"问题,但是在修改后的权利要求 1 (原权利要求 3)中,该问题又被附加技术特征的进一步限定所消除。这种情形,在最高人民法院〔2013〕行提字第 21 号行政判决书中已有相关认定。同理,修改后的权利要求 4 与原始申请的权利要求 5 都限定了"支撑构件为一对磁吸组件或弹性卡扣组件",修改后的权利要求 8 与原始申请的权利要求 8 都限定了"支撑构件为一根螺旋弹簧",修改后的权利要求与原始权利要求所呈现的技术方案也是一样的,所有技术特征也均记载于原始申请文本中。修改后的独立权利要求 2、5、9 实际上分别对应原权利要求 3、5、8 中引用原权利要求 2 的技术方案,基于上述同样的理由,其技术方案也是一致的。因此上述修改并未超出原说明书和权利要求书记载的范围。

另外,关于授权公告的权利要求 5 和 8 中将"壳体内的对应位置处"修改为"壳体内壁上",在无效阶段修改后的权利要求 4,5 和 8,9 中也依然存在。合议组认为,通过阅读本专利说明书及其附图,可以看出整个空气调节装置的上半部分都统一指代为"壳体 90",从"内部－外部"的划分角度而言,只要是在壳体 90 内进行连接的位置都可以称为"壳体内壁",相反,在壳体 90 外进行连接的位置也可以称为"壳体外壁"。本专利的支撑构件具体为"磁吸组件或弹性卡扣组件"或"一根螺旋弹簧"时,显然其一端需要与壳体 90 的内部壁边进行连接,因此将该具体位置称为"壳体内的对应位置处"或"壳体内壁上",对本领域技术人员来说是从本专利说明书和附图中可毫无疑义得出的内容,因此不能属于修改超范围的范畴。此外,在本专利说明书中存在相对于权利要求书的适应性修改,鉴于与上述相同的理由,这种修改也不属于修改超范围的范畴。

最终,专利复审委作出如下决定:在专利权人 2017 年 4 月 2 日提交的权利要求 1 - 10 的基础上维持 200710026311.5 号发明专利权有效。

【代理律师说】

专利权人可以在专利申请阶段以及专利无效宣告程序阶段两个阶段对专利文本进行修改。

2000 年修正的《专利法》及现行有效的《专利法》第 33 条对专利申请阶段的修改作出下列规定:申请人可以对其专利申请文件进行修改,但是,对发明和实用新型专利申请文件的修改不得超出原说明书和权利要求书记载的范围，对外观设计专利申请文件的修改不得超出原图片或者照片表示的范围。

现行《专利法实施细则》第 69 条规定了专利无效宣告程序中的修改，在无效宣告请求的审查过程中，发明或者实用新型专利的专利权人可以修改其权利要求书，但是不得扩大原专利的保护范围。发明或者实用新型专利的专利权人不得修改专利说明书和附图，外观设计专利的专利权人不得修改图片、照片和简要说明。

而无论是申请阶段的修改还是无效宣告阶段的修改，修改的原则都是不能扩大原专利（指最早申请的文本）的保护范围，不得超出原说明书和权利要求书记载的范围。

本案的涉案发明专利是对具有水循环结构的空气调节装置中的水箱组件所做的改进，使得其可以方便地拉出和推入。本发明专利在申请阶段没有对权利要求 1 中的"支撑结构"作出具体的限定，而是通过功能性的撰写方式要求了一个比较大的保护范围。而从本专利申请文本来看，其在从属权利要求、专利说明书及附图中用三种可以实现支撑结构功能的具体实施例（三角形支撑板、磁吸组件或弹性卡扣、可伸缩螺旋弹簧）对支撑结构进行了进一步的限定。但是就申请公开文本权利要求 1 而言，其中的支撑结构仍被审查员认为具有不清楚的地方。

为克服审查阶段的这一缺陷，联创科技在本专利申请阶段对专利申请进行了修改，将权利要求 1 中的支撑结构进一步限定为"单个支撑件或者包括可离合两部分的支撑组件；当为单个支撑件时，该支撑件在设置所述装置壳体与潜水泵定位架之间；当为包括相适配的可离合的两部分支撑组件时，一部分支撑件固定所述装置壳体内壁上，另一部分支撑件固定在所述潜水泵定位架上"，其他权利要求的对应部分也作出相应修改。联创科技所限定的"单个支撑件"及"可离合两部分的支撑组件"来源于对申请公开文本中三角形支撑板、磁吸组件或弹性卡扣、可伸缩螺旋弹簧三种支撑结构技术方案的中位概括，一定程度上说明了"支撑结构"的具体实现方式。故联创科技在修改后专利文本的基础上获得了专利授权。

但是，联创科技的上述修改隐患在于根据原申请公开文本不能毫无疑义地就能从三角形支撑板及可伸缩螺旋弹簧的技术方案得出"单个支撑件"的技术方案、从磁吸组件和弹性卡扣的技术方案得出"可离合两部分的支撑组件"的技术方案。即本领域技术人员不能明确、毫无疑义地得出除了三角形支撑架和可伸缩弹簧的技术方案外，还可以采用说明书中未提到的其他替代实施方式来实现单个支撑件直接给予定位架一个向上的作用力的功能；本领域技术人员也不能明确地得出除了磁吸组件和弹性扣件外，支撑组件的一部分与另一部分还能以何种方式合在一起。因此，联创科技对申请文件的修改是存在超范围的缺陷的。

对于违反《专利法》33 条的超范围修改的如何救济的问题，最高人民法院在〔2013〕行提字第 21 号再审申请人株式会社岛野与被申请人专利复审委员会等发明专利权无效行政纠纷案中指出："专利制度是对技术方案的评价和肯定，一项技术方案能够被授予独占性的专利权，是因为其对现有技术作出了实质性的贡献。被授予的专利权的范围与该技术方案对现有技术的贡献大小相当，这是专利制度的合理性基础。一般而言，一项技术方案包含多个技术特征，其中体现发明创造对现有技术做出贡献的技术特征通常被称为'发明点'，'发明点'使发明创造相对于现有技术具有新颖性和创造性，是发明创造能够被授予专利权的基础和根本原因。在专利授权和确权程序中，确实存在因为'发明点'以外的技术特征的修改超出原说明书和权利要求书记载的范围而使得确有创造性的发明创造不能取得专利权的情形。《专利法》第 33 条对专利申请文件的修改没有区分'发明点'和'非发明点'而采取不同的标准，但是该条款的立法本意之一是尽可能保证确有创造性的发明创造取得专利权，实现专利申请人所获得的权利与其技术贡献相匹配。如果仅因为专利申请文件中'非发明点'的修改超出原说明书和权利要求书记载的范围而无视整个发明创造对现有技术的贡献，最终使得确有创造性的发明创造难以取得专利权，专利申请人获得的利益与其对社会作出的贡献明显不相适应，不仅有违实质公平，也有悖于《专利法》第 33 条的立法本意，不利于创新激励和科技发展。因此，在现行法律框架和制度体系下，在维护《专利法》第 33 条标准的前提下，相关部门应当积极寻求相应的解决和救济渠道，在防止专利申请人获得不正当的先申请利益的同时，积极挽救具有技术创新价值的发明创造。例如，可以考虑通过在专利授权确权行政审查过程中设置相应的回复程序，允许专利申请人和专利权人放弃不符合《专利法》第 33 条的修改内容，将专利申请和授权文本再修改回到申请日提交的原始文本状态等程序性途径予以解决，避免确有创造性的发明创造因为'非发明点'的修改超出原说明书和权利要求书记载的范围而丧失其本应获得的与其对现有技术的贡献相适应的专利权，以推动科技进步和创新，最大限度地提升科技支撑引领经济社会发展的能力。"

在本案中，联创科技对申请文本的修改并没有修改几种具体支撑结构的技术方案，而是对这个几个技术方案做了中位概念化。这虽然扩大了原具体支撑结构技术方案的保护范围，但是不能因此否认具体支撑结构的技术方案对现有技术的贡献。因此，按照〔2013〕行提字第 21 号中的精神，应当允许联创科技在无效程序中再次修改专利文本，使其恢复至与其对现有技术贡献相符的保护范围内。

按照《专利审查指南（2017）》的规定，在无效宣告程序中，发明或者实用新型专利文件的修改方式仅有权利要求的删除、技术方案的删除、权利要求的进一步限定、明显错误的修正四种。其中，权利要求的进一步限定是指在权利要求中补入其他权利要求中记载的一个或者多个技术特征，以缩小保护范围。

授权文本中超范围修改的缺陷来自"单个支撑件"和"可离合两部分的支撑组件"这两个技术特征的概括。相应地，为克服这一缺陷，需要在专利文本中删除涉及这两个技术特征的内容，对此，联创科技做了以下几个方面的修改（见表 17 −1）。

表 17－1　抽屉式水箱组件专利文本修订表

权利要求		技术方案
独权	新权 1	原权 3 ＋原权 1－"可离合两部分的支撑组件"
独权	新权 2	原权 3 ＋原权 1 ＋原权 2－"可离合两部分的支撑组件"
从权	新权 3	原权 4（引用新权 1 或权 2）
独权	新权 4	原权 5 ＋原权 1－"单个支撑件的功能性特征"
独权	新权 5	原权 5 ＋原权 1 ＋原权 2－"单个支撑件的功能性特征"
从权	新权 6	原权 6（引用新权 4 或权 5）
从权	新权 7	原权 7（引用新权 6）
独权	新权 8	原权 8 ＋原权 1－"可离合两部分的支撑组件"
独权	新权 9	原权 8 ＋原权 1 ＋原权 2－"可离合两部分的支撑组件"
从权	新权 10	原权 9（引用新权 8 或权 9）

联创科技通过上述修改，使得：将原权利要求 3 中记载的"支撑板＋扭力弹簧"的具体技术方案重新限定原权利要求 1 中"单个支撑件"的保护范围；将原权利要求 5 中记载的"一对磁吸组件或弹性卡扣组件"的具体技术方案重新限定原权利要求 1 中"可离合两部分的支撑组件"的保护范围；将原权利要求 8 中记载的"一根螺旋弹簧"的具体技术方案重新限定原权利要求 1 中"单个支撑件"的保护范围；通过原权利要求 3、8 附加技术特征的限定，已经将原权利要求 1 的"单个支撑件"实质上修改回到了原申请文本记载的"支撑板＋扭力弹簧"或"一根螺旋弹簧"及其等同的保护范围；通过原权利要求 5 附加技术特征的限定，已经将原权利要求 1 的"可离合两部分的支撑组件"实质上修改回到了原申请文本记载的"一对磁吸组件或弹性卡扣组件"及其等同的保护范围。

最终专利复审委接受了联创公司的上述修改，作出在修改后的专利基础上维持全部有效的决定。

十八、创造性评价中最接近现有技术的 应当是单一技术方案

——北京市索瑞特医学技术有限公司与国家知识产权局专利 复审委员会及第三人上海市回波医疗器械技术有限公司 实用新型专利权无效行政纠纷案*

【本案看点】

专利创造性评判三步法中，用以评判专利创造性的最接近现有技术应当是单一技术方案，而不能是两个或多个技术方案的组合，因此在无效宣告中使用对比文件时，应当注意和区分跨实施例进行技术方案的组合的情形

【相关法律法规】

《专利审查指南（2010）》第 2 部分第 4 章

【案情介绍】

本案是医疗器械领域的实用新型专利权无效行政纠纷。

由于在各种慢性肝病如病毒性肝炎的发展过程中会伴随着肝脏的纤维化，因此可以通过检测人体肝脏组织的纤维化程度以评价患者的肝脏健康。目前

---

* 〔2017〕民行终 1418 号。

的医疗手段可以通过超声波检测肝脏的弹性信息以量化肝脏组织的纤维化程度。这一检测方式的实现是通过利用超声波在肝组织引入一个微小振动后，快速采集肝组织的不同时刻的一维组织超声信号，以计算出振动引起的波在各个深度处的传播速度，进而根据该传播速度计算出组织在该维度上各个深度处的弹性信息。这一检测方式又被称为瞬时弹性成像技术。只要在组织的一个区域内布置多个超声探头，瞬时弹性成像技术就可以实现对整个区域内肝脏组织的弹性数值及分布的检测。

此外，因为瞬时弹性成像技术的超声信号及超声探头只能用来检测区域内组织的定量弹性信息，无法获取该区域的组织结构信息，通常情况下瞬时弹性成像技术会配合一组结构信息成像装置一起使用，常见的如将 B 型超声成像和弹性测量进行整合，弹性测量传感器兼用作 B 超传感器，这样一来既可以利用 B 型超声成像进行组织结构信息的成像，也可以进行弹性信息的检测。但现有技术将瞬时弹性成像装置与结构成像装置一体化设置，会带来无法按需灵活调整探头位置，以及无法在 B 型超声成像、M 型超声成像、CT 成像、MRT 成像中按需选择特定类型的结构成像装置的技术问题。

为解决现有技术的上述不足，一家来自北京清华科技园内的北京市索瑞特医学技术有限公司（下称索瑞特公司）研发了一种对组织的定量弹性信息和结构信息进行组合显示的系统。2013 年 5 月 29 日，索瑞特公司将该"对组织的定量弹性信息和结构信息进行组合显示的系统"向国家知识产权局申请实用新型专利，该专利于 2013 年 5 月 29 日获得授权，专利号为 ZL201320300525.8。涉案专利授权公告时的权利要求书包括以下几个方面。

权利要求 1 为一种对组织的定量弹性信息和结构信息进行组合显示的系统，所述系统包括：显示器，所述显示器操作性连接到一结构成像装置，从所述结构成像装置传输组织的结构信息至所述显示器；感兴趣区域设置装置，耦联到所述显示器和一探头设置装置。其特征在于所述系统还包括：探头设置装置，所述感兴趣区域从所述感兴趣区域设置装置传输给探头设置装置，且所设置的探头为瞬时弹性成像的探头。设置后探头的检测范围包含所述感兴趣区域；后处理装置，连接到所述探头，利用所述探头检测获得的定量弹性信息从所述探头传输到所述后处理装置输出至所述显示器。

权利要求 2 为根据权利要求 1 所述的系统，其特征在于所述后处理装置包括：提取部，用于从利用所述探头检测获得的定量弹性信息中提取所述感兴趣区域的定量弹性信息。

权利要求 3 为根据权利要求 2 所述的系统，其特征在于所述后处理装置还包括：编码部，用于对所述定量弹性信息进行灰度编码或彩色编码。

权利要求 4 为根据权利要求 2 或 3 所述的系统，其特征在于所述后处理装置还包括：显示参数选择部，用于供用户从所述感兴趣区域中的弹性模量分布图、平均弹性模量、瞬时振动传播轨迹图像的参数中选择一种或多种以供显示。

权利要求 5 为根据权利要求 1 所述的系统，其特征在于包括在瞬时弹性成像的探头上固定的定位器。

权利要求 6 为根据权利要求 5 所述的系统，其特征在于所述定位器为不透 X 射线的标记。

权利要求 7 为根据权利要求 1 所述的系统，其特征在于所述瞬时弹性成像的探头包括一组超声传感器，且独立于所述结构成像装置。

权利要求 8 为根据权利要求 1 所述的系统，其特征在于所述结构信息通过计算机断层扫描 CT、核磁共振 MRI、A 型超声、B 型超声、M 型超声中的一种或多种的组合来获得。

权利要求 9 为根据权利要求 1 所述的系统，其特征在于所述感兴趣区域能够为点、直线、线段、二维图形、三维几何体中的任何一种或组合。

该涉案专利最主要的技术特征是将弹性测量装置从结构成像装置中分离出来，分体设置弹性测量装置及结构成像装置。结构成像装置则可以选取 CT 成像、核磁共振成像、B 型超声或 M 型超声中的一种或者多种组合方式，在结构成像装置检测获得结构信息后，分体设置弹性测量装置再进行弹性测量信号的收集及计算。

涉案专利的一个实施例如图 18-1 所示，系统先通过 B 超成像的方式获得组织结构图像，然后由医疗人员或者系统根据预设自动选择其中的感兴趣区域 ROI，测量弹性信息的探针根据选择的感兴趣区域 ROI 调整位置以检测该感兴趣区域的定量弹性信息。

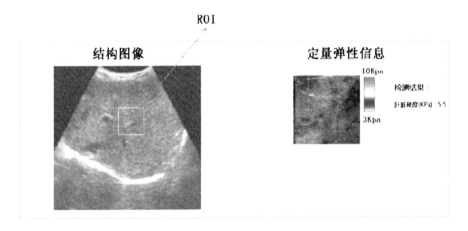

图 18-1　"对组织的定量弹性信息和结构信息进行组合显示的系统"专利的实施例

涉案专利所公开的技术方案很好地解决了现有技术在组织结构信息成像及灵活调节弹性测量传感器上的问题。

2014 年 12 月 16 日，一家同样从事于医疗器械行业的上海市回波医疗器械技术有限公司（下称回波公司）向专利复审委员会提出涉案专利的无效宣告请求，其主要理由之一为涉案专利权利要求 1~9 相对于现有技术不具有创造性。

回波公司用以评价涉案专利的创造性的主要对比文件为 US2005/0203398A1 号美国专利文献，该对比文件的公开日为 2005 年 9 月 15 日。回波公司提供了对比文件的部分中文译文，并认为对比文件记载了以下技术方案。

至少一个带有超声波换能器的触头，至少一个位置传感器，一个用连线与电源连接的用于起动上述装置的致动器，致动器固定在超声波换能器上，能产生具有 1~5000Hz 的频率范围的瞬时低频冲击。该装置还包括一个用户界面，如一个与控制装置连接的显示屏。该装置将至少与一个超声回波描记仪组合，可围着超声回波描记棒配接：采集的信息图像在屏幕上显示，理想的是上述超声回波描记信息在屏幕上可以看到。需测量的介质图像可显示在屏幕上，以便帮助使用者确定希望进行测量的区域。该装置还包括至少一台控制设备进行控制，如计算机、微型计算机或中央单元。用灰度级和对数比例对超声波线编码并并列排放，以便构成图像。用于弹性测量的探头上设置至少一个位置传感器。该装置可围着超声回波描记棒配接。

回波公司认为涉案专利权利要求 1 与上述对比文件相比，区别特征在于涉案专利还有探头设置装置，探头根据选择的感兴趣区域被设置对感兴趣区域进行检测。而对于该区别特征，对于本领域技术人员而言，医疗人员凭借个人经验或者计算机根据计算选择感兴趣区域后再对探头进行调整属于常用技术手段的直接置换，因此不具有创造性。

专利复审委经审理后认为，对比文件公开了超声回波描记仪采集需测量的介质图像，该采集后的介质图像信息显示在屏幕上，该超声回波描记仪即相当于涉案专利权利要求 1 中的结构成像装置，用于对组织结构进行成像，而弹性测量装置产生瞬时低频冲击用于测量组织的弹性，即相当于涉案专利权利要求 1 中的瞬时弹性成像探头，且在对比文件中还公开了该弹性测量装置可与超声回波描记仪组合，围着超声回波描记棒配接，即对比文件实际上与涉案专利相同，也是采用了两个独立的装置，一个是超声描记仪，用于获取组织的结构信息；另一个是弹性测量装置，用于获取组织的弹性信息。

而涉案专利与对比文件具有的其他区别特征则属于本领域公知常识。因此相比对比文件与本领域公知常识的结合，涉案专利权利要求 1 的技术方案不具备实质性特点和进步，不具备《专利法》第 22 条第 3 款规定的创造性。在此基础上，专利复审委员会作出决定，宣告涉案专利权全部无效。

索瑞特公司不服专利复审委员会的上述决定，向北京知识产权法院提起行政诉讼，请求撤销被诉决定。北京知识产权法院审理后同样认为对比文件已经公开了涉案专利的全部技术特征，遂判决驳回索瑞特公司的诉讼请求。

索瑞特公司仍不服一审判决，继续向北京市高级人民法院提起上诉。

【案件聚焦】

在二审中，本案的焦点问题为：（1）专利复审委员会根据回波公司所提交的译文认定的现有技术是否正确；（2）涉案专利是否具有创造性。

在二审诉讼中，索瑞特公司中提交了两份新证据：新证据1为对比文件的全文译文；新证据2即对比文件在中国的同族专利。从对比文件的全文翻译可以看到，对比文件中的所有技术方案都是采用了弹性成像装置与结构成像装置一体化设置的方案。

回波公司仅向专利复审委员会提交了对比文件的部分译文，这部分译文是将对比文件中分处于不同技术方案中的技术特征拼凑成一个新的技术方案，并且回波公司将该拼凑而得到的新的技术方案解释为弹性成像装置与结构成像装置分体设置。

因为回波公司的误导，因此专利复审委员会对作为评价涉案专利创造性的现有技术作出了错误的判断，在此基础上，专利复审委员会的对涉案专利的创造性作出了错误的认定。

【裁判定夺】

北京市高级人民法院审理后认为，在判断发明或者实用新型的创造性时，通常应当在最接近的现有技术的基础上确定相应的区别技术特征。最接近的现有技术是指现有技术中与要求保护的发明或者实用新型最密切相关的一个技术方案，它是判断发明或者实用新型是否具有实质性特点的基础。最接近的现有技术应当是作为一个技术方案的客观存在，即本领域的技术人员在阅读或者知晓相应的对比文件后，应当能够确定无疑地认定该最接近的现有技术是该对比文件所公开的一个技术方案。如果对比文件公开了两个或者多个不同的技术方案，在判断发明或者实用新型的创造性时，通常不应当允许将该两个或者多个不同的技术方案重新解构后形成新的技术方案并将该新的技术方案作为判断该发明或者实用新型是否具有创造性的最接近的现有技术或者现有技术。

结合涉案专利所记载的背景技术及发明目的等，可以得知涉案专利权利要求1保护的技术方案是"弹性测量装置"和"结构成像装置"分体构造的技术方案。从涉案专利的文字记载来看，涉案专利权利要求1保护的是"一种对组织的定量弹性信息和结构信息进行组合显示的系统"，所述系统包括"显示器""感兴趣区域设置装置""探头设置装置""后处理装置"，并不包括"结构成像装置"。虽然权利要求1对"显示器"的限定是"所述显示器操作性连接到一结构成像装置，从所述结构成像装置传输组织的结构信息至所述显示器"，但这只是对"显示器"的工作环境或者使用环境的限定，并不意味着该"结构成像装置"也属于涉案专利权利要求1保护"一种对组织的定量弹性信息和结构信息进行组合显示的系统"的组成部分。同时涉案专利所也记载了现有技术存在的障碍，现有技术中"弹性测量装置"和"结构成像装置"一体构造所存在的技术问题，即无法实现按需灵活选择B超、M超、CT，MRT等结构成像装置的技术问题。涉案专利正是针对该技术问题提出的改进，对"弹性测量装置"和"结构成像装置"进行了分体设置。因此，应当认定涉案专利权利要求1的技术方案是"弹性测量装置"和"结构成像装置"分体构造的技术方案，即涉案专利权利要求1的"一种对组织的定量弹性信息和结构信息进行组合显示的系统"并不包括"结构成像装置"。专利复审委员会在确定涉案专利权利要求1与对比文件的区别技术特征时，并未考虑到涉案专利权利要求1保护的"一种对组织的定量弹性信息和结构信息进行组合显示的系统"并不包括"结构成像装置"，故其确定的区别技术特征可能存在错误。

根据二审中索瑞特公司提交的新证据，对比文件公开了以下两种技术方案。

技术方案1为测量人或动物器官弹性的装置与控制设备（计算机、微型计算机或中央单元等）形成的技术方案，该技术方案仅能测试介质弹性数据，由于其并未连接超声回波描记仪，故无法同步进行结构成像，显示被测介质的结构图像。

技术方案 2 为测量人或动物器官弹性的装置与超声回波描记仪形成的技术方案，该技术方案中弹性测量装置的弹性数据计算处理是依靠超声回波描记仪完成，而弹性测量装置自身并不具备独立的数据计算处理装置，即弹性测量装置与超声回波描记仪一体的构造。

因此可见，对比文件所公开的上述技术方案 1 和技术方案 2 是两个不同的技术方案。对比文件不能解决涉案专利说明书指出的现有技术缺陷，也无法实现涉案专利说明书所记载的技术效果。

专利复审委员会在将对比文件作为评价涉案专利权利要求 1 是否具有创造性的最接近的现有技术时，认为技术方案 1 中的控制设备（计算机、微型计算机或中央单元等）公开了涉案专利的"后处理装置"，技术方案 2 中的"超声回波描记仪"公开了涉案专利的"结构成像装置"，这显然是将对比文件公开的两个不同技术方案重新解构后形成了一个新的技术方案，并将该新的技术方案作为评价涉案专利权利要求 1 是否具有创造性的最接近的现有技术。而专利复审委员会也未提供有效证据证明该新的技术方案作为一个完整的技术方案已经被对比文件 1 或者其他现有技术所公开。因此，专利复审委员会在评价涉案专利权利要求 1 是否具有创造性时所确定的最接近的现有技术不当。

基于上述理由，北京市高级人民法院在二审判决中撤销国家知识产权局专利复审委员会对涉案专利作出的无效宣告请求审查决定。

【代理律师说】

本案涉及的主要问题之一是在专利的创造性评价中如何确定最接近的现有技术。

根据我国长期的专利法实践及专利审查指南的相关规定，专利创造性的判断一般遵循"三步法"的判断方式：第一步是确定跟涉案专利相比最接近的现有技术；第二步是将涉案专利与最接近的现有技术进行比对，根据比对而得的区别特征确定涉案专利所实际解决的技术问题；第三步是结合其他对比文件或者公知常识判断这些区别特征对本领域技术人员而言是否显而易见。

可以看到在上述创造性评价三步法中，确定最接近的现有技术是创造性评价的逻辑起点与评价基础。创造性评价的实质，是确定涉案专利在现有技术的基础上，作出了多大的技术贡献，即确定涉案专利的技术方案对现有技术的"增量"。因此，只有确定了最接近的现有技术，才能进一步比较确定这一"增量"。

《专利审查指南（2010 年）》① 第 2 部分第 4 章第 3.2.1.1 节中指出："最接近的现有技术，是指现有技术中与要求保护的发明最密切相关的一个技术方案，它是判断发明是否具有突出的实质性特点的基础。"因此，根据这一规定，最接近的现有技术应当是"一个"现有的技术方案，而不应当是两个或以上技术方案的组合。

上述专利审查指南对最接近的现有技术的规定，重点有二：一是现有技术在数量上是"一个"技术方案，原因将在于不同的技术方案进行组合这一行为本身即有可能涉及创造性劳动，如果此时将结合后形成的技术作为最接近的现有技术，就会在接下来的创造性评价步骤中遗漏评价上述结合行为对现有技术的贡献；二是构成最接近现有技术的应当是技术方案，而非技术文献，因为即便是同一篇技术文献，其中不同的技术方案组合也存在创造性劳动的可能。

本案纠纷的核心争议焦点之一在于被诉无效决定中能否以对比文件中两个技术方案的结合作为最接近的现有技术。根据本案涉案专利说明书的记载，涉案专利所解决的技术问题是背景技术中将弹性检测装置与结构成像装置一体化设置造成的无法灵活设置探针位置及无法按需选择结构成像的类型的缺

---

① 2017 年 4 月 1 日开始实施的《专利审查指南（2017）》对此未做修改，但鉴于涉案专利申请日在此之前，仍引用《专利审查指南（2010 年）》。

陷。背景技术使用一个探头兼用于接受弹性检测超声波信号和结构成像信号，处理弹性检测信息的装置与处理结构成像信息的装置也被整合在一起。因此当需要更换结构成像的类型时，如在一些情况下需要采取 CT 成像而非 B 型超声波成像，由于背景技术无法单独更换结构成像装置，医疗人员只能整体上选择另一台装配有 CT 成像装置的检测装置。

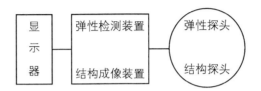

图 18 - 2　背景技术

涉案专利对背景技术做的改进就是将"弹性检测装置"和"结构成像装置"进行分体设计。涉案专利权利要求 1 文字记载的所要求保护的装置，感兴趣区域设置装置、探头设置装置、后处理装置构成弹性检测装置，专门处理与组织弹性信息检测相关的功能，而结构成像装置则与弹性检测装置分别连接与显示器。

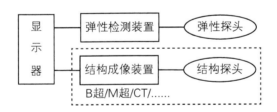

**图 18 - 3　"对组织的定量弹性信息和结构信息进行
组合显示的系统"专利设计示意图**

进一步根据涉案专利说明书的解释可以得知，涉案专利权利要求 1 中，结构成像的实现与弹性信息的检测分别独立实现，二者利用各自的探头获取待处理的信息，并且结构成像装置不处理与弹性检测有关的相关信息，弹性检测装置中的后处理装置也不处理与结构成像有关的信息。

回波公司在无效宣告中所使用的对比文件则包含了两种技术方案，这两种技术方案分别来自对比文件不同的实施例。第一种技术方案为测量人或动物器官弹性的装置＋控制设备的技术方案，该方案未连接有结构成像装置，因此无法同步显示被检测组织的结构图像。第二种技术方案为测量人或动物器官弹性的装置＋超声回波描记仪（用于结构成像）的技术方案。对比文件在第二种技术方案的实施例中记载："超声回波描记仪事先装有可使弹性测量所需的算法进行运算或计算信号处理装置"，也即对比文件的第二种技术方案仍然是用一体化的结构处理结构成像信息与弹性检测信息。

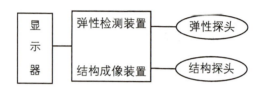

图 18 – 4　对比文件第二种技术方案

而由于回波公司在提交对比文件的译文时，没有进行全文翻译，使得专利复审委员会错误地将对比文件第一种技术方案与第二种技术方案认为是一个技术方案，将第一种技术方案中的控制设备与第二种技术方案进行组合，以致于错误地将组合后的技术方案作为最接近的现有技术与涉案专利进行比较，从而遗漏认定"弹性检测装置与结构成像装置是分体设计还是一体化设计"这一重要的区别技术特征。

专利复审委对对比文件技术方案的重新解构，忽视了将对比文件中两个技术方案进行组合所带来的创造性，不符合专利审查指南对最接近现有技术认定的规定，在此基础上作出的无效审查决定自然是存在错误的。

北京市高级人民法院在本案审理中，就明确指出了"对比文件公开了两个或者多个不同的技术方案，在判断发明或者实用新型的创造性时，通常不应当允许将该两个或者多个不同的技术方案重新解构后形成新的技术方案并将该新的技术方案作为判断该发明或者实用新型是否具有创造性的最接近的现有技术或者现有技术"，纠正了专利复审委员会的错误认定。

从本案最终认定中可以得到的启示是，在专利无效宣告程序对比文件使用中，应当谨慎对待跨实施例技术方案的组合，避免出现将不同实施例的技术方案组合后产生新的技术方案。特别是在最接近现有技术的选择上，尤其应当注意不应将两个或两个以上技术方案进行组合作为最接近的现有技术。这种最接近现有技术的选择方式，既与专利审查指南的规定不相符合，也与专利创造性的评价本质所相违背，应当尽可能避免。

十九、专利说明书对权利要求书的解释作用

——"名片型扫描器"实用新型专利无效行政纠纷案*

【本案看点】

任何的文字表达都有可能存在不清楚的情况，对于单纯表达上的不清楚，应当允许专利说明书对其进行解释，以消除其中不明确清楚的表达，从而尽可能保证在专利权保护范围清楚的情况下对现有技术作出贡献的发明都能得到授权

【相关法律法规】

《中华人民共和国专利法（2008）》第 59 条

【案情介绍】

深圳市矽感科技有限公司（下称矽感公司）于 2001 年 6 月 5 日向中国专利局申请了一件"名片型扫描器"实用新型专利，该专利申请于 2002 年 3 月 13 日被授予实用新型专利权，专利号为 01226070.3。

经授权的权利要求共有 4 项，其中的权利要求 1 为一种名片型扫描器，将名片的资料转换为电子讯号而输出至一资料处理装置，其特征在于一容置空间的壳体，该壳体设有一名片入口及名片出口，名片入口与名片出口皆与

---

* 〔2005〕高行终字第 20 号。

该容置空间相通；一驱动、扫描装置，包括一固定于该容置空间内的支承架、一定位于该支承架的光学扫描元件、一枢设于该支承架并与该光学扫描元件平行且具有一间隔距离的滚杆、一设于该支承架的驱动马达，以及一设于该支承架上用以连接驱动马达及该滚杆的减速齿轮组；及一电性连接光学扫描元件及驱动马达的电路板，由该电路板可提供驱动马达的电源，并控制光学扫描元件资料的传输。

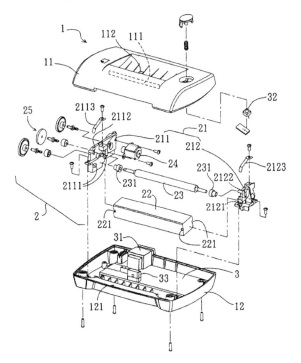

图 19 – 1、图 19 – 2 展示了涉案专利的一个优选实施例的具体结构。11、12 分别为上壳体及下壳体，111 为名片入口，121 则为名片出口。以数字 2 开头标记的部件为驱动、扫描装置，其中 21 为支撑架，用以固定驱动、扫描装置，22 为光学扫描元件，23 为滚杆，24 为驱动马达，25 为减速齿轮组。减速齿轮组 25 的作用为将驱动马达 24 的动力加以传递并减速

图 19 – 1 "名片扫描器"专利的一个优选实施例的具体结构附图 1

后驱动滚杆 23 转动。滚杆 23 与光学扫描元件 22 之间有一定间隔距离。支撑架上的枢接口大于滚杆两端枢接套的外径，使得滚杆 23 可以在上下方向作有限的活动。下壳体 12 内 3 则为所述的电路板。2002 年 8 月 2 日，深圳市中自汉王公司（下称中自汉王）向专利复审委员会申请宣告该专利权无效，认为该专利不具备新颖性和创造性。中自汉王提交的主要证据是 00204922.8 号中

国实用新型专利。00204922.8 号专利的公开日为 2000 年 11 月 29 日，专利权
人为台湾德茂科技股份有限公司。

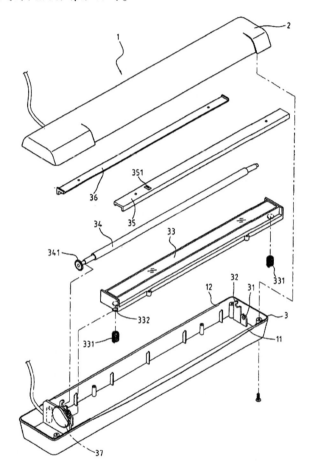

图 19 - 2　"名片扫描器"专利的一个优选实施例的具体结构附图 2

00204922.8 号专利公开了一种携带型扫描器结构。如图 19 - 3、图 19 - 4
所示，其整体系呈一长矩造型，而其前后侧有一圆凸板状的进纸口 11 及一出
纸口 12。上盖 2 及下盖 3 相互螺设在一起，接触式影像感应板 33 及滚杆 34
固定其中的卡座 31、32 上。接触式影像感应板 33 的两侧另分设有一进纸板
35 及一出纸板 36。接触式感应板 33 的底部则设有弹簧 331，以使接触式感应

板呈单边浮动的方式运动，并使滚杆 34 能与接触式影像感应板永保线接触以有利于纸张的传输与感光扫描。感应器 351 接收到信号驱动主动齿轮 37 转动，进而通过被动齿轮 341 带动滚杆。

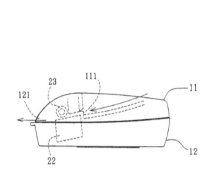

图 19 - 3　携带型扫描器附图 1　　　　图 19 - 4　携带型扫描器附图 2

中自汉王认为，00204922.8 号专利已经公开了涉案专利的所有技术特征，因此涉案专利不具有新颖性与创造性。

专利复审委员会审查后认为，将 00204922.8 号专利与涉案专利权利要求 1 相比，00204922.8 号专利的进纸口和出纸口相应于本专利的名片入口和名片出口；固定在下盖中的高、低卡座相应于本专利的固定于该容置空间内的支承架；影像感应板相应于本专利的光学扫描元件。00204922.8 号专利中明确记载："滚杆能与接触式影像感应板永保线接触"，故没有公开本专利权利要求 1 中"一枢设于该支承架并与该光学扫描元件呈平行且具有一间隔距离的滚杆"这一技术特征。因此权利要求 1 及其从属权利要求 2 ~ 4 均具有新颖性。由于具有上述区别特征，权利要求 1 技术方案能够解决现有技术中滚杆与光学扫描元件因没有间隔距离而导致的当名片放入扫描仪时会引起滚杆或光学扫描元件的较大位移，从而影响扫描精度和稳定性的缺陷。00204922.8 号专利为了解决减小浮动幅度的问题，设置了复杂的单边浮动结构，本专利则采用了更为简单的结构。00204922.8 号专利中没有对上述区别特征给予启示，本领域技术人员由证据 1 得到权利要求 1 技术方案需付出创造性劳动。故权利要求1及其从属权利要求2~4均具有创造性。2003年12月29日专利复审委员会作出第5701号无效决定，维持01226070.3号实用新型专利权有效。

中自汉王不服专利复审委的上述决定，向北京市第一中级人民法院提起行政诉讼。

北京市第一中级人民法院经审理认为，00204922.8号专利没有公开本专利权利要求1中的"一枢设于该支承架并与该光学扫描元件呈平行且具有一间隔距离的滚杆"的技术特征，故权利要求1具备新颖性。专利复审委关于涉案专利新颖性的认定是正确的。00204922.8号专利未公开权利要求1中的上述技术特征，从上述区别技术特征仅可看出滚杆与光学扫描元件之间有间隔距离，而不能得出滚杆与光学扫描元件之间的距离是可变的结论，而"枢设"作为本领域常用技术术语，其本身不具有上下浮动的含义，专利复审委员会关于权利要求1中的滚杆可浮动的观点仅在说明书中记载，在权利要求1中并未记载，在评价创造性时不应予以考虑。由于权利要求1中的滚杆或光学扫描元件的不可移动性，专利复审委员会关于"权利要求1的整体技术方案能够解决现有技术中滚杆与光学扫描元件因没有间隔距离而导致的当名片放入扫描仪时会引起滚杆或光学扫描元件的较大位移，从而对扫描精度和稳定性等质量指标产生影响的缺陷"的认定有误。由于专利复审委员会关于权利要求1创造性的认定有误，其对权利要求1的从属权利要求2~4的创造性的认定也是错误的。北京市第一中级人民法院据此判决，撤销专利复审委员会第5701号无效决定。

矽感公司与专利复审委员会均不服北京市第一中级人民法院的判决，上诉至北京市高级人民法院。

【案件聚焦】

专利复审委在无效宣告决定中认为，涉案专利与00204922.8号专利采取了不同技术特征都是减少当名片放入扫描仪时会引起滚杆或光学扫描元件的位移量，00204922.8号专利采用了接触式感应板33单边浮动的设计，而涉案专利则采用了更为简单的滚杆本身上下可浮动的设计。因此在这一点区别特征上，涉案专利较 00204922.8 号专利具有创造性。

北京市第一中级人民法院则认为，涉案专利权利要求 1 从文本上来看只记载了滚杆"与该光学扫描元件平行且具有一间隔距离"。从涉案专利权利要求来看，并不能得出滚杆可以上下浮动的结论，仅在说明书中记载的内容不能作为评价创造性的依据。因此，专利复审委员会基于此所做出的创造性判断有误。

故而本案的焦点在于：（1）涉案专利说明书记载的内容是否可以对涉案专利权利要求 1 中记载的"与该光学扫描元件呈平行且具有一定间隔距离的滚杆"这一技术特征进行解释；（2）进一步而言，涉案专利是否具有创造性。

【裁判定夺】

北京市高级人民法院审理后认为，《中华人民共和国专利法》（下称《专利法》）第 56 条第 1 款规定，发明或者实用新型专利权的保护范围以其权利要求的内容为准，说明书及附图可以用于解释权利要求。该条款应当理解为，当权利要求书中的用语含义不清时，应当用说明书及附图帮助理解权利要求书中用语的确切含义。本案中争议专利权利要求 1 中仅提到"一枢设于支承架并与光学扫描元件平行且具有一定间隔距离的滚杆"，并未明确指出滚杆是否可以上下浮动，但在说明书中则明确提到，滚杆两端设有枢接套和枢接孔，并且枢接孔大于枢接套的外径，使得滚杆可以上下做有限距离的浮动。此外，对本领域技术人员来说，扫描仪因纸张厚薄的不同使滚杆或光学扫描元件移动是设计中必然考虑的因素，否则扫描仪只能适用于特定厚度的纸张，限制了产品的适用范围。一审判决仅以"枢设是本领域常用技术术语，并无上下浮动的含义，且权利要求 1 中未明确记载滚杆可上下浮动"，即认定权利要求 1 中的滚杆不可上下浮动，并进而据此否定本案争议专利的创造性，有悖于事实和法律，对于矽感公司来说也有失公平，法院应予纠正。实际上，正是由于"一枢设于支承架并与光学扫描元件平行且具有一间隔距离的滚杆"这一区别技术特征具有非显而易见性，并且客观上带来了优于现有技术的效果，使得本案争议专利相对于证据1具有创造性。综上，专利复审委员会第5701号无效决定认定事实清楚、适用法律正确、审理程序合法，应予维持；一审判决认定事实、适用法律均有错误，应予纠正。上诉人专利复审委员会及矽感公司的上诉理由成立，其上诉请求应予支持。

撤销北京市第一中级人民法院〔2004〕一中行初字第376号行政判决，维持国家知识产权局专利复审委员会第5701号无效决定。

【代理律师说】

本案的焦点问题在于专利说明书在多大的程度上可以用以对权利要求书中的解释。为说明本案的这个争议焦点，首先需要对涉案专利及用以作为在先技术的00204922.8号专利进行一个技术特征的比对。

（一）涉案专利与在先技术的区别技术特征

将涉案专利权利要求1与00204922.8号专利所公开的内容做一个技术特征的拆解，得到二者的技术特征对比如表18－1所示。

表18－1　"名片型扫描器"专利权利要求1与00204922.8号专利技术特征对比

序号	涉案专利	00204922.8号专利
1	壳体设有一名片入口及名片出口	有进纸口11及一出纸口12
2	驱动、扫描装置：包括一固定于该容置空间内的支承架	有卡座31、32用以固定滚杆及接触式影像感应板33
3	驱动、扫描装置：一定位于该支承架的光学扫描元件	有接触式影像感应板
4	驱动、扫描装置：一枢设于该支承架并与光学扫描元件平行且具有一间隔距离的滚杆	有一平行于接触式影像感应板的滚杆，滚杆能与接触式影像感应板永保线接触

续表

序号	涉案专利	00204922.8 号专利
5	驱动、扫描装置：一设于该支承架的驱动马达，以及一设于该支承架上用以连接驱动马达及该滚杆的减速齿轮组	有一主动齿轮 37 及被动齿轮 34
6	一电性连接光学扫描元件及驱动马达的电路板，由该电路板可提供驱动马达的电源，并控制光学扫描元件资料的传输	主动齿轮的驱动由一感应器完成，而接触式影像感应板的资料传输方式则不明

（二）涉案专利是否具有创造性

从上表可以看出，涉案专利权利要求 1 与 00204922.8 号专利相比，区别技术特征主要有两点：一是滚杆与扫描部件的连接方式；二是是否采用一个电路板同时控制传动装置转动及资料传输。对于第二个区别特征，虽然专利复审委员会及两级人民法院都对此进行评述，但鉴于其不属于本案的争议问题，暂且不予以讨论。在第一个区别技术特征上，涉案专利采用了滚杆与扫描元件保持一定距离的设计，而 00204922.8 号专利则采用了滚杆能与接触式影像感应板永保线接触的设计。上述区别技术特征，首先使得涉案专利具备了新颖性。进一步需要判断的是，上述区别技术特征是否属于实质性的区别，从而使得涉案专利具有实质性特点和进步。

00204922.8 号专利的说明书中记载该专利通过在影像感应板下方设置弹簧的方式使得滚杆与接触式影像感应板永保线接触，而这一设计的目的，是为了使各种厚度的纸张都能平稳地通过影像感应板，从而避免卡纸或者影像质量不好的问题。

从涉案专利的权利要求 1 文本来看，涉案专利权利要求 1 只记载了滚杆是通过枢设的方式设置在与光学扫描元件平行且具有一定间隔距离的位置上，但是对如何枢设并没有给出进一步的说明。在此种权利要求书解释存在模糊不清的情况下，专利法允许利用专利说明书对权利要求书进行解释。

《专利法（2000）》第 56 条第 1 款、《专利法（2008）》第 59 条第 1 款同

样规定：发明或者实用新型专利权的保护范围以其权利要求的内容为准，说明书及附图可以用于解释权利要求（的内容）。

上述立法的立法本意在于任何的文字表达都有可能存在不清楚的情况，对于单纯表达上的不清楚，应当允许专利说明书对其进行解释，以消除其中不明确清楚的表达，从而尽可能保证在专利权保护范围清楚的情况下对现有技术作出贡献的发明都能得到授权。

本案涉案专利的专利说明书中记载了使得滚杆可以上下浮动的枢设结构，而通过这种说明书所记载的此种上下浮动的设计，涉案专利可以适用于不同厚度纸张的扫描。因此，本领域技术人员通过阅读涉案专利说明书，可以清楚涉案专利权利要求 1 中所述的枢设可以采取上下浮动的方式。可上下浮动的滚杆自然是涉案专利的一项技术特征。而可上下浮动的滚杆与 00204922.8 号专利相比，明显采用了不同的技术手段解决减少滚杆和光学扫描元件之间的相对位移这一技术问题，具有实质性特点和进步性，因此具有一定的创造性。

北京市第一中级人民法院在一审中认为权利说明书中记载的内容不能作为创造性评判的基础，这一观点明显与《专利法（2000）》第 56 条、《专利法（2008）》第 59 条所传达的精神不一致，应当予以纠正。故北京市高级人民法院最终的判决是正确的。

二十、专利无效程序中"突出的实质性特点" 评判三步法

——"钞箱关闭后能自动恢复使用的方法" 发明专利无效宣告纠纷案*

【本案看点】

判断一项申请专利的发明是否符合创造性的标准，是该项发明是否具有"突出的实质性特点"和"显著的进步"。所谓"突出的实质性特点"是指发明与现有技术相比具有明显的本质区别。通常情况下，判断发明是否具有突出的实质性特点采用三步法：第一确定最接近的现有技术，第二确定发明相对于最接近现有技术的区别特征和所要实际解决的技术问题，第三判断现有技术是否给出将上述区别特征应用到最接近现有技术以解决其存在的技术问题的启示

【相关法律法规】

《中华人民共和国专利法（2000）》第22条、第26条，《专利审查指南（2010）》第2部分第4章

【案情介绍】

存取款机又称 ATM，是 Automatic Teller Machine 的缩写，意思是自动柜

---

*　专利复审委员会第 30482 号无效宣告请求审查决定书。

员机。它是一种高度精密的机电一体化装置，利用磁性代码卡或智能卡实现金融交易的自助服务，代替银行柜面人员的工作。可进行提取现金、查询存款余额、进行账户之间资金划拨、余额查询等工作；还可以进行现金存款（实时入账）、支票存款（国内无）、存折补登、中间业务等工作。持卡人可以使用信用卡或储蓄卡，根据密码办理自动取款、查询余额、转账、现金存款，存折补登，购买基金，更改密码，缴纳手机话费等业务。

存取款机由存取款钞口、纸币识别口、暂时缓存部、循环钞箱以及存款专用箱组成，并将各部分用输送通道进行连接。在存取款机交易时，钞箱经常会因为故障或者取款出现多张以上的废钞时，钞箱就会自动关闭，钞箱关闭后，不能自动恢复使用，导致设备资源的浪费，这种设计的存取款机装置，钞箱关闭后需人工介入，重新恢复钞箱使用，钞箱才能正常使用。

为解决上述技术问题，深圳市怡化电脑有限公司发明了一种存取款机的钞箱关闭后能自动恢复使用的方法。

深圳怡化电脑股份有限公司（下称怡化电脑）成立于1999年，是专业的存取款一体机的设计商、制造商、供应商和服务商。截至目前，怡化在中国已累计销售20多万台存取款一体机，以40%的市场占有率连续多年领跑国内存取款一体机市场。

怡化电脑于2009年6月29日向国家知识产权局申请名称为"钞箱关闭后能自动恢复使用的方法"的发明专利，并于2011年5月4日获得授权，专利号为ZL200910108145.2。

涉案专利权利要求包括以下几个方面。

权利要求1为一种使存取款机设备能自动复位使用的方法，其特征是所述方法包括在钞票传输过程中，当钞票卡死在传输通道不动时，传感器发出故障信号，接收模块接收到该故障信号后，由控制单元发出指令使传输通道向后传送，直至钞票重新均匀地排列在传输通道中，实现恢复正常状态，然后重新继续正常钞票传输，这时钞票再向前继续保持原来的路径进行传送，就实现了自动恢复。

权利要求2为如权利要求1所述的使存取款机设备能自动复位使用的方

法，其特征是所述方法还包括在钞票传输过程中，当钞箱故障导致关闭后，传感器发出故障信号，接收模块接收到该故障信号后，由控制单元发出激活钞箱的指令，将故障模块通过机械动作的运行和传感器调整，使钞箱恢复正常工作状态。

权利要求3为如权利要求1所述的使存取款机设备能自动复位使用的方法，其特征是所述方法还包括在钞票传输过程中，当钞箱连续出废钞导致关闭后，传感器发出故障信号，接收模块接收到该故障信号后，由控制单元发出激活钞箱的指令，将故障模块通过机械动作的运行和传感器调整，使钞箱恢复正常工作状态。

权利要求4为如权利要求2所述的使存取款机设备能自动复位使用的方法，其特征是所述方法还包括在取款操作时，连续从一个循环钞箱出现多张的取款废钞时，为了避免一直出废钞使废钞箱报满停机，或者连续出废钞造成设备卡钞停机，设备设定了关闭出废钞的循环钞箱的程序，该钞箱关闭后，设备也就停止了这次出废钞的指令，然后设备自动复位，对关闭的循环钞箱进行重新激活，将故障模块通过机械动作的运行和传感器调整，从而使该循环钞箱恢复正常。

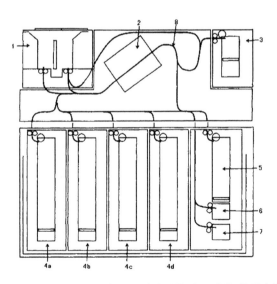

图20-1 "钞箱关闭后能自动恢复使用的方法"专利存取款及内部结构示意图

图 20-1 中，1 为存取款钞口，通过挖钞轮依次一张一张地按横向进入纸币的分离部；2 为纸币识别部，鉴别横向输送的进入纸币的面值、真伪、污损等异常，对正常的纸币的张数和面值进行计数；3 为暂时缓存部，聚集由纸币识别部鉴别为正常的存款纸币，并且临时保管；4a～4d 为循环钞箱，按面值设定存取正常的纸币，根据各地金融机关的要求，设置可以分为单存钞箱、单取钞箱、存取一体钞箱和循环钞箱；5 为存款钞箱，存储有被判断为不符合取款条件的纸币；6 为忘取回收钞箱，收入顾客取款忘记取走或取款超时的纸币；7 为废钞箱，收入取款时判断为不可识别的纸币；8 为输送通道，连接上述各部位，输送方向按照与纸币的宽度方向平行的横向进行输送。

本专利存取款机在正常工作过程中，当钞票卡死在传输通道后，无法再向前传送时，纸币就会向后传送，使得纸币均匀地排列在传输通道过程中，然后设备再向前继续保持原来的路径进行传送，实现了存取款机的自动恢复。

冲电气实业（深圳）有限公司（下称深圳冲电气）是日本冲电气工业株式会社（下称日本冲电气）在中国大陆地区设立的全资子公司。日本冲电气同样是一家国际知名的金融设备制造企业。在 2005 年，日本冲电气为了开拓其产品在中国的市场，与怡化电脑，约定以占怡化电脑注册资本 5% 的现金及 30% 的技术注资怡化电脑，注资完毕后占有怡化电脑 35% 的股份。之后日本冲电气又与怡化电脑共同出资设立了冲电气怡化金融设备（深圳）有限公司（下称冲电气金融）。后日本冲电气与怡化电脑因合作关系破裂，产生一系列纠纷。

深圳冲电气于 2016 年 5 月 3 日针对本专利向专利复审委员会提出无效宣告请求，其主要的无效理由为：（1）涉案专利说明书公开不充分，不符合《专利法》第 26 条第 3 款的规定；（2）涉案专利权利要求 1～4 既没有清楚的限定请求保护的范围，且没有以说明书为依据，不符合《专利法》第 26 条第 4 款的规定；（3）涉案专利权利要求 1～4 不具备创造性，不符合专利法第 22 条第 3 款的规定。

深圳冲电气在此次无效宣告中用以评判涉案专利创造性的对比文件主要如表 20－1 所示。

表 20－1

序号	对比文件	公开日
对比文件 1	公开号为 CN101123014A 的中国发明专利申请公布说明书	2008 年 2 月 13 日
对比文件 2	公开号为特开平 7－101596A 的日本专利文献及其中文译文	1995 年 4 月 18 日
对比文件 3	公开号为特开平 6－60248A 的日本专利文献及其中文译文	1994 年 3 月 4 日

上述对比文件的组合方式如表 20－2 所示。

表 20－2

权利要求 1	对比文件 1；或对比文件 2 + 对比文件 1
权利要求 2	＋惯用技术手段＋对比文件 3
权利要求 3	＋惯用技术手段＋对比文件 3
权利要求 4	＋惯用技术手段＋对比文件 3

【案件聚焦】

在本案无效宣告请求中，深圳冲电气提出的具体无效理由包括以下几个方面。

（一）本专利说明书公开不充分，不符合《专利法》第 26 条第 3 款规定

深圳冲电气认为，首先，说明书中没对"当钞票卡死在传输通道不动时，使传输通道向后传送，直至钞票重新均匀地排列在传输通道中"作出清楚、完整的说明，致使技术人员无法实现包含了特征"当钞票卡死在传输通道不动时，传感器发出故障信号，接收模块接收该故障信号后，由控制单元发出指令使传输通道向后传送，直至钞票重新均匀地排列在传输通道中"的

技术方案；其次，技术人员也无法理解"通过机械动作的运作，和传感器调整，使钞箱恢复正常状态"是如何实现的。

（二）本专利权利要求 1~4 既没有清楚的限定请求保护的范围，且没有以说明书为依据，不符合《专利法》第 26 条第 4 款的规定

深圳冲电气认为，首先，权利要求 1 及权利要求 2、3 分别记载了传感器这一技术特征，但并没有明确权利要求 1 中传输通道故障时的传感器和权利要求 2、3 中钞箱故障时限定的传感器是否为同一个传感器；其次，权利要求 1 中的技术特征"就实现了自动恢复"是之前操作步骤带来的技术效果，而非操作步骤技术特征，且权利要求 1 未给出"钞票重新均匀地排列"的具体技术手段。

（三）权利要求 1~4 是否具有创造性

深圳冲电气主张，权利要求 1 相对于对比文件 1 与公知常识的结合或相对于对比文件 2 与对比文件 1 的结合不具备创造性；权利要求 2、3、4 的附加技术特征均在对比文件 3 的基础上公开，故也不具备创造性。

【裁判定夺】

针对深圳冲电气的无效理由，专利复审委员作出以下几个方面的论述。

（一）关于本专利说明书公开是否充分

结合本专利说明书的内容可知，当出现钞票卡死在传输通道而无法继续向前传输这一问题时，传感器可检测到该问题并经接收模块向控制单元发出相应的指令，在该指令控制下，可将纸币向后传，对其进行重新调整，直至纸币达到排布均匀的情况下再恢复正常的钞票传输过程。而且，对本领域技术人员而言，利用现有手段即可达到说明书提及的使得钞票重新调整并均匀排布而可正常传输的结果，具体手段可以靠传输皮带倒转或者其他手段，如采用差速辊。可见对于本领域技术人员而言，"当钞票卡死在传输通道不动时，使传输通道向后传送，直至钞票重新均匀地排列在传输通道中"是能够实现的。

至于"通过机械动作的运作，和传感器调整，使钞箱恢复正常状态"，结合本专利发明说明书可知，在出现钞箱故障导致关闭、钞箱连续出废钞导致关闭，一直出废钞致使废钞箱报满停机或设备卡钞停机等情形下，可通过机械动作的运行即由控制单元发出激活命令将故障模块进行复位，从而使关闭的钞箱恢复到正常工作状态，和通过调整传感器工作电压使得其亮度能够达到接收端，从而达到存取款机恢复到正常工作状态。即对本领域技术人员而言，"通过机械动作的运作，和传感器调整，使钞箱恢复正常状态"这一技术手段是清楚的，从而本专利说明书公开充分，符合《专利法》第 26 条第 3 款的规定。

（二）关于本专利权利要求 1~4 是否清楚

涉案专利权利要求 1 针对钞票卡在传输通道不动时提出了相应的改进方案，权利要求 2 针对钞箱故障导致关闭时提出了相应的改进方案，权利要求 3 针对钞箱连续出废钞导致关闭后而提出的相应改进的方案。显然，对本领域技术人员而言，为分别解决上述各技术问题，会相应地选择能够检测到上述各问题的相应传感器，如但不限于为发现钞票卡死问题，可选择光电传感器，为发现钞箱故障导致关闭问题，可选择压力传感器，为发现钞箱连续出废钞导致关闭问题，可选择计数传感器与压力传感器且使其配合工作等。诚然，权利要求 1 中的技术特征"就实现了自动恢复"是之前操作步骤带来的技术效果，但上述技术效果限定的表述是清楚的，并不会造成权利要求 1 请求保护范围不清楚的问题；至于"钞票重新均匀地排列"，其本身含义是清楚的，为限定实现其的具体手段不影响其范围的确定，更何况，根据前面"关于本专利说明书是否公开充分"的问题中的内容可知"钞票重新均匀地排列"对本领域技术人员而言是能够实现且清楚的。

（三）对于权利要求 1~4 是否具有创造性

权利要求 1 请求保护一种存取款机设备能自动复位使用的方法，对比文件 1 公开了一种纸张类处理装置及其可完全进行自动恢复工作的方法，在纸币存取款机 1 的上部纸币机构 1a 的输送路径纸币通过传感器 210a 上产生滞留物的滞留或纸币的卡住情况，在这种情况下，控制部 35 将连续在上部输送路径 50 上的带向与作为计数时的输送方向的正方向相反的反方向移动一定距离，在将滞留物或卡住纸币向反方向输送时，直至滞留物或者卡住物送到存取款口 20。这样，将输送方向转换为反方向时控制部 35 作为卡住时输送方向转换单元起作用。通过进行以上存款计数时的异物除去处理和异物除去检查处理，将卡住纸币和残留在输送路径 50 上的纸币全部输送到存取款口 20 而可靠地返还给用户。由此，可完全自动化存款计数时的纸币输送路径上的滞留物、卡住纸币的除去及向通常运用的恢复。

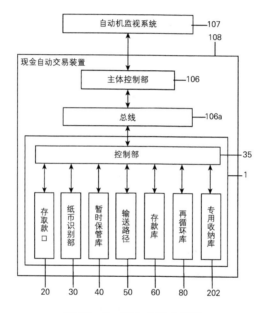

图 20 - 2 对比文件 1 附图

对比文件 1 公开了一种其在即使没维修员、工作人员的介入情形下也能完全进行自动恢复工作的纸币处理装置及其工作方法（相当于本专利权利要求 1 中的使存取款机设备能自动复位使用的方法），与涉案专利属于相同的技术领域。所述方法中，当在纸币传输过程中，如有纸币在存取款机 1 的上部输送路径 50 上滞留或卡住（相当于权利要求 1 中的钞票传输过程中，钞票卡死在传输通道不动时），传感器 210a 便起作用，能够检测到上述纸币在传输通道上的滞留或卡住情况（相当于权利要求 1 中的传感器发出故障信号），从而控制部 35 据此发出相应控制命令（相当于权利要求 1 控制单元发出指令），将连接在上部输送路径 50 上的带向与作为计数时的输送方向的正方向和反方向移动一定距离（相当于权利要求 1 中的使传输通道向后传送），直至滞留物或卡住物向反方向的输送没有被传感器类检测出来为止（相当于权利要求 1 中的直至钞票重新均匀地排列在传输通道中，实现恢复正常状态），然后重新继续正常的纸币传输，实现了自动恢复（相当于权利要求 1 中的钞票再向前继续保持原来的路径进行传送，实现了自动恢复），最后可将滞留物或卡住纸币向正方向输送而输送至存取款口 20。

可见，权利要求 1 相对于对比文件 1 具有以下区别：（1）接收模块接收故障信号；（2）直至钞票重新均匀地排列在传输通道中，实现恢复正常状态。

对于上述区别 1，在对比文件 1 中，在传感器 210a 测得纸币输送路径上产生滞留物的滞留或纸币的卡住的情况下，为将去检测信号顺利的传递到控制部 35，本领域技术人员容易想到在单独设置一接收模块，以接收传感器传来的故障信号，并将故障信号再传递给控制部 35。即对本领域的技术人员而言，上述区别是为实现信号的顺利传送而容易想到的。

对于上述区别 2，在对比文件 1 中，如发现在传输纸币时有滞留物或纸币卡住的情况，采用反向传输再向正向移动，通过这种运动变化可使得纸币最终正常传输，与本专利中的方法构思类似，虽然对比文件 1 中并没有明确说明其反向移动后的纸币达到"重新均匀地排列在传输通道中"的程度，但结合对比文件 1 公开的内容来看，反向移动使纸币达到"重新均匀地排列在传输通道中"这一排列程度是最为容易、最为理想解决纸币传输通道堵塞的手段。可见，对本领域技术人员而言，采用现有技术并达到这一程度是在对比文件 1 公开内容的基础上容易想到的。至于为达到上述程度而采用的现有技术，如前面所述，本领域技术人员可以采用传输皮带倒转或者其他手段，如采用差速辊。因此，上述区别 2 即反向运动使纸币达到重新均匀地排列在传输通道中这一程度属于本领域技术人员在对比文件 1 公开内容的基础上容易想到的，并且采用现有技术也是可以实现的。

因此，权利要求1相对于对比文件1和本领域的公知常识的结合不具备突出的实质性特点和显著的进步，不具备创造性，不符合《中华人民共和国专利法》（下称《专利法》）第22条第3款的规定。

权利要求2~4与现有技术的最重要的一个区别均是故障模块通过传感器的调整，使钞箱恢复到正常工作状态。涉案专利说明书0057、0058段内容可知，涉案专利中，通过传感器自动调整可克服因传感器自身的原因而引起的检测不能的缺陷，如传感器表面积聚灰尘等，自动调整时，可通过调整传感器的工作电压，使亮度能够达到接收端，也就是接收端能够接收到发射端的信号，从而使钞箱可恢复正常工作状态。而深圳冲电气提供的现有技术中均未涉及传感器本身的调整，也未给出任何技术启示。因此权利要求2~4符合专利法第22条第3款的规定。

最终，专利复审委宣告本专利权利要求1无效，在权利要求2~4的基础上继续维持该专利有效。

【代理律师说】

（一）说明书公开是否充分

《专利法（2000）》第26条第3款规定："说明书应当对发明或者实用新型作出清楚、完整的说明，以所属技术领域的技术人员能够实现为准；必要的时候，应该有附图……"

该条的实质是要求说明书应当充分公开，使得本领域技术人员在阅读完说明书后，能明白无误地理解专利所要求保护的技术方案，并且该技术方案是现实可以实现的。《专利法》26条第3款的判断对象为"所属技术领域的技术人员"，这一概念为专利法中一种重要的"拟制人"。根据《专利审查指南》第2部分第4章第2.4节的规定，假设这一拟定的"本领域技术人员"知晓申请日或者优先权日之前该领域的所有普通技术知识，并且具备应用该日期之前常规实验的能力。

说明书清晰、完整是指说明书内容完整，表述准确，文字记载无歧义，而所谓"能够实现为准"则是指本领域技术人员按照说明书记载的内容就能够实现该专利的技术方案，解决该专利所记载的技术问题，达到该专利所预期的技术效果。

本案中，涉案专利发明内容第0057、0058、0068～0073段可知，在出现钞箱故障导致关闭、钞箱连续出废钞导致关闭，一直出废钞致使废钞箱报满停机或设备卡钞停机等情形下，可通过机械动作的运行即由控制单元发出激活命令将故障模块进行复位，从而使关闭的钞箱恢复到正常工作状态，和通过调整传感器工作电压使得其亮度能够达到接收端，从而达到存取款机恢复到正常工作状态。即对本领域技术人员而言，"通过机械动作的运作，和传感器调整，使钞箱恢复正常状态"这一技术手段可以解决出现故障时，设备能够自动恢复运行这一技术问题，因此该技术手段是清楚的，从而涉案专利说明书公开充分。

（二）是否清楚地限定了请求保护的范围

《专利法（2000）》第26条第4款规定："权利要求书应当以说明书为依据，说明要求专利保护的范围。"该条是对权利要求书本身的要求。该条款的实质是要求权利要求书中全部技术方案都可以得到说明书的支持，而不能了作为对超出说明书范围的保护范围的概括。

《专利法》26条第4款对权利要求书的要求有两个方面。首先是权利要求书应当以说明书为依据，也即权利要求书中所要求保护的技术方案应当是本领域技术人员从说明书所记载的内容能够得到或者概括得出的。

本案中，权利要求1中传输通道故障时限定了一个传感器，权利要求2、3中钞箱故障时也限定了传感器。那么该三处的传感器是否是同一个传感器，是否会导致专利要求保护的范围不清楚。在作出该判断时，要考虑相关的公知常识，若根据公知常识，本领域的技术人员可以唯一的、毫无疑义地确定权利要求的技术方案，则其不存在保护范围不清楚的问题。

涉案专利权利要求1针对钞票卡在传输通道不动的问题提出了相应的改进方案，权利要求2针对钞箱故障导致关闭的问题提出了相应的改进方案，权利要求 3 针对钞箱连续出废钞导致关闭后而提出的相应改进的方案，显然，对本领域技术人员而言，为分别解决上述各技术问题，会相应地选择能够检测到上述各问题的相应传感器，例如，但不限于为发现钞票卡死问题，可选择光电传感器；为发现钞箱故障导致关闭问题，可选择压力传感器；为发现钞箱连续出废钞导致关闭问题，可选择计数传感器与压力传感器且使其配合工作等，因此，该技术方案对本领域技术人员而言是能够实现且清楚的。

（三）权利要求的创造性判断

《专利法（2000）》第 22 条第 3 款规定："创造性，是指同申请日以前已有的技术相比，该发明有突出的实质性特点和显著的进步，该实用新型有实质性特点和进步。"

判断一项申请专利的发明是否符合创造性的标准，在于该项发明是否具有"突出的实质性特点"和"显著的进步"。所谓"突出的实质性特点"，是指发明与现有技术相比具有明显的本质区别，对于发明所属技术领域的普通技术人员来说是非显而易见的，其不能直接从现有技术中得出构成该发明全部必要的技术特征，也不能通过逻辑分析、推理或者试验而得到。如果通过以上方式就能得到该发明，则该发明就不具备突出的实质性特点。所谓"显著的进步"，是指从发明的技术效果上看，与现有技术相比具有长足的进步。具体包括：（1）发明解决了人们一直渴望解决，但始终未能获得成功的技术难题；（2）发明克服了技术偏见；（3）发明取得了意料不到的技术效果；（4）发明在商业上获得成功。判断一项申请专利的实用新型是否符合创造性的标准，相对于发明专利来讲，要求要低一些，只要该实用新型有实质性特点和进步即可，不要求"突出"和"显著"。

本案中，权利要求 2~4 与现有技术相比具有一个重要的区别技术特征，即"故障模块通过传感器的调整，使钞箱恢复到正常工作状态"，涉案专利说明书 0057、0058 段内容可知，涉案专利中，通过传感器自动调整可克服因传感器自身的原因而引起的检测不能的缺陷，如传感器表面积聚灰尘等，自动调整时，可通过调整传感器的工作电压，使亮度能够达到接收端，也就是接收端能够接收到发射端的信号，从而使钞箱可恢复正常工作状态，因此涉案专利具有显著的进步。而深圳冲电气提供的现有技术中均未涉及传感器本身的调整，也未给出任何技术启示，因此，涉案专利具有突出的实质性特点。符合《专利法（2000）》第 22 条第 3 款的规定。

二十一、对比文件的发明目的
对是否存在结合启示的影响

—— "电池极板用穿孔钢带及其生产工艺和
专用设备"发明专利权无效行政纠纷案 *

【本案看点】

不同的对比文件是否存在结合的启示需要考虑不同对比文件之间是否具有相违背的发明目的，如果两篇对比文件之间发明目的以及采取的技术手段均相悖，则这两篇对比文件可能不存在结合的启示

【相关法律法规】

《专利审查指南（2009）》第 2 部分第 4 章

【案情介绍】

深圳市中金高能电池材料有限公司（下称中金高能公司）是一家由上市企业深圳市中金岭南有色金属股份有限公司控股的主营二次电池核心材料，致力于二次电池材料研究与生产的国家级高新技术企业。

深圳市天有实业发展有限公司于 1998 年 10 月 14 日向国家专利局申请了"电池极板用穿孔钢带及其生产工艺和专用设备"发明专利，该专利申请于

---

* 〔2009〕高行终字第 656 号。

2002 年 7 月 24 日获得授权，专利号为 98120285.3。后涉案专利专利权人变更为中金高能公司。

涉案专利主要涉及一种电池电极基板的生产工艺。穿孔钢板是一种传统的电池电极基板，其具有强度高、成本低、可大规模放电等特点。以往的制作工艺在电池制作过程中经常产生弯曲断裂、边缘不整、焊接不齐的现象。作为改进，涉案专利提供了一种成组分布穿孔的电池电极用钢板，以减少应力，方便焊接。

经授权的权利要求共有 19 项，其中权利要求 1 为一种电池极板用穿孔钢带，为带状结构，带面上具有穿孔，其特征在于带面上的穿孔纵向成组分布 2，每组穿孔间为带状过渡区 3，每组穿孔为圆形或异形孔，纵向、横向穿孔交错排列，每组穿孔的孔径范围为直径 0.5 毫米~4.0 毫米，穿孔的纵向与纵向间距为 1.0 毫米~5.0 毫米，横向与横向间距为 1.0 毫米~5.0 毫米，所用钢带厚度为 0.01 毫米~0.1 毫米，宽度为 10 毫米~350 毫米，穿孔口具有毛刺孔 4。

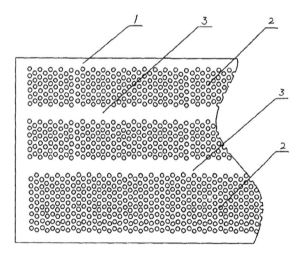

图 21-1　"电池极板用穿孔钢带及其生产工艺和专用设备"专利的一个优选实施例具体结构

图 21-1 展示了涉案专利的一个优选实施例的具体结构。图 21-1 中 1 为穿孔钢带，穿孔钢带 1 成组分布，2 为不同的带状组，3 为两组穿孔钢带之间的带状过渡区，穿孔时会带来毛刺 4（图中未示出），规律的毛刺孔对后续的压膜牢固。为了提高生产效率或适应不同电池，可设计具有相同宽度或不同宽度组合的多种规格成组分布 2 的穿孔

钢带1，横向、纵向穿孔交错排列。通过调整冲床上不同冲针的排列，或使用具有成组分布2的模板，就能形成不同规格的纵向成组系列。穿孔钢带1的孔形分布进一步见图21-2，其1为横向距离；2为纵向距离。穿孔的孔径可以为直径1.5毫米，穿孔的横向与横向间距为1.02毫米，纵向与纵向间距为1.77毫米。所用钢带厚度为0.08毫米，宽度为220毫米。

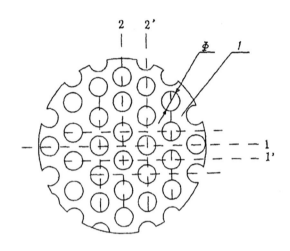

图21-2 穿孔钢带1的孔形分布

无锡金杨丸伊电子有限公司（下称金杨丸伊公司）是国内首家中日台资二次电池冲孔镀镍钢带专业生产厂，也是国内同行中首家具有开料、冲压、电镀及退火一条龙生产的厂家，包括新型电子元器件（片式元器件、电力电子器件、新型机电元件）、电池钢壳的加工等，拥有日本原装极薄钢带开料机。

深圳市斌峰电源材料有限公司（下称斌峰公司），主要经营电源材料、电源产品的产销和技术开发等。

2007年8月13日、2007年10月8日金杨丸伊公司及斌峰公司分别向专利复审委员会提出无效宣告请求。金杨丸伊公司和斌峰电源材料公司提交的主要证据是附件A、B、C，附件A的公开日为1996年6月18日，附件B的公开日为1996年8月6日，附件C的公开日为1994年1月12日。

附件A的公开日为1996年6月18日，公开了一种贮氢合金电极以及使用这种电极的密封的镍氢蓄电池：贮氢合金电极用于镍氢蓄电池，该贮氢合金电极的导电基体为带有冲孔或穿孔的金属带，穿孔区域形成许多孔洞，穿孔区域以重复的穿孔模式排列，在相邻穿孔区域之间有非穿孔带区域，穿孔区域与非穿孔带区域彼此平行布置在纵长方向上，每组穿孔为圆形，纵向、横向穿孔交错排列，孔径为 1.0 毫米至 2.5 毫米，穿孔的金属带 1 的厚度为 40 微米至 80 微米。该技术所要解决的问题是，金属带在卷起的时候，如果金属带相邻孔的中心的直线连接距离较长，则电极可能在卷起时表面变成多边形而不是圆形，而这样导致电极容易裂缝并形成毛口。

　　附件 B 的公开日为 1996 年 8 月 6 日，公开了一种可充电电池电极及其制造方法，其中具体披露了下述技术特征：金属底板上镀有活性剂层的镀层电极，该金属底板上带有大量穿孔，穿孔可为矩形或多边形，穿孔上均有毛刺孔，其作用在于活性剂层从电极支撑体的脱落得到了抑制。在该附件中还记载了相对于该方法的现有技术，其中现有技术中穿孔的孔心之间的节间距 D 为 3.5 毫米，但不会在穿孔边缘形成毛刺。

　　附件 C 的公开日为 1994 年 1 月 12 日，公开了一种具有穿孔镍带压膜电池的氢镍电池。其所解决的技术问题在于，克服丝网压膜电极本身固有毛刺，而毛刺给电池装配带来很大困难，如卷绕返修率高、装配工艺困难，电池成品装配率较低的缺点，提供一种电极片强度高、不易变形、毛刺少、装配成品率高的电极。其中具体披露了电池基板材料选用穿孔镍带或穿孔镀镍钢带。穿孔钢带的宽度是 220 毫米，窄于该宽度尺寸则电池生产效率低，宽于该宽度尺寸则不利于生产操作。

　　金杨丸伊公司和斌峰电源材料公司认为权利要求 1 的技术方案相对于附件 A、附件 B 和附件 C 的结合不具有突出的实质性特点和显著的进步。

　　专利复审委员会审查后认为，涉案专利权利要求 1 保护一种电池极板用穿孔钢带，包括：①电池极板用穿孔钢带为带状结构，带面上具有穿孔，带面上的穿孔纵向成组分布，每组穿孔间为带状过渡区；②每组穿孔为圆形或异形孔，纵向、横向穿孔交错排列；③每组穿孔的孔径范围为直径 0.5 毫米～4.0 毫米；④穿孔的纵向与纵向间距为 1.0 毫米～5.0 毫米，横向与横向间距为

1.0毫米~5.0毫米；⑤所用钢带厚度为0.01毫米~0.1毫米；⑥宽度为10毫米~350毫米；⑦穿孔口具有毛刺孔。附件A公开了权利要求1的技术特征①、②、③、⑤。权利要求1的技术方案与附件A公开的内容相比，区别技术特征在于技术特征④、⑥、⑦。基于上述区别技术特征，本专利权利要求1实际解决的技术问题是通过设置穿孔钢带上穿孔的纵向与纵向、横向与横向间距来减少钢带在卷曲过程中产生过大应力而造成钢带断裂，通过适当选择钢带宽度来提高生产效率，通过在穿孔钢带的穿孔口周围形成毛刺结构来增强电池极板用钢带上的镀膜的牢固性。附件B公开了区别技术特征④、⑦。附件B中金属底板上穿孔纵向与纵向、横向与横向间距的设置也同样起到减少钢带在卷曲的过程中产生过大应力而造成钢带断裂的作用，附件B中在金属底板穿孔周围形成毛刺结构也同样起到增强电池极板用钢带上的镀膜的牢固性的作用。也就是说，附件B给出了通过选择电池极板用钢带上穿孔的纵向、横向间距来避免在卷曲过程中造成钢带断裂的技术启示，也给出了通过在穿孔周围形成毛刺结构以增强电池极板用钢带上的镀膜的牢固性的技术启示。附件C公开了区别技术特征⑥，并且附件C给出了通过适当选择钢带宽度来提高生产效率的技术启示。综上所述，在附件A的基础上结合附件B、附件C而得到权利要求1的技术方案，对所属技术领域的技术人员来说是显而易见的，而且这样的结合没有产生预料不到的技术效果，因此权利要求1的技术方案相对于附件A、附件B和附件C的结合不具有突出的实质性特点和显著的进步，不具备创造性。

然而，中金高能公司认为，附件A的发明目的是通过冲压规律的穿孔来减少钢带卷曲时冲孔产生裂缝形成的会造成隔离层短路的毛口，附件B的发明目的是通过在穿孔的周围形成毛刺以改进金属底板和活性剂层之间的黏合和导电性能，附件C的发明目的是减少电池极板用钢带的毛刺。而涉案专利的发明目的是利用毛刺使得在钢带后续拉浆工艺中压膜结合牢固，显然附件A、附件C的发明目的与附件B、本专利的发明目的是相违背的，附件A、附件B、附件C之间不具有结合点。对此，专利复审委员会认为，尽管附件A中描述了避免锋利的边缘或毛口的技术内容，但其所述的锋利的边缘或毛口是指在金属带卷曲过程中由于金属带不规则的变形而产生的断裂毛口，也就是说，所述毛口是在金属带卷曲时表面变成多边形而不是圆形情况下产生裂缝形成的毛口，并非指穿孔口周围的毛刺，因此附件 A 中的上述内容与附件 B、本专利中所记载的在穿孔周围形成毛刺并不矛盾。附件 C 的发明目的是减少电池电极的毛刺，电池制造领域公知电极是在金属极板上涂敷活性物质后得到的结构，而涉案专利以及附件 B 中所述的毛刺是在金属极板上的穿孔周围形成的，也就是说，涉案专利以及附件 B 中极板上的毛刺在极板被涂敷活性物质制成电极后被基本抹平，因此涉案专利、附件 B 与附件 C 的发明目的并不矛盾。并且，附件 A、附件 B、附件 C 都属于电池极板制造领域，附件 A 公开了权利要求 1 的大部分技术特征，附件 B 公开的在穿孔周围形成的毛刺结构所起的作用与区别技术特征⑦在涉案专利中所起的作用相同，附件 C 公开的钢带宽度的设置与区别技术特征⑥在涉案专利中所起的作用相同，因此附件 A、附件 B、附件 C 之间具有相结合的启示。综上所述，专利复审委员会认为中金高能公司的抗辩理由不成立。

2008 年 6 月 17 日，专利复审委员会作出第 11837 号无效宣告请求审查决定（下称第 11837 号决定），宣告涉案专利权利要求 1、权利要求 2、权利要求 5、权利要求 8 至权利要求 11、权利要求 13、权利要求 14 中"下模板模孔为直孔"的技术方案、权利要求 15、权利要求 16、权利要求 19 无效，认为上述权利要求不具备创造性。在其授权公告的权利要求 3、权利要求 4、权利要求 6、权利要求 7、权利要求 12、权利要求 14 中"下模板模孔为台肩状凹孔"的技术方案、权利要求 17、权利要求 18 的基础上维持本专利权有效。

中金高能公司不服专利复审委的上述决定，向北京市第一中级人民法院提起行政诉讼。

北京市第一中级人民法院认为，附件 A 中的金属带与附件 B 中的金属带同样都用于制造电池的电极，附件 A 的相关内容与附件 B 所记载的冲孔周边形成毛刺并不矛盾。但附件 C 与涉案专利的发明目的是相违背的，也与附件 B 所解决技术问题而采用的技术手段相悖，所属技术领域的普通技术人员不会将各附件相互结合而得到涉案专利技术方案，涉案专利的技术方案需要打破技术常规和花费创造性的劳动。专利复审委员会以附件 A、B、C 相结合的方式评价本专利权利要求 1 的创造性是错误的。涉案专利权利要求 1 所限定的技术解决方案具有突出的实质性特点和显著进步，具备创造性。北京市第一中级人民法院判决：（1）撤销专利复审委员会第 11837 号决定；（2）专利复审委员会就名称为"电池极板用穿孔钢带及其生产工艺和专用设备"的 98120285.3 号发明专利权重新作出审查决定。

专利复审委员会、中金高能公司、金杨丸伊公司、斌峰电源材料公司均不服北京市第一中级人民法院判决，上诉至北京市高级人民法院。

【案件聚焦】

专利复审委员会在无效宣告决定中认为，尽管附件 A 中描述了避免锋利的边缘或毛口的技术内容，所述毛口是在金属带卷曲时表面变成多边形而不是圆形情况下产生裂缝形成的毛口，并非指穿孔口周围的毛刺，因此附件 A 中的上述内容与附件 B、涉案专利中所记载的在穿孔周围形成毛刺并不矛盾。附件 C 的发明目的是减少电池电极的毛刺，电池制造领域公知电极是在金属极板上涂敷活性物质后得到的结构，而涉案专利以及附件 B 中所述的毛刺是在金属极板上的穿孔周围形成的，也就是说，涉案专利以及附件 B 中极板上的毛刺在极板被涂敷活性物质制成电极后被基本抹平，因此涉案专利、附件 B 与附件 C 的发明目的并不矛盾。并且，附件 A、附件 B、附件 C 都属于电池极板制造领域，附件 A、附件 B、附件 C 之间具有相结合的启示。

北京市第一中级人民法院认为，附件 A 中的金属带与附件 B 中的金属带同样都用于制造电池的电极，附件 A 的相关内容与附件 B 所记载的冲孔周边形成毛刺并不矛盾。但附件 C 与涉案专利的发明目的是相违背的，也与附件 B 所解决技术问题而采用的技术手段相悖，所属技术领域的普通技术人员不会将各附件相互结合而得到本专利技术方案，涉案专利的技术方案需要打破技术常规和花费创造性的劳动。专利复审委员会以附件 A、B、C 相结合的方式评价涉案专利权利要求 1 的创造性是错误的。

故而本案的焦点在于附件 C 与本专利的发明目的是否相违背，附件 C 与附件 B 所解决技术问题而采用的技术手段是否相悖,进而附件 A、B、C 是否能以相结合的方式评价涉案专利权利要求 1 的创造性。

【裁判定夺】

北京市高级人民法院经审理认为,附件 C 公开了一种具有穿孔镍带压膜电池的氢镍电池,为保证电池基板在涂敷极性材料形成电极的牢固性,电池基板上穿孔形成毛刺是必须的,以此方式增大接触面积。但是,在涂敷极性材料形成电极后不应存在毛刺,否则会给电池装配带来很大困难。从这一点而言,涉案专利及附件 B、附件 C 均希望在形成电极后不再存在毛刺,故附件 B、C 以及本专利之间并无技术教导方面的矛盾。此外,在涉案专利权利要求 1 创造性评述中,无效请求人结合附件 C 的目的在于评述穿孔钢带的特定宽度,而与毛刺结构无关,专利复审委员会也是在此意义上认定附件 C 可以与附件 A、B 相互结合的。

涉案专利涉及一种电池极板用镀镍穿孔钢带。其特点在于采用成组分布穿孔,不同形状穿孔分布,在穿孔周围形成规律毛刺,以达到减少应力,防止断带,方便焊接,提高开孔率,提高极性物质的导电性,使镀膜牢固的作用。附件 A 中的金属带与附件 B 中的金属带都用于制造电池的电极,在附件 A 的基础上存在结合附件 B 的技术启示。

因此,原一审判决关于附件 C 与本专利及附件 B 的发明目的相悖故本专利权利要求 1 具备创造性的认定不当,应予纠正。专利复审委员会第 11837 号决定中关于涉案专利权利要求 1 相对于附件 A、B、C 的组合不具备创造性的认定是正确的。专利复审委员、金杨丸伊公司、斌峰电源材料公司关于原审判决就涉案专利权利要求 1 创造性评判认定事实错误的上诉主张成立,予以支持。

最终,北京市高级人民法院撤销北京市第一中级人民法院〔2008〕一中行初字第 1261 号行政判决;撤销国家知识产权局专利复审委员会作出的第 11837 号无效宣告请求审查决定;国家知识产权局专利复审委员会就名称为"电池极板用穿孔钢带及其生产工艺和专用设备"的 98120285.3 号发明专利权重新作出无效宣告请求审查决定。

【代理律师说】

在专利创造性评价中，在确定了最接近的现有技术以及最接近现有技术与专利之间的区别特征后，通常需要结合不同的对比文件以评判这些区别特征是否已经被公开。

（一）涉案专利与附件 A、B、C 的发明目的和技术手段的比较

比较结果见表 21 -1 所示。

表 21 -1　"电池极板用穿孔钢带及其生产工艺和专用设备"专利与附件 A、B、C 对比

	发明目的	解决技术问题而采用的技术手段
涉案专利	提供一种保持钢板穿孔不变形，冲孔边缘毛刺少	在穿孔周围形成规律毛刺，以达到减少应力，防止断带，方便焊接，提高开孔率，提高极性物质的导电性的目的，使镀膜牢固。极板上的毛刺在极板被涂敷活性物质制成电极后被基本抹平
附件 A	避免电极可能在卷起时表面变成多边形而不是圆形，而这样导致电极容易裂缝并形成毛口	毛口是在金属带卷曲时表面变成多边形而不是圆形情况下产生裂缝形成的毛口，并非指穿孔口周围的毛刺
附件 B	是通过在穿孔的周围形成毛刺以改进金属底板和活性剂层之间的黏合和导电性能	形成电极后不再存在毛刺，金属底板上镀有活性剂层的镀层电极，该金属底板上带有大量穿孔，穿孔可为矩形或多边形，穿孔上均有毛刺孔，极板上的毛刺在极板被涂敷活性物质制成电极后被基本抹平
附件 C	保证电池基板在涂敷极性材料形成电极的牢固性，电池基板上穿孔形成毛刺是必须的，以此方式增大接触面积	技术问题是在涂敷极性材料形成电极后不应存在毛刺，否则会给电池装配带来很大困难。技术手段是减少电池电极的毛刺，克服丝网压膜电极本身固有毛刺

（二）附件 C 与涉案专利的发明目的是否相违背的，附件 C 与附件 B 所解决技术问题而采用的技术手段是否相悖

从上表可以看出，附件 C 的发明目的是保证电池基板在涂敷极性材料形

成电极的牢固性，电池基板上穿孔形成毛刺是必需的，以此方式增大接触面积。但是，在涂敷极性材料形成电极后不应存在毛刺，否则会给电池装配带来很大困难。附件 B 的发明目的是通过在穿孔的周围形成毛刺以改进金属底板和活性剂层之间的黏合和导电性能。涉案专利的发明目的是提供一种保持钢板穿孔不变形，冲孔边缘毛刺少。因此，附件 C 与涉案专利、附件 B 的发明目的不相违背。从这一点而言，涉案专利及附件 B、附件 C 均希望在形成电极后不再存在毛刺，三者极板上的毛刺在极板被涂敷活性物质制成电极后被基本抹平。故附件 B、C 以及涉案专利之间并无技术教导方面的矛盾。此外，在涉案专利权利要求 1 创造性评述中，无效请求人结合附件 C 的目的在于评述穿孔钢带的特定宽度，而与毛刺结构无关，专利复审委员会也是在此意义上认定附件 C 可以与附件 A、B 相互结合的。

（三）涉案专利权利要求 1 是否具有创造性

将涉案专利权利要求 1 与附件 A、B、C 所公开的内容做一个技术特征的拆解，得到二者的技术特征对比如表 21 - 2 所示。

表 21 - 2 "电池极板用穿孔钢带及其生产工艺和专用设备"
专利技术特征与附件 A、B、C 公开内容对比

	涉案专利	附件 A	附件 B	附件 C
	一种电池极板用穿孔钢带	一种贮氢合金电极以及使用这种电极的密封的镍氢蓄电池	—	—
①	电池极板用穿孔钢带为带状结构，带面上具有穿孔，带面上的穿孔纵向成组分布 2，每组穿孔间为带状过渡区 3	贮氢合金电极的导电基体为带有冲孔或穿孔的金属带，穿孔区域形成许多孔洞，穿孔区域以重复的穿孔模式排列，在相邻穿孔区域之间有非穿孔带区域，穿孔区域与非穿孔带区域彼此平行布置在纵长方向上	—	—
②	每组穿孔为圆形或异形孔，纵向、横向穿孔交错排列	每组穿孔为圆形，纵向、横向穿孔交错排列	穿孔可为矩形或多边形	—

	涉案专利	附件 A	附件 B	附件 C
③	每组穿孔的孔径范围为 0.5 毫米 ~ 4.0 毫米	孔径为 1.0 毫米至 2.5 毫米	—	—
④	穿孔的纵向与纵向间距为 1.0 毫米 ~ 5.0 毫米，横向与横向间距为 1.0 毫米 ~ 5.0 毫米	—	穿孔的孔心之间的节间距 D 为 3.5 毫米	—
⑤	所用钢带厚度为 0.01 毫米 ~ 0.1 毫米	穿孔的金属带 1 的厚度范围为 40 微米至 80 微米	—	—
⑥	宽度为 10 毫米 ~ 350 毫米	—	—	穿孔钢带的宽度是 220 毫米
⑦	穿孔口具有毛刺孔 4	—	穿孔上均有毛刺孔	—

从表 21-2 可以看出，附件 A 公开了权利要求 1 的技术特征①、②、③、⑤。权利要求 1 的技术方案与附件 A 公开的内容相比，区别技术特征是技术特征④、⑥、⑦。基于上述区别技术特征，涉案专利权利要求 1 实际解决的技术问题是：通过设置穿孔钢带上穿孔的纵向与纵向、横向与横向间距来减少钢带在卷曲过程中产生过大应力而造成钢带断裂，通过适当选择钢带宽度来提高生产效率，通过在穿孔钢带的穿孔口周围形成毛刺结构来增强电池极板用钢带上的镀膜的牢固性。附件 B 公开了区别技术特征④、⑦。附件 B 中金属底板上穿孔纵向与纵向、横向与横向间距的设置也同样起到减少钢带在卷曲的过程中产生过大应力而造成钢带断裂的作用，附件 B 中在金属底板穿孔周围形成毛刺结构也同样起到增强电池极板用钢带上的镀膜的牢固性的作用。也就是说，附件 B 给出了通过选择电池极板用钢带上穿孔的纵向、横向间距来避免在卷曲过程中造成钢带断裂的技术启示，也给出了通过在穿

孔周围形成毛刺结构以增强电池极板用钢带上的镀膜的牢固性的技术启示。附件 C 公开了区别技术特征⑥，并且附件 C 给出了通过适当选择钢带宽度来提高生产效率的技术启示。综上所述，在附件 A 的基础上结合附件 B、附件 C 而得到权利要求 1 的技术方案，对所属技术领域的技术人员来说是显而易见的，而且这样的结合没有产生预料不到的技术效果。因此，权利要求 1 的技术方案相对于附件 A、附件 B 和附件 C 的结合不具有突出的实质性特点和显著的进步，不具备《专利法》第 22 条第 3 款规定的创造性。

专利复审委员会在评价涉案专利权利要求 1 是否具有创造性时，认为附件 A、附件 B、附件 C 都属于电池极板制造领域，均希望减少电池电极的毛刺，毛刺是在金属极板上的穿孔周围形成的，极板上的毛刺在极板被涂敷活性物质制成电极后被基本抹平，附件 A、附件 B、附件 C 之间能够相结合的评价涉案专利权利要求 1 的创造性，附件 A、附件 B、附件 C 的结合公开了权利要求 1 的全部技术方案，权利要求 1 不具备创造性。

北京市第一中级人民法院在一审中认为附件 C 的发明目的是减少电池极板用钢带的毛刺，而涉案专利的发明目的是利用毛刺使得在钢带后续拉浆工艺中压膜结合牢固，附件 B 的发明目的是通过在穿孔的周围形成毛刺以改进金属底板和活性剂层之间的黏合和导电性能。附件 C 与涉案专利的发明目的是相违背的，也与附件 B 所解决技术问题而采用的技术手段相悖，所属技术领域的普通技术人员不会将各附件相互结合而得到涉案专利技术方案，附件 A、B、C 不能相结合的方式评价涉案专利权利要求 1 的创造性。

电极是在金属极板上涂敷活性物质后得到的结构，北京市高级人民法院认为涉案专利、附件 B、附件 C 均希望在涂敷极性材料形成电极后不应存在毛刺，而涉案专利以及附件 B 中所述的毛刺是在金属极板上的穿孔周围形成的，也就是说，涉案专利以及附件 B 中极板上的毛刺在极板被涂敷活性物质制成电极后被基本抹平，因此附件 B、C 以及涉案专利之间并无技术教导方面的矛盾。故北京市第一中级人民法院在一审中断章取义的认为附件 C 与涉案专利的发明目的相违背，与附件 B 所解决技术问题而采用的技术手段相悖，北京市高级人民法院最终的判决是正确的。

第六章 专利纠纷的程序性问题

二十二、专利侵权诉讼中，中止审理的一般情形与例外

——广东省美的制冷设备有限公司与宁波市奥克斯空调有限公司、深圳市佳新源机电设备有限公司实用新型专利侵权纠纷案*

【本案看点】

人民法院受理的侵犯实用新型、外观设计专利权纠纷案件，被告在答辩期间内请求宣告该项专利权无效的，人民法院应当中止诉讼；但如果有证据证明涉案专利不存在导致其无效的事由或者被告足以证明其使用的技术已经成为公知的，人民法院也可以不中止诉讼

【相关法律法规】

《最高人民法院关于审理专利纠纷案件适用法律问题的若干规定（2015）》第 8 条至第 11 条

【案情介绍】

美的集团股份有限公司是全球领先的电器、空调、机器人及工业自动化系统科技集团企业，其在厨房家电、冰箱空调、工业自动化领域等具有领先的市场地位，旗下拥有美的、小天鹅、华凌、美芝等十余个品牌。

广东省美的制冷设备有限公司（下称美的公司）是美的集团股份有限公

---

* 〔2016〕粤民终 722 号。

司旗下一家主要负责家用、商用空调和大型中央空调开发、生产、营销、服务的企业。

2013 年，美的公司首创一种双贯流风道技术，将传统离心风轮变为挂机常用的贯流风轮，运用于柜机两侧，从而保持贯流风轮静音、节能的优势。2013 年 7 月 26 日，美的公司就该技术向国家知识产权局申请"双贯流风道结构及立式空调器室内机"实用新型专利（见图 22 - 1），该专利于 2014 年 1 月 22 日获得授权，专利号为 ZL201320452359.3。该技术应用于美的公司空调产品后获得良好的市场口碑，受到了消费者的一致认可。

宁波市奥克斯空调有限公司（下称奥克斯公司）同样是空调行业内领先的企业。2015 年，美的公司发现奥克斯公司未经其同意制造、销售、许诺销售的一款空调落入了其上述专利的保护范围，深圳市佳新源机电设备有限公司（下称佳新源公司）为奥克斯公司在深圳地区的代理商，亦未经其同意销售了该款空调，该两公司的行为侵犯了其专利权，严重影响了美的公司利益，遂将奥克斯公司和佳新源公司诉至深圳市中级人民法院，请求法院判令奥克斯公司停止侵权并赔偿其经济损失及为制止侵权所支付的合理费用 300 万元并判令佳新源公司停止侵权。

美的公司在本案主张保护的权利要求为权利要求 1 ~ 5 以及权利要求 10 中引用权利要求 1 ~ 5 的部分，具体内容包括以下几个方面。

权利要求 1 为一种双贯流风道结构，其特征在于包括一体成型的蜗壳组件和与所述蜗壳组件装配连接的盖板；所述蜗壳组件包括蜗壳本体；所述盖板包括后蜗舌部件；所述蜗壳本体的蜗壳面与所述盖板上的后蜗舌部件面处的风道切向过渡，且与蜗壳本体的蜗舌侧形成对称的风道。

权利要求 2 为根据权利要求 1 所述的双贯流风道结构，其特征在于所述盖板还包括设置在所述后蜗舌部件两端的固定架；所述后蜗舌部件通过所述固定架固定在所述蜗壳本体上，且所述后蜗舌部件与所述固定架一体成型。

权利要求 3 为根据权利要求 1 所述的双贯流风道结构，其特征在于所述蜗壳组件一体成型且对称设置；所述蜗壳组件还包括：分别设置在所述蜗壳本体顶部和底部的水平上支架和水平下支架；所述固定架与蜗壳本体对应的水平支架连接，所述蜗壳本体与所述盖板的结合面为平面；所述蜗壳本体与所述盖板结合装配后，两者之间形成用于穿过风机轴的通孔。

权利要求4为根据权利要求3所述的双贯流风道结构，其特征在于所述通孔由所述结合面分为两个对等的半圆构成。

权利要求5为根据权利要求1所述的双贯流风道结构，其特征在于所述蜗壳本体的中部表面设有凸筋；所述盖板底部对应位置设有U型槽；所述盖板安装在蜗壳本体上时；所述蜗壳本体的凸筋卡在所述盖板底部的U型槽内。

权利要求10为一种立式空调器室内机，包括竖直设置的双贯流风轮，在立式空调的后部或侧后部设置有进风口，在前部或者测前部设置有出风口，在双贯流风轮与进风口之间设置有换热器，其特征在于还包括权利要求1~5中任一所述双贯流风道结构；所述双贯流风道结构设置于所述换热器与出风口之间，形成送风通道。

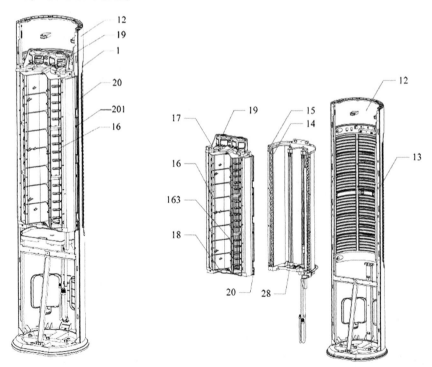

图22-1 "双贯流风道结构及立式空调室外机"专利一种实施例的立式空调及其分解结构

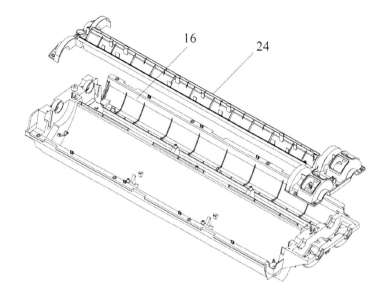

**图 22 - 2　"双贯流风道结构及立式空调室内机"专利一种
实施例中的蜗壳组件与盖板的装配结构分解示意图**

注：其中 16 即为权利要求 1 中一体化的蜗壳组件，24 为盖板

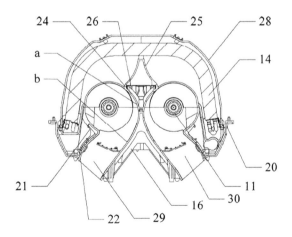

图 22 - 3　反映了蜗壳组件 16 与盖板 24 装配形成风道的示意图附图 1

注：字母 a 段为盖板 24 上后蜗舌部件的风道，字母 b 段为蜗壳组件 16
上的风道，a 段和 b 段按照权利要求 1 所述的切向的方式连接

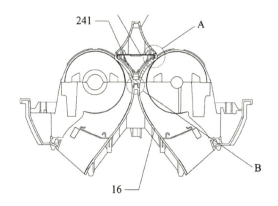

图 22 - 4　蜗壳组件与盖板的装配示意图

注：图中 B 蜗壳 16 与盖板 24 结合处即为权利要求 5 所述的蜗壳 16 凸筋、盖板 24U 型槽的设计

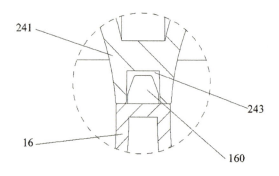

图 22 - 5　图 22 - 4 中 B 结构放大处

上述各图为涉案专利说明书附图中的内容。涉案专利要求保护的是一体化设计的双贯流风道结构。双贯流风道系统通常由左右蜗壳、蜗舌以及贯流风轮组成，而现有的双贯流风道系统通常采用左右蜗壳、左右蜗舌与后蜗舌结构分体设置的结构。这种分体结构会带来诸如装配效率低、连接部位风道偏差，从而影响风道的性能稳定性。而涉案专利采用了一体化设计的蜗壳组件 16（见图 22 - 2 至图 22 - 4），并由蜗壳组件 16 与盖板 24 装配形成风道。而为了保证蜗壳组件 16 与盖板 24 之间的装配效果，蜗壳本体 16 与盖板 24 连接形成风道的部分需要平滑的过渡（见图 22 - 3 中盖板 24 上字母 a 段与蜗

壳本体 16 上字母 b 段的连接为连续、平滑的连接）。盖板 24 与蜗壳组件 16 扣合的部分采用了 U 形槽设计）（见图 22 - 4 中的 B 结构及图 22 - 5）。

奥克斯公司在答辩期内针对涉案专利向国家知识产权局专利复审委员会提起了无效宣告请求，并向一审法院申请中止审理本案。美的公司提交了国家知识产权局出具的《实用新型专利权评价报告》，报告中的结论为：涉案 ZL201320452359.3 号实用新型专利权利要求 1 ~ 10 具备新颖性，2 ~ 9、10（引用权利要求 2 ~ 9 时）具备创造性，权利要求 1、10（引用权利要求 1 时）不具备创造性。

一审法院认为根据美的公司提交的《实用新型专利权评价报告》，美的公司在本案中主张权利的权利要求 2 ~ 5 以及权利要求 10 中引用权利要求 2 ~ 5 的部分未发现有无效的事由，故未裁定中止审理本案。

后一审法院作出判决，认定奥克斯公司构成对美的公司专利的侵权，判决其停止侵权并赔偿美的公司人民币 100 万元。

奥克斯公司不服该一审判决，上诉至广东省高级人民法院。

【案件聚焦】

本案系侵害实用新型专利权纠纷。二审的争议焦点包括两方面：一是本案是否应中止审理；二是被控侵权产品是否落入涉案专利的权利保护范围。

对上述争议焦点，奥克斯公司的主要观点包括以下几个方面。

（1）涉案专利为实用新型专利，由于其没有经过实质审查，无法确定其是否符合《专利法》第 22 条关于新颖性和创造性的规定，且目前已针对涉案专利向国家知识产权局专利复审委提出专利无效宣告申请，故本案应中止审理，待专利复审委员会作出决定再予审理并作出判决。另外，涉案专利在另案中被广东省佛山市顺德区人民法院查封，因此，本案也应当中止审理。

（2）被控侵权产品未落入涉案专利保护范围，被控侵权产品与涉案专利存在以下区别：

①被控侵权产品的蜗壳本体的蜗壳面与后蜗舌部件面处的风道是圆弧过

渡，而涉案专利则要求"所述蜗壳本体的蜗壳面与所述盖板上的后蜗舌部件面处的风道切向过渡"，圆弧过渡与切向过渡不同。

②被控侵权产品是在蜗壳本体中部表面设有 U 型槽，在盖板底部对应位置设有凸筋，盖板底部的凸筋卡在蜗壳本体的 U 型槽内；而涉案专利权利要求 5U 型槽设置在盖板上，对应的凸筋则设置在蜗壳本体上，是由蜗壳本体的凸筋卡在所述盖板底部的 U 型槽内。因此，被控侵权产品与涉案专利相比，两者在 U 型槽和凸筋的设置上位置相反，两者不属于等同技术特征。

③被控侵权产品的蜗壳组件外侧部分不对称，而涉案专利权利要求 1 则要求左右风道对称。

【裁判定夺】

广东省高级人民法院在二审中针对焦点问题，作出以下几个方面认定。

（一）关于本案是否应中止审理的问题

根据《最高人民法院关于审理专利纠纷案件适用法律问题的若干规定（2015）》第 9 条的规定，人民法院受理侵犯实用新型、外观设计专利权纠纷案件，被告在答辩期间内请求宣告该项专利权无效，但原告出具的检索报告或者专利权评价报告未发现导致实用新型或者外观设计专利权无效的事由的，或者存在人民法院认为不应当中止诉讼的情形的，人民法院可以不中止诉讼。本案中，奥克斯公司虽然在原审答辩期间内请求宣告涉案专利无效，但是美的公司向原审法院提交了国家知识产权局作出的涉案专利权评价报告，结合涉案专利尚未被宣告无效的情况，本案可不予中止审理。

至于奥克斯公司关于涉案专利在另案中被广东省佛山市顺德区人民法院查封，本案应当中止审理的主张，本院经审理查明，该案系买卖合同纠纷，上述查封行为不影响本案纠纷的实体处理，奥克斯公司该主张亦欠缺法律依据，本院不予支持。

（二）关于被控侵权产品是否落入涉案专利权利保护范围的问题

奥克斯抗辩认为被控侵权产品与涉案专利存在以下几点区别技术特征。

（1）关于"切向过渡"的认定问题。《中华人民共和国专利法》（下称《专利法》）第 59 条第 1 款规定，发明或者实用新型专利权的保护范围以其权利要求的内容为准，说明书及附图可以用于解释权利要求的内容。《最高人民法院关于审理侵犯专利权纠纷案件应用法律若干问题的解释》第 2 条规定："人民法院应当根据权利要求的记载，结合本领域普通技术人员阅读说明书及附图后对权利要求的解释，确定专利法第五十九条第一款规定的权利要求的内容。"据此，涉案专利权利要求的内容没有对"切向过渡"进行具体解释，应当结合本领域普通技术人员阅读说明书及附图后进行解释。首先，结合涉案专利说明书附图可以看出，蜗壳本体的蜗壳面与后蜗壳部件面所处的风道均呈圆弧状平滑过渡。其次，美的公司提交的实用新型专利权评价报告中，国家知识产权局也认为"对比文件蜗壳上部与凸起下部（相当于权利要求 1 中的后蜗舌部件）平滑过渡连接相当于权利要求 1 中的蜗壳本体的蜗壳面与所述盖板上的后蜗舌部件面处的风道切向过渡"，即认同"切向过渡"是"平滑过渡"。最后，奥克斯公司向国家知识产权局提起针对涉案专利的无效宣告请求补充意见中亦主张对比文件中附图所示的"圆弧状平滑过渡"即对应涉案专利的"切向过渡"。综上，涉案专利权利要求 1 中所述"切向过渡"在本领域普通技术人员看来，应理解为圆弧过渡或者平滑过渡。

二审庭审中，经当庭拆解被控侵权产品，亦可看出被控侵权产品的蜗壳本体的蜗壳面与盖板上的后蜗舌部件面处的风道圆弧过渡，与涉案专利相对应的技术特征相同。因此，原审法院关于切向过渡即圆弧过渡的认定并无不妥。

（2）关于被控侵权产品是否采用了涉案专利权利要求 5 中所述的技术方案的问题。二审庭审中，经当庭拆解被控侵权产品进行比对，可见被控侵权产品 U 型槽和凸筋的设置，与涉案专利权利要求 5 中的技术方案相比，对凸筋和 U 型槽位置进行了对换。实际上被控侵权产品的这一设计同样解决的是蜗壳本体与盖板装配连接的问题，系与涉案专利权利要求记载的技术特征以基本相同的手段，实现基本相同的功能，达到基本相同的效果，并且本领域普通技术人员在被诉侵权行为发生时无须经过创造性劳动就能够联想到的特征。因此，原审法院认定被控侵权产品与涉案专利在这一区别特征上构成等同，并无不妥。

（3）关于蜗壳组件及风道是否对称的问题。原审法院庭审时比对被控侵权产品与涉案专利查明，被控侵权产品的蜗壳组件并不完全对称，具体为蜗壳组件的左右蜗舌的外侧部分不完全对称。根据涉案专利权利说明书的记载，涉案专利通过蜗壳组件的一体成型且对称设置达到解决左右贯流风道的对称性问题，以保证风道的性能稳定和提高出风效果。控侵权产品蜗壳组件的左右蜗舌的外侧部分虽然不完全对称，但该部分并非风道的组成部分，实际上被控侵权产品亦通过中间蜗壳面部分及其左右两侧的蜗舌部分对称设置围成对称的风道，系与涉案专利权利要求记载的技术特征以基本相同的手段，实现基本相同的功能，达到基本相同的效果，并且本领域普通技术人员在被诉侵权行为发生时无须经过创造性劳动就能够联想到的特征。原审法院关于被控侵权产品的相应技术特征与涉案专利权利要求 3 中的"所述蜗壳组件一体成型且对称设置"技术特征构成等同的认定并无不妥。

因此，综上，一审法院关于被控侵权产品是否落入涉案专利权保护范围内的内容正确，奥克斯公司的上诉理由不成立。

二审法院最终在〔2016〕粤民终 722 号判决中判决驳回上诉，维持原判。

【代理律师说】

（一）本案是否应当中止审理

根据《最高人民法院关于审理专利纠纷案件适用法律问题的若干规定（2015）》的相关规定，在专利侵权民事纠纷中，被告对涉案专利提起了无效宣告程序，如果涉案专利为实用新型或者外观设计的，原则上侵权诉讼应当中止审理，而涉案专利若是发明专利的，人民法院可以不中止审理。

之所以有上述区别，是因为实用新型专利、外观设计专利与发明专利之间的专利稳定性的不同。实用新型专利与外观设计专利的授权标准较低，并且不需要经过实质审查，其稳定性较差，一旦进入无效宣告程序，专利保护范围就将处于不确定的状态。而发明专利的授权标准则较高，同时还经过了国家知识产权局专利审查部门的实质审查，具有较高的稳定性。出于避免司法资源的浪费的目的，相关司法解释就规定对于实用新型专利及外观设计专利应当中止诉讼，而发明专利可以不中止诉讼。

上述原则也存在例外的情况，根据相关司法解释，对于侵犯实用新型、外观设计专利纠纷，如果存在下面情况的，可以不中止诉讼：（1）原告出具的检索报告或者专利权评价报告未发现导致实用新型或者外观设计专利权无效的事由的；（2）被告提供的证据足以证明其使用的技术已经公知的；（3）被告请求宣告该项专利权无效所提供的证据或者依据的理由明显不充分的；（4）涉案专利存在在先的无效宣告请求，并且复审委员会审查维持涉案专利有效；（5）人民法院认为不应当中止诉讼的其他情形。

同样，对于侵犯发明专利权纠纷，如果人民法院认为涉案专利被宣告无效的可能性极大，也可以中止审理。

本案中，美的公司已经向法院提交了国家知识产权局于2015年4月1日就涉案专利出具的《实用新型专利权评价报告》，结论为：涉案ZL201320452359.3号实用新型专利权利要求1~10具备新颖性，2~9、10（引用权利要求2~9时）具备创造性，权利要求1、10（引用权利要求1时）不具备创造性。

而美的公司主张保护的权利要求为权利要求1~5及引用权利要求1~5的权利要求10。根据美的公司所提交的评价报告，权利要求2~5及权利要求10（引用权利要求2~9时）不存在导致其无效的事由。一审法院初步判断被控侵权产品不仅存在落入权利要求1及引用权利要求1的权利要求10的可能，同时也有极大可能落入权利要求2~5及引用权利要求2~5权利要求10。故一审法院认为本案没有中止审理的必要。

因此，建议在专利侵权诉讼中，尽量只选择《专利权评价报告》中未显示授权缺陷的权利要求作为保护范围。除非专利权人认为用该保护范围主张侵权没有很大把握，那么需要冒着案件被中止审理的风险选择《专利权评价报告》中显示有缺陷的权利要求一并主张保护。

除了对涉案专利提起无效宣告请求外，奥克斯公司还以涉案专利因美的公司与案外人因经济纠纷被广东省佛山市顺德区人民法院查封为由，申请法院中止本案审理。

根据《最高人民法院关于审理专利纠纷案件适用法律问题的若干规定》第13条的规定，人民法院对专利权进行保全，应当向国务院专利行政部门发出协助执行通知书，载明要求协助执行的事项，以及对专利权保全的期限，并附人民法院作出的裁定书。因此，专利权可以作为财产保全的标的被查封，查封期间中止该专利有关程序。而《专利审查指南》第5部分第7章第7.2节对"中止的范围"作出了具体规定，即对于已经授权的专利而言，可以中止的"有关程序"包括：暂停专利权无效宣告程序、停止办理放弃专利权、权利转移等直接涉及权利丧失或者转移的手续，停止作出专利权终止等与执行调处结论或者判决直接有关的通知或者决定，停止专利权人的姓名或者名称的变更，停止全部无效宣告请求审查程序。

由此可知，专利被查封不会影响专利的权利状态。

《中华人民共和国民事诉讼法》（下称《民事诉讼法》）第150条规定："有下列情形之一的，中止诉讼……（五）本案必须以另一案的审理结果为依据，而另一案尚未审结的……"

既然专利被查封不会影响专利权的权利状态，那么本案的审理就不以美的公司与案外人因经济纠纷案的审理结果为依据，因此，本案不适用上述《民事诉讼法》第150条有关中止诉讼的规定，即涉案专利被广东省佛山市顺德区人民法院查封与本案无关联性，不影响美的公司依据该专利进行诉讼。

（二）本案所涉的技术问题

本案中，双方当事人对被控侵权产品是否落入涉案专利的保护范围主要存在三点争议。

1. 涉案专利中的"切向过渡"是否为指"圆弧状平滑过渡"

《北京市高级人民法院专利侵权判定指南》第11条规定，对权利要求的解释，包括澄清、弥补和特定情况下的修正三种形式，即当权利要求中的技术特征所表达的技术内容不清楚时，澄清该技术特征的含义；当权利要求中的技术特征在理解上存在缺陷时，弥补该技术特征的不足；当权利要求中的技术特征之间存在矛盾等特定情况时，修正该技术特征的含义。《专利法》第 59 条第 1 款规定："发明或者实用新型专利权的保护范围以其权利要求的内容为准，说明书及附图可以用于解释权利要求的内容。"《最高人民法院关于审理侵犯专利权纠纷案件应用法律若干问题的解释》第 2 条规定："人民法院应当根据权利要求的记载，结合本领域普通技术人员阅读说明书及附图后对权利要求的解释，确定专利法第五十九条第一款规定的权利要求的内容。"

由于涉案专利权利要求的内容没有对"切向过渡"进行具体解释，而且"切向过渡"也并非具有通用含义的技术特征，因此，应当结合本领域普通技术人员阅读说明书及附图后对其进行解释。而从涉案专利说明书中记载的内容可以看出，蜗壳本体的蜗壳面与后蜗壳部件面所处的风道均呈圆弧状平滑过渡，并且被告在无效宣告请求中也是这样主张的，故从本领域普通技术人员的角度来看，涉案权利要求中的"切向过渡"解释为"圆弧状平滑过渡"并不存在障碍。

2. 被控侵权产品将凸筋和 U 型槽的位置进行了对换是否落入涉案专利的保护范围

根据《北京市高级人民法院专利侵权判定指南》的规定，技术特征是指权利要求所限定的技术方案中，能够相对独立地执行一定的技术功能，并能产生相对独立的技术效果的最小技术单元，在产品技术方案中，该技术单元一般是产品的部件和/或部件之间的连接关系。

涉案专利 U 型槽与凸筋中一个设置在蜗壳本体中部表面，另一个设置在盖板底部对应位置，实际上解决的都是蜗壳本体与盖板装配连接的问题，因此，上述三点可以理解为能够相对独立地执行一定的技术功能，并能产生相对独立的技术效果的最小技术单元，可以作为一个技术特征来进行比对。

因此，虽然被控侵权产品将凸筋和 U 型槽的位置进行了对换。但无论是将 U 型槽与凸筋中的哪一个设置在蜗壳本体中部表面，都是以基本相同的手段，实现基本相同的功能，达到基本相同的效果，是本领域普通技术人员在被诉侵权行为发生时无须经过创造性劳动就能够联想到的特征。

3. 被控侵权产品的蜗壳组件并不完全对称是否落入涉案专利保护范围

本案被控侵权产品的蜗壳组件并不完全对称，具体为蜗壳组件的左右蜗舌的外侧部分不完全对称。从涉案专利的说明书记载可知，涉案专利中的"蜗壳组件一体成型且对称设置"，是指蜗壳组件与盖板配装形成的风道具有左右对称性，从而保证系统的稳定以及提高出风效果。对涉案专利而言，蜗壳外侧的部分具有对称性无法解决其在说明书中所记载的技术问题。被控侵权产品蜗壳组件的左右蜗舌的外侧部分虽然不完全对称，但该部分并非风道的组成部分，这种不完全对称设置并未带来有益技术效果，实际上被控侵权产品亦通过中间蜗壳面部分及其左右两侧的蜗舌部分对称设置围成对称的风道。因此，被控侵权产品在蜗壳外侧部分具有不完全对称性并不会造成被控侵权产品与涉案专利产生实质性区别，两者构成等同技术特征。

二十三、专利侵权案件中证据保全的重要性

——佛山市智腾家居用品有限公司与东莞市秋天塑胶材料有限公司、深圳市飞霖实业有限公司侵犯发明专利权纠纷案与专利无效行政纠纷案*

【本案看点】

在专利侵权案件中可以有效地使用证据保全制度，对被诉侵权产品进行证据保全，从而顺利推进案件进展

【相关法律法规】

《中华人民共和国民事诉讼法》第 81 条，《中华人民共和国专利法》第 67 条

【案情介绍】

东莞市秋天塑胶材料有限公司（下称秋天公司）是一家主要从事塑料制品生产销售的企业。秋天公司从权利人王晓梅处取得专利号为 200410015453.8、名称为"塑料网布的制造方法"发明专利的独占实施许可。涉案专利的申请日为 2004 年 2 月 23 日，授权公告日为 2006 年 3 月 22 日。

---

* 〔2011〕民提字第 265 号及〔2010〕高行终字第 366 号。

佛山市智腾家居用品有限公司（下称智腾公司）是广东省佛山市本地一家从事家居塑料制品及家居五金制品生产与销售的企业。深圳市飞霖实业有限公司（下称飞霖公司）则是一家从事国内贸易的企业。

秋天公司认为智腾公司使用了与涉案专利相同的方法制造了塑料网布，并将该被诉侵权产品销售给飞霖公司，飞霖公司进一步销售了从智腾公司处取得的被诉侵权产品，智腾公司与飞霖公司的上述行为已经构成了对秋天公司专利权的侵害。2009年1月，秋天公司将二被告诉至广东省深圳市中级人民法院，要求二被告停止侵权，同时要求智腾公司赔偿秋天公司经济损失50万元及诉讼合理开支5.23万元。

秋天公司在本案中主张保护的是涉案专利权利要求1，权利要求1一种塑料网布的制造方法，包括网布2在料槽3内涂塑、经过风机4吹穿网孔、刮刀5进行刮浆及烘炉6烘干，其特征在于：所述刮刀5位于风机4的风口41垂直正下方网布2同时进行风机4吹穿网孔和刮刀5刮浆。

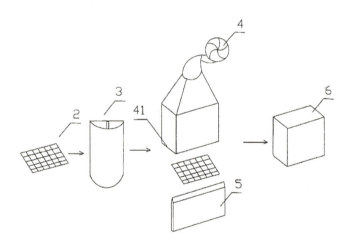

图23-1 "塑料网布的制造方法"专利附图

在一审审理过程中，一审法院根据秋天公司提出的证据保全申请作出裁定，对智腾公司涉嫌侵权的塑料网布工作流程及方法进行了现场拍照保全的证据保全。智腾公司在证据保全之后调整了其生产设备中刮刀与风口之间的位置关系，并在庭审中主张涉案专利限定了刮刀位于风口正下方，而其所使用的生产方法刮刀与风口之间有间距，刮刀在前，风口在后，刮刀不是位于风机的风口垂直正下方，因此不落入涉案专利的保护范围。一审法院根据证据保全所固定的照片进行技术比对，认为智腾公司辩称"刮刀不是位于风机的风口垂直正下方"，与事实不符，被控侵权方法完全覆盖了本案发明专利独立权利要求1所包含的必要技术特征，落入了本案专利独立权利要求1的保护范围。遂判决两被告停止侵权、智腾公司赔偿秋天公司经济损失30万元。

智腾公司不服一审判决，向广东省高级人民法院提起上诉，同时以保全时拍摄的平面照片无法看出刮刀和风机风口的位置关系、一审法院对此认定存在错误为由，向二审法院申请现场勘验。二审法院于2010年8月9日进行了勘验。在勘验中，智腾公司主张，其生产设备的刮刀是一个长条形状的金属块，风是从上面长条形的金属槽往下吹，先进行刮浆操作后进行吹穿孔洞的操作，与涉案专利所限定的吹穿孔洞与刮浆操作同时进行的步骤不同。二审法院认为，刮刀的位置应当以一审证据保全照片为准，而从一审证据保全的照片可以清晰地看到，智腾公司刮刀位于风机风口的垂直正下方。因此，智腾公司提出的被诉侵权刮刀并非位于风机的风口垂直正下方，被诉方法未落入本案专利权保护范围的上诉理由不成立，不予支持。二审法院最终判决维持一审判决。

智腾公司依旧不服二审判决，向最高人民法院申请再审。最高人民法院于2011年4月21日作出裁定决定提审本案。

【案件聚焦】

本案在三级法院审理过程中的主要争议焦点为智腾公司所使用的生产塑料网布的方法刮刀与风口之间的位置关系如何。根据涉案方法专利授权文本记载的内容，涉案专利所要求保护的方法为刮刀位于风机的风口垂直正下方，从而使网布可以同时进行风机吹穿网孔和刮刀刮浆。

智腾公司再审中认为，首先，从一审法院证据保全所拍照片可以看出，被诉侵权技术方案的刮刀位于风口之前；其次，从被诉侵权技术方案的技术目的、效果来看，智腾公司生产的产品是一种防滑垫，制造工艺是刮刀设于风口前下方，先刮浆再进行风机吹穿网孔。刮刀先把网布涂浆后的大部分多余浆料刮除再进行吹穿网孔，网布表面会因吹穿网孔而留下浆料，在网布底部呈现凹凸不平点，从而增加摩擦力，得到合格的防滑垫。而根据涉案专利说明书记载，涉案专利同时对网布上的塑料膜进行上面吹风及下面刮刀的操作，从而可以在未硬化前就及时被刮刀刮掉，使所制得的塑料网布表面平整，手感丰满，没有凹凸的塑料块形成。为了实现表面平整的塑料网布这一发明目的，本案专利的刮刀必须设在风口的垂直正下方位置，必须同时进行风机吹穿网孔和刮刀刮浆，而智腾公司所采用的生产工艺并非为了生产表面平整的塑料网布，因此必然不会采用涉案专利所记载的方法。

在再审中，智腾公司的委托代理人在一审证据保全的照片中对风口的位置作了指认，智腾公司称："风口位于风机底面的中部，而一审证据保全的照片无法看到，事实上风机底面中部焊有 V 形部件，风口位于该部件中间，因此，风口是位于风机底面的中部，并非靠近刮刀一侧。"

为查明事实，最高人民法院于 2012 年 2 月 7 日再一次组织现场勘验。最高人民法院审判人员在智腾公司的新厂区内，对智腾公司生产塑料网布的设备进行了调查。最高人民法院在调查中发现，智腾公司使用的设备与一审法院证据保全时的设备存在明显差异。智腾公司主张，证据保全照片中远离刮刀位置的另外两部件之间的缝隙是被诉方法中的出风口，否定了智腾公司申请再审提出的风口的最左侧是金属立柱的主张。同时，智腾公司的代理人则称其在 2012 年 2 月 2 日来新厂区时，发现其向法院提交的代理词中所主张的风口的位置是错误的。

【裁判定夺】

最高人民法院认为，证据保全是法院在起诉前或者在对证据进行调查前，依据申请人的申请或者当事人的请求以及依职权对可能灭失或者今后难以取得的证据予以固定和保存的行为。一审法院根据秋天公司的申请，依法进行了证据保全，对智腾公司的生产线、生产流程等拍摄了照片，智腾公司相关工作人员参加了证据保全过程。证据保全拍摄的照片真实反映了智腾公司的被诉方法，合法有效，应当予以采信。

智腾公司向法院申请再审时，主张从证据保全拍摄的照片可以清晰看出，被诉侵权技术方案的刮刀位于风口之前。在最高人民法院提审开庭时，智腾公司在证据保全的照片中对刮刀以及风口的位置进行了指认，但其所指认的风口明显无法与刮刀相配合，且风口并非一窄缝。此后，智腾公司在庭后提交的代理词中又主张，证据保全拍摄的照片无法看到风口，并提出了风口位于 V 形构件上的新主张。然而，在随后进行的勘验调查中，智腾公司主张的风口位置又与其在代理词中的主张不一致，也与其在申请再审以及一审、二审中的主张不一致。根据法院查明的事实，智腾公司在二审审理时对风口有明确的主张，即"风是从上面长条形的金属槽往下吹"。在一审、二审审理以及申请再审期间，智腾公司均没有对风口的位置提出异议，而是对刮刀的位置提出异议。智腾公司也从未就证据保全拍摄的照片中的风口提出异议。由于风口必须与风槽以及鼓风机进行配合，风口的位置是能够明确和予以固定的，而在本案的审理中，智腾公司对风口的位置出现了三种主张，且相互矛盾，智腾公司关于风口位置的辩解，难以令人信服。智腾公司在法院进行调查时，要求以证据保全照片中远离刮刀位置的另外两部件之间的缝隙作为风口，而该缝隙与风机、风槽以及刮刀的位置配合关系无证据对应，无法得出该缝隙是风口的结论。

智腾公司在明知本案已经提起了诉讼，法院正在审理的情况下，在一审法院证据保全后，尚未开庭前，就对刮刀的位置进行了调整。人民法院在智腾公司新厂区调查时，相关生产设备是整体搬迁而来，无法确认智腾公司所主张的风口、刮刀以及其他部件的位置是否与证据保全时相吻合。智腾公司在审理中对证据保全时拍摄的照片提出异议，主张该照片中没有反映出风口与刮刀及鼓风机的对应关系。由于智腾公司自己的行为使得证据灭失，造成其所主张的事实无相应证据证明，应当由智腾公司自己承担对其不利的法律后果。

一审和二审法院认定智腾公司的被诉方法中刮刀位于风机的风口垂直正下方并无不当。而对于智腾公司主张依据其生产的产品，能够推定被诉方法使用的刮刀位于风口前下方，是"先刮后吹"的申请再审理由，智腾公司对此没有提交证据证实，最高人民法院则对此主张不予支持。

最终，最高人民法院判决，维持二审判决。

【代理律师说】

（一）涉案专利技术特征解读

原告秋天公司在本案中要求保护的是涉案专利的权利要求 1，即一种塑料网布的制造方法。现有技术中对塑料网布的制造方法主要有两种，第一种为网状网布通过牵引依次进入料槽涂塑、通过轧辊去除多余的浆料、经过烘炉烘干，得到成品；第二种为网状网布通过牵引进入料槽涂塑、紧接着采用风机进行吹穿网孔，使得涂覆在网孔内的塑料膜被吹离网布，之后网布进入烘炉烘干，得到成品。上述两种方法制造的塑料网布存在很大的缺陷，第一种方法所得的网布表面的小孔涂覆一层塑料膜，根本没有形成孔，而第二种方法所得的塑料网布表面存在许多未被处理掉的塑料材料，形成凹凸不平的塑料块。因此，采用现有方法制造的塑料网布成品率很低、成本高；产品为外观不美观，凹凸不平的塑料网布。

为解决现有技术的不足，涉案专利采用了不同的制造塑料网布的方法。如图 23 -1 所示，图中的 2 为网布，涉案方法专利的步骤一为网布 2 进入内部盛放有一定浓度的塑料浆料的料槽 3，料槽 3 将网布 2 表面涂满塑料浆料。步骤二为网布 2 通过风机 4 以及刮刀 5，刮刀 5 在风机 4 的风口垂直正下方，风机 4 将网孔 2 上由塑料浆料形成的塑料膜吹离网布，在网布上与刮刀 5 同侧形成凹凸的塑料块，于是刮刀 5 可以同时将凹凸的塑料块刮掉。在步骤二之后，网布 2 在牵引作用下进入烘炉 6 进行烘干步骤三，烘炉 6 本身为该领域的常见设备，没有特殊要求。经过烘干的塑料网布塑料浆料牢固地附着在网布上，之后可以对得到的塑料网布进行其他的加工。

从上述涉案专利的发明内容来看，涉案方法专利的创造性在于同时由风机 4 及刮刀 5 对网布 2 进行吹穿网孔与刮浆操作的技术特征。浸渍有浆料的网布一侧受风机 4 的作用，网孔上的塑料膜倒向另一侧，又被另一侧的刮刀 5 及时刮掉，即在网布的行进过程中不断有塑料膜由于风机 4 的作用倒向刮刀一侧，被刮刀刮掉，使得网布表面网孔内不仅没有塑料膜，且网布表面也没有凹凸的塑料块。因此，涉案方法专利克服了现有技术在生产塑料网布时的不足，利用涉案方法专利所制得的塑料网布表面平整，外表美观，产品成品率高、成本低。

（二）智腾公司的被诉侵权产品是否采用了涉案专利的技术方案

本案的争议焦点为在被诉侵权技术方案中，刮刀的位置是位于风口正下方，还是位于风口之间。本案涉及的是方法专利的侵权，如前述所解读的涉案专利的技术特征，涉案方法专利的一个关键步骤在于同时进行刮刀刮浆与风机吹穿网孔的操作。智腾公司则在二审及再审时均主张，被诉侵权技术方案的刮刀并不出在风机风口正下方，因此不落入涉案专利的保护范围。

智腾公司的这一主张，首先，得不到证据保全的支持。正如最高人民法院在再审判决中阐述的，证据保全是对证据予以固定和保存的行为，在证据保全拍摄的照片真实反映了智腾公司的被诉方法且过程合法有效的情况下，应当予以采信。虽然智腾公司对证据保全时拍摄的照片提出异议，主张该照片中没有反映出风口与刮刀及鼓风机的对应关系，但是智腾公司对其制造方式中风口与刮刀究竟是何种位置，未能给出合理的解释和证明。其在三级法院审理中，提出了前后不同的多种主张，并且相互矛盾。同时，智腾公司作为被控侵权技术方案的实施人，具有提供相应证据证实其主张的可能。但是由于智腾公司自己的行为使得证据灭失，造成其所主张的事实无相应证据证明，因此对于举证不利的后果，自然应当由智腾公司自己承担。其次，智腾公司还主张依据其生产的产品主要是防滑垫，而非表面光滑平整的塑料网布，因此能够推定被诉方法使用的刮刀位于风口前下方，是"先刮后吹"。对于智腾公司的上述主张，因为智腾公司未提交任何的证据予以证明，同时也与证据保全所固定的情况不相吻合，所以最高人民法院最终也未对此予以采信。

（三）证据保全在专利侵权案件中的重要作用

从本案可以看出证据保全在专利侵权案件中的重要性。根据《民事诉讼法》及《专利法》的相关规定，在证据可能灭失或者以后难以取得的情况下，当事人可以在诉讼过程中或在起诉前向人民法院申请保全证据。因此，依靠证据保全制度，当事人可以将证据固定下来，从而保证诉讼的正常进行。

在专利侵权案件中，必然会涉及的问题是将被控侵权产品与涉案专利进行侵权比对，以确定被控侵权产品是否落入涉案专利的保护范围。这一对比过程就非常依赖于被控侵权产品的实物。在被控侵权产品属于市场上容易购买到的产品时，提供被控侵权产品实物的举证责任自然在权利人。但是，当涉及方法发明、大型设备等情况时，让权利人自己去证明被告使用了涉案专利的方法或者获取被控侵权产品的实物就给权利人苛以过高的责任。因为，在这种情况，被控侵权产品的实物或者被控侵权产品的制造方法处于被告的控制之下，被控可以轻而易举地对被控侵权产品或相应的工艺方法等作出改变。如本案中智腾公司，就在应诉之后立即改变其刮刀与风口的相对位置，并且不承认其在此之前所采用的技术方案。此时，若没有证据保全措施的协助，法院就可能无法查明案件事实，权利人也将无法维护其合法权利。本案中，最高人民法院综合听取双方当事人的陈述意见，并多次前往被告智腾公司的经营场所进行现场勘验。在发现现场勘验所反映的相关情况与证据保全所固定的不一致时，最高人民法院最终以证据保全所固定的内容确定被控侵权制造工艺的技术特征，并以此为依据认定被告智腾公司构成对秋天公司专利权的侵权。

二十四、我国行政保护与司法保护
双轨制的专利保护制度

——东莞市广宇电子实业有限公司与
广东省知识产权局专利侵权
处理行政纠纷案[*]

【本案看点】

在我国，知识产权保护采用特色的行政保护和司法保护双轨制，专利权人如认为其专利权受到侵害，除了可以向法院起诉外，也可以要求专利管理部门进行处理

【相关法律法规】

《中华人民共和国专利法（1984）》第60条，《中华人民共和国专利法（2000）》第57条

【案情介绍】

东莞市广宇电子实业有限公司（下称广宇公司）于1998年3月31日向国家知识产权局申请了一件名称为"具有双紧固圈和双夹片结构的表

---

[*] 〔2017〕穗中法行初字第21号。

芯"的实用新型专利。涉案专利于 1999 年 6 月 30 日获得授权，专利号为 ZL98233918.6。

涉案专利的授权文本的权利要求 1 为一种具有双紧固圈和双夹片结构的表芯，包括由主夹板 6 和上夹板 2 构成的机架，由定子、铁芯、线圈和转子 3 组成的步进电机 1，由传动轮 4，秒轮 8，过轮 10，分轮 7 和跨轮 11 组成的齿轮减速机构，电子控制器，调时（拨针）机构和电池仓，其特征在于步进电机固定在机架的一侧，由主夹板的两根定位柱提供定位，在两定位柱的上端用两个紧固圈 18 来压紧，由不锈钢制作的上下夹片即正极片 5 和压片 17 分别被铆于机架的上下两面，上夹片上还设置了几个勾爪结构。

根据涉案专利对背景技术的描述，传统工艺的表芯其步进电机通常采用螺钉加垫的固定方式，如图 24-1 所示。

图 24-1 中步进电机的铁芯 3 通过螺钉 2 的压力实现与其他结构的严密接触。在这种传统工艺下，表芯内部的零件较多，机架的加工工艺较为复杂。

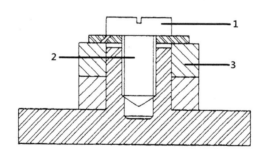

图 24-1　传统工艺的表芯及其步进电机采用的螺钉加垫固定方式示意

而涉案专利则是对表芯内部结构的工艺做了一个改善。如图 24-2、图 24-3、图 24-4 所示。

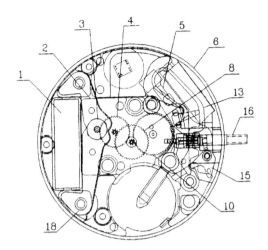

图 24 – 2 "具有双紧固圈和双夹片结构的表芯"专利附图 1

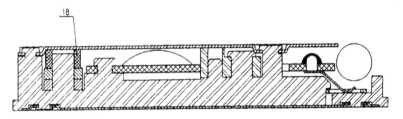

图 24 – 3 "具有双紧固圈和双夹片结构的表芯"专利附图 2

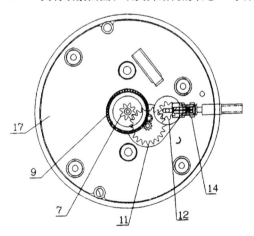

图 24 – 4 "具有双紧固圈和双夹片结构的表芯"专利附图 3

图 24-2、图 24-3、图 24-4 是涉案专利的主视图、后视图及一个剖面图。图中 1 为步进电机,涉案专利采用两根定位柱对步进电机 1 进行限位,而两根定位柱上端则都设置了紧固圈 18。紧固圈 18 实现对步进电机整体的压紧,消除了定子片与铁芯之间的微小间隙,又不至于过多的占用表芯内部的空间。

同时,涉案专利的整个机架上下两面分别铆接设置了一个正极片 5 及压片 17 作为上下夹片,以从整体上增加表芯塑料机架的抗变形能力。

2006 年 9 月 1 日,广宇公司认为深圳市精瑞机芯有限公司(下称精瑞公司)制造的表芯使用了涉案专利的技术方案,因此向广东省知识产权局请求处理精瑞公司侵犯其专利权一事,请求广东省知识产权局责令精瑞公司停止侵权并赔偿损失。

广东省知识产权于 2006 年 9 月 25 日对广宇公司的请求予以立案,并书面通知了广宇公司和精瑞公司。同日,广东省知识产权局的执法人员到精瑞公司的经营场所进行现场勘验检查并拍照,发现精瑞公司正在制造被控产品 T118 表芯,目前库存该表芯 39 692 只、专用模具(塑料件)13 套,已销售该表芯 5 752 796 只。广东省知识产权局执法人员提取了该被控侵权产品的样品共 2 只,并制作了现场调查笔录。2006 年 10 月 10 日及 2007 年 1 月 15 日广东省知识产权局两次开庭审理了该纠纷。2007 年 3 月 28 日,广东省知识产权局委托国家知识产权局专利复审委员会对精瑞公司制造的 T118 表芯是否落入 ZL98233918.6 号专利的保护范围进行技术鉴定,并提供以下资料、实物:①专利权人向广东省知识产权局提交的"专利侵权陈述";②精瑞公司向广东省知识产权局提交的答辩意见;③9 月 25 日从精瑞公司经营场所现场提取的表芯两件。2007 年 4 月 18 日,国家知识产权局专利复审委员会作出专利技术咨询意见书,出具咨询意见为:精瑞公司制造的 T118 表芯未落入 ZL98233918.6 号专利的保护范围。

据此,2007 年 5 月 29 日,广东省知识产权局作出粤知法处字〔2006〕第 32 号专利纠纷处理决定书。该决定书认为:"请求人的 ZL98233918.6 号专利权真实有效，应当受到法律保护。实用新型专利权的保护范围以其权利要求的内容为准，说明书及附图可以用于解释权利要求。但是，被控表芯与本案实用新型专利既不相同也不等同，没有落入该实用新型专利权的保护范围。被请求人制造、销售与本案实用新型专利既不相同也不等同的产品，没有构成侵犯专利权，不应承担法律责任。根据《专利法》第 56 条第 1 款、第 57 条第 1 款和《专利行政执法办法》第 13 条规定，作出处理决定如下：驳回请求人东莞广宇电子有限公司的处理请求。"

该决定书分别于 2007 年 6 月 11 日及 6 月 4 日送达广宇公司及精瑞公司。广宇公司在收到该决定书后不服，遂起诉至广东省广州市中级人民法院，请求撤销粤知法处字〔2006〕第 32 号专利纠纷处理决定书。

【案件聚焦】

本案的争议焦点在于，广东省知识产权局作出的粤知法处字〔2006〕第 32 号专利纠纷处理决定书对事实认定是否正确以及其行政行为是否违法。

广宇公司认为，精瑞公司制造的被控侵权产品已经全部落入了涉案专利的保护范围，广东省知识产权局作出的粤知法处字〔2006〕第 32 号专利纠纷处理决定书对此没有作出正确的认定，因此其行政行为违法。

广东省知识产权局答辩认为，其作出的粤知法处字〔2006〕第 32 号专利纠纷处理决定书，是经过立案、现场检查、勘验、审理，并对被控侵权产品表芯与涉案专利进行了全面的分析比较，按照专利侵权的判定原则，依据相关法律法规作出的，该决定书认定的事实清楚、证据确凿、程序合法、适用法律正确，其行政行为合法。

本案第三人精瑞公司答辩认为，被控侵权产品缺少涉案专利的必要技术特征，是与涉案专利权利要求 1 完全不同的技术方案，因此未落入涉案专利的保护范围。对此广东省知识产权局作出的粤知法处字〔2006〕第 32 号专利纠纷处理决定书正确，应当予以维持。

【裁判定夺】

广东省广州市中级人民法院对被诉行政行为涉及的实体问题进行了审理，认为被控侵权产品的机架的下表面不具有下夹片的设计，被控侵权产品的下表面中心处有一个带有中心孔的金属圆片，半径约为机架下表面的 1/3，表芯指针的轴穿过该金属圆片的中心孔，金属圆片通过分布其外缘的三个小孔铆接于机架下表面。该金属圆片材质较软，无法与机架上表面的不锈钢片一起起到加持作用。同时，该金属圆片的主要功能是挡住时轮，防止该时轮从机架中掉落，而非涉案专利中的下夹片与上夹片的夹持所形成的抗变形功能。

由此可见，被控侵权表芯的金属圆片与涉案专利的下夹片在材质、结构、功能上均存在本质差别。即两者没有采用基本相同的方式，没有实现基本相同的功能，没有产生基本相同的效果，因而被控侵权表芯的金属圆片与涉案专利的"下夹片"的特征不相同，也不等同。

由于被控侵权产品不具有涉案专利权利要求 1 中所记载的下夹片的技术特征，因此被控侵权产品未包含涉案专利权利要求书中记载的所有必要技术特征，被控侵权产品与涉案专利相比，既不相同也不等同，属于不同的技术方案，被控侵权产品没有落入涉案专利的保护范围。

基于上述事实，广东省知识产权局作出的被诉行政决定正确。

最终，广东省广州市中级人民法院判决维持广东省知识产权局于 2007 年 5 月 29 日作出的粤知法处字〔2006〕第 32 号专利纠纷案件处理决定。

【代理律师说】

本案是一起对专利管理部门的专利侵权行政处理决定不服而提起的行政纠纷诉讼。

在我国，知识产权保护采用特色的行政保护和司法保护双轨制，专利权人如认为其专利权受到侵害，除了可以向法院起诉外，也可以要求专利管理部门进行处理。

行政和司法双轨制的制度设计，由 1984 年的第一部专利法所确定一直沿袭至今。1984 年《中华人民共和国专利法》（下称《专利法》）第 60 条第 1 款规定："对未经专利权人许可，实施其专利的侵权行为，专利权人或者利害关系人可以请求专利管理机关进行处理，也可以直接向人民法院起诉。专利管理机关处理的时候，有权责令侵权人停止侵权行为，并赔偿损失；当事人不服的，可以在收到通知之日起三个月内向人民法院起诉；期满不起诉又不履行的，专利管理机关可以请求人民法院强制执行。"

在专利行政保护制度的早期，专利管理部门在处理专利侵权纠纷时除了可以责令侵权人停止侵权外，还可以责令要求赔偿损失。

随着 2000 年专利法第二次修正，专利管理部门对专利侵权纠纷不再有决定赔偿额的权力，《专利法（2000）》第 57 条第 1 款规定："未经专利权人许可，实施其专利，即侵犯其专利权，引起纠纷的，由当事人协商解决；不愿协商或者协商不成的，专利权人或者利害关系人可以向人民法院起诉，也可以请求管理专利工作的部门处理。管理专利工作的部门处理时，认定侵权行为成立的，可以责令侵权人立即停止侵权行为，当事人不服的，可以自收到处理通知之日起十五日内依照《中华人民共和国行政诉讼法》向人民法院起诉；侵权人期满不起诉又不停止侵权行为的，管理专利工作的部门可以申请人民法院强制执行。进行处理的管理专利工作的部门应当事人的请求，可以就侵犯专利权的赔偿数额进行调解；调解不成的，当事人可以依照《中华人民共和国民事诉讼法》向人民法院起诉。"因此，在 2000 年专利法正式修正后，专利管理部门对专利侵权纠纷只有责令停止侵权行为的权力，而对赔偿额，专利管理部门只能进行调解而不具有直接作出责令赔偿的权力。

而我国之所以采取专利保护两轨制，一方面跟我国行政机关较为强势有关，另一方面是出于对专利侵权纠纷特殊性的考量。由于知识产权侵权案件情况特殊，其认定和裁定都有较高的技术门槛，而当时的司法系统明显没有成熟到可以像处理民事案件一样处理这类案件的程度。反之，曾经存在一些理论还认为专利本身就是行政的产物，在这种观念下，专利权本身不是单纯一种私权和绝对的不可侵犯，反而是有条件地由行政机关对利益进行分配和平衡。这一点不光在我国，其他包括墨西哥等也都存在行政处理的情况。另外，专利侵权纠纷必然会涉及技术事实的问题，因此就要求对专利纠纷作出居中裁断的人除了要对专利法律制度本身了然于胸外，还必须可以理解技术问题，否则就无法判断被控侵权行为是否落入专利保护范围。也就是说，处理专利侵权，除了要求有较高的法律素养外还必须具备一定的技术背景，否则将无法正确对专利侵权纠纷作出裁断。而在专利制度建立的早期，我国的司法审判人员大部分是不具备这种能力的，因此就需要由专利管理部门承担处理部分专利侵权纠纷的职能。

从双轨制的现实运行来看，在专利制度建立的早期，专利侵权纠纷的行政执法确实为专利权的保护作出了较大的贡献。

行政处理的优势在于以下几个方面。首先，行政处理的主要方式，包括侵权定性及居间调解，这两种方式在程序上都较为便捷，行政机构可灵活处理的地方有很多，因此总体上行政成本低于法院的司法成本。其次，与侧重于对抗的司法程序不同，行政审查和处理更加侧重于单纯的程序定性，即使是口头审理，也更加侧重于对专利本身及行为本身的认定，而不是通过诉辩对抗来获得结果，这样的程序必然要比司法程序高效，考虑到知识产权侵权的损害结果扩散速度较快，由于行政裁决的高效性特点，可以更好地保护大多数被侵权人的合法权益，有利于市场的稳定。

但是，行政处理也存在局限性：一方面，行政处理不具有终局性，对于争议额度较高的案件，当事人往往不会满足于行政处理的处理结果，在行政处理结果出来后再诉诸法院，使得在大案中，行政纠纷解决更像是一种"行为保全措施"。同时，行政处理的案件得不到实际意义上的解决，如侵权不能判赔调节不执行也不能强制执行，最后案件还是要流入法院。因此，行政处理的所谓高效率荡然无存。另外在行政处理过程中，双方并没有一个像法庭一样的对抗平台，对整个案件事实的认识明显不利。另一方面，从本质上来讲，专利侵权纠纷属于民事纠纷，以行政干预民事纠纷有着天然的缺陷，一是我国行政机关的行政权缺乏监督，容易出现执法不公的情况，二是专利行政处理决定并非终局，通常会进入行政诉讼阶段，这就造成行政保护的整体成本高于司法保护。因此，从历年专利法的修订来看，专利管理部门的行政执法权都是在逐步缩减，比如前文所述的专利管理部门的赔偿决定权的取消。

同时，随着二十多年知识产权审判制度的建设，我国司法系统的知识产权审判能力已经日益增加。特别是近年来，专门知识产权法院以及各地跨区域管辖的知识产权法庭的建立，标志着我国知识产权司法审判人员对专利纠纷案件的处理能力已经完全不弱于甚至可能强于专利行政部门。

因此，随着我国知识产权司法审判体系的进一步建设，越来越多的当事人选择直接通过司法途径解决侵权纠纷。可以预见，专利行政保护在我国专利保护整体上占的比重将会越来越小。

当然，单纯地说侵权纠纷的行政处理利弊是片面的，行政侵权纠纷在特定的社会背景当中是要有其独特的模式和独特的地位。在学者文献的实证分析中显示，我国专利侵权案件的行政处理申请在逐年攀升，这样的情况说明此种解决方式仍然有很大的适用群体，并且在单纯地考虑专利侵权案件的情形下，较为简单的外观设计侵权案件的解决占比最高。从结果上看，专利侵权的行政处理对于解决相对较为简单的"大多数"的案件还是有充分的积极作用和实际效果的。

在专利行政处理中，当事人不服行政机关的处理决定，可以对此提起行政诉讼。对专利管理部门的专利侵权处理决定提起的诉讼，兼具了一般行政诉讼及专利侵权诉讼的特点。行政诉讼的特点体现在人民法院在这一类诉讼中，需要重点关注的是专利管理部门在作出相关的具体行政行为时，是否具有违法行为，如是否遵循了依法行政原则、听证原则、行政公开原则等。

但对专利管理部门的专利侵权处理决定提起的诉讼又不止局限于审查专利管理部门的具体行政行为程序是否合法，还需要对涉及的专利侵权纠纷这一实体问题进行实体审理。在本案中，人民法院实际上对精瑞公司制造的被控侵权产品是否落入广宇公司专利的保护范围又进行了一次实体上的审理，并得出了精瑞公司未侵犯广宇公司涉案专利的认定。在此认定的基础上，结合广东省知识产权局在作出具体决定时不存在程序违法的行为，人民法院判决维持粤知法处字〔2006〕第32号专利纠纷案件处理决定。

第七章 其他类知识产权纠纷

二十五、计算机软件的商业秘密保护

——深圳市迈瑞生物医疗电子股份有限公司与

深圳市科曼医疗设备有限公司

侵害商业秘密纠纷案[*]

【本案看点】

在我国，对计算机软件的司法保护可以通过多种路径实现，而不同的路径有着各自的优缺点和证明标准，权利人需要结合实际情况选择合适的主张方式。计算机软件类纠纷多涉及诸如代码、逻辑结构等技术事实，需要借助司法鉴定完成相关认定。在司法鉴定中，则需要配合鉴定机关对软件的编译工具、运行环境等进行及时的说明，以免承担举证不利的后果

【相关法律法规】

《中华人民共和国反不正当竞争法（1993）》第 10 条，《最高人民法院关于审理不正当竞争民事案件应用法律若干问题的解释（2007）》第 9 条至第 11 条、第 14 条、第 17 条，《中华人民共和国专利法（2009）》第 65 条

---

* 〔2014〕深中法知民初字第 377 号。

【案情介绍】

深圳迈瑞生物医疗电子股份有限公司（下称迈瑞公司）成立于1991年，是中国领先的高科技医疗设备研发制造厂商，其产品涵盖生命信息与支持、临床检验、数字超声、放射影像四大领域，在全球范围内享有极高声誉，在世界各地建立了强大的分销和服务网络，产品远销海内外。医疗监护仪产品一直是迈瑞公司一项重要的产品领域。

深圳市科曼医疗设备有限公司（下称科曼公司）同样也是一家主要从事医用设备开发与销售的科技型企业，其主打的多款医疗监护仪产品在国际国内市场均具有一定的影响力。

2001年6月至2005年3月，案外人杨某在迈瑞公司任职，担任技术开发人员。杨某与迈瑞公司之间签订有保密协议约定保密期为离职后的两年。杨某在迈瑞公司参与了用于医疗监护仪产品的计算机程序"PM－7000监护仪心电算法"的开发过程。2005年5月，杨某从迈瑞公司离职，进入科曼公司承担监护仪相关算法的技术开发工作。

2007年，迈瑞公司向公安机关报案，指控杨某离职后非法将其所掌握的"PM－7000医疗监护仪系统软件"相关商业秘密透露给科曼公司。公安机关在科曼公司办公场所将杨某逮捕，并从杨某住所的个人电脑中发现迈瑞公司的"PM－5000医疗监护仪系统软件"及"PM－7000医疗监护仪系统软件"的源程序。公诉机关遂对杨某提起公诉，人民法院审理该案后作出判决认定杨某构成对侵犯商业秘密罪，并判处有期徒刑1年。

2014年，迈瑞公司发现科曼公司制造、销售的多款监护仪系列产品的系统软件中使用了与"PM－7000医疗监护仪系统软件"相同或实质性相似的程序。迈瑞公司认为科曼公司在监护仪产品中所使用的系统软件，是从迈瑞公司的"PM－5000医疗监护仪系统软件"及"PM－7000医疗监护仪系统软件"改编而来。上述程序属于迈瑞公司的商业秘密，无法从反向工程得出，迈瑞公司也从未授权迈瑞公司使用这些监护仪心电算法源程序。科曼公司获得上述迈瑞公司商业秘密的途径是从杨某非法获得，侵犯了其商业秘密，遂向人民法院提起民事诉讼，要求科曼公司停止侵权并赔偿人民币 1500 万元。

迈瑞公司明确要求保护的商业秘密为"PM－7000 医疗监护仪系统软件"中的监护仪心电算法，具体的内容为该心电算法的代码包。监护仪心电算法是医疗监护仪程序的核心内容，直接决定了监护仪的质量，是迈瑞公司的核心商业秘密。

科曼公司则辩称，首先，迈瑞公司的商业秘密权不成立。迈瑞公司主张权利的心电算法不符合商业秘密的构成要件，不具有秘密性，因此迈瑞公司的商业秘密权不成立。其次，科曼公司并没有非法接触迈瑞公司商业秘密的行为，在杨某商业秘密罪的刑事案件中，公安机关未在科曼公司发现任何有关涉案商业秘密的资料，公诉机关也未对科曼公司提起公诉，迈瑞公司也未因杨某被抓起诉科曼公司。杨某刑期是 2007 年 3 月 15 日至 2008 年 3 月 14 日，在 2008 年 3 月 14 日之前，科曼一直没有机会接触杨某所掌握的商业秘密。而杨某的保密期为 2005 年 5 月至 2007 年 5 月，即自 2007 年 3 月 8 日之后，杨某不再对迈瑞公司附有保密义务，即在此之后即使科曼公司从杨某处获得任何技术资料也不属于侵犯迈瑞公司的商业秘密。综上所述，科曼公司并未非法接触迈瑞公司的商业秘密，迈瑞公司主张的侵权事实不存在。

由于双方对多个技术事实存在争议，如迈瑞公司主张权利的计算机软件程序是否具有秘密性，以及科曼公司是否使用了与迈瑞公司监护仪心电算法相似或实质相似的程序，法院决定对相关争议的技术问题进行司法鉴定。

基于鉴定的需要，迈瑞公司提交了"PM－7000 医疗监护仪系统软件"的源代码、该源代码运行后的目标代码以及公证购买的科曼公司 C80 型号多参数监护仪 1 台，科曼公司也提交了其用于自身监护仪产品的系统软件源代码。此外，人民法院还对科曼公司的 STAR8000A 型号多参数监护仪进行了证据保全。

工业和信息化部软件与集成电路促进中心知识产权司法鉴定所接受人民法院委托作出鉴定结果包括以下几点。

（1）截至 2011 年 5 月 5 日，迈瑞公司监护仪心电算法的 10 个源代码文件，除其中的 30 个函数源代码于 2009 年 7 月 27 日被程序员开发网 http：//www.pudn.com/公开外，其余的 23 个函数源代码没有被公开，因此迈瑞公司监护仪心电算法整体源代码属于非公知技术信息。

（2）迈瑞公司提供的心电算法源代码文件中如没有被刻意修改，其形成时间应在 2000 年 8 月 9 日或之前；其余 9 个文件如没有被刻意修改，其形成时间应在（最早 2000 年 8 月 11 日至最晚 2001 年 10 月 27 日）修改日期或之前。

（3）科曼公司提供的源代码与迈瑞公司提供的心电算法源代码不具有一致性。

（4）科曼公司提供的源代码汇编产生的目标代码与科曼公司 C80 型号多参数监护仪及 STAR8000A 型号多参数监护仪中所提取的目标代码不一致。

（5）科曼公司 C80 型号多参数监控仪产品所提取目标代码的反汇编代码与迈瑞公司所提供的目标代码的反汇编代码相比存在 19 个实质性相似的函数。

（6）科曼公司 STAR8000A 型号监护仪产品所提取目标代码的反汇编代码与迈瑞公司所提供的目标代码的反汇编代码相比不存在一致性。

就赔偿数额方面，迈瑞公司提供了一份由深圳市中衡信资产评估有限公司作出资产评估报告书用以支持其主张。该评估报告对迈瑞公司主张权利的软件程序的商业价值进行评估，评估的价值为人民币 554 万元。其中，心电算法技术许可使用费入门费为人民币 15 万元，年度许可使用费为人民币 350 万元。此外，科曼公司在本案的证据保全中称其所有产品使用的是相同的系统程序。而根据科曼公司自己官网及在国家食品药品监督管理局网站上的备案信息，科曼公司制造、销售的医疗监护仪产品共有 57 款不同的型号。迈瑞公司认为科曼公司的每款产品的营业额至少在 100 万元，平均利润则为 20%，科曼公司因侵权获利至少在 1140 万元，综合考量其他因素，迈瑞公司主张 1500 万元的赔偿额应当得到支持。

一审法院审理本案后最终认定被告深圳市科曼医疗设备有限公司构成对迈瑞公司商业秘密的侵犯，立即停止即立即停止生产、销售使用迈瑞公司"心电算法"的多参数监护仪产品、删除互联网上对使用迈瑞公司"心电算法"的多参数监护仪产品的宣传广告，同时赔偿迈瑞公司 200 万元人民币。

科曼公司不服该一审判决，上诉至二审法院，二审法院同样认定科曼公司构成侵权，但一审判决 200 万元的赔偿数额没有依据。最终二审法院认定改判科曼公司赔偿迈瑞公司人民币 100 万元。

【案件聚焦】

本案的争议焦点主要有以下三点。

一是迈瑞公司主张的"心电算法"是否符合商业秘密的法定条件。科曼公司提出抗辩认为，迈瑞公司主张的"监护仪心电算法"不具有秘密性，不符合商业秘密的构成要件。迈瑞公司在其自身销售的医疗监护仪产品中已经使用了"PM－7000 医疗监护仪系统软件"及"监护仪心电算法"。因此，这一监护仪心电算法已经因销售而被公开，其不具有秘密性。迈瑞公司则认为，其"监护仪心电算法"源代码是使用 C/C＋＋语言开发，编译为目标代码后烧录在芯片上运行，而现有的 C/C＋＋反编译技术无法生成与之相同的源代码，故"监护仪心电算法"源代码不会因迈瑞公司产品的销售而公开。对此，有鉴定机构的相应说明作为佐证。

二是科曼公司是否侵犯了迈瑞公司的"心电算法"商业秘密。科曼公司认为迈瑞公司提供的证据并不能显示科曼公司从杨某处获取了迈瑞公司的相关商业秘密。科曼公司的所有监护仪系统软件都源自其自身的开发。迈瑞公司则认为，杨某作为迈瑞公司的前研发人员，掌握了迈瑞公司"心电算法"商业秘密，科曼公司有接触该商业秘密的可能。而客观上，科曼公司所销售的产品中包含了与其"心电算法"实质性相似的程序，应当认定科曼公司使用了杨某非法透露给其的迈瑞公司商业秘密，构成对迈瑞公司商业秘密的侵权。

三是科曼公司应当承担什么样的法律责任问题。迈瑞公司在本案中主张1500万元的赔偿额，但迈瑞公司未提交具体的计算依据，也未提供科曼公司的财务数据。

【裁判定夺】

人民法院针对争议焦点，作出以下几方面的认定。

（一）关于迈瑞公司主张的"心电算法"是否是商业秘密的问题

迈瑞公司在本案中主张的商业秘密为"心电算法"，并称该商业秘密是通过计算机软件为载体来体现，迈瑞公司提交了"心电算法"之计算机软件源程序的光盘来说明该商业秘密的内容与载体。

工业和信息化部电子科学技术情报研究所知识产权司法鉴定中心根据人民法院的委托对迈瑞公司研发的上述"心电算法"技术是否具有商业秘密之非公知性要件进行司法鉴定，鉴定机构的鉴定结论为：迈瑞公司监护仪心电算法整体源代码属于非公知技术信息。迈瑞公司心电算法作为一个整体，其对应的源代码由各个函数构成，并且函数之间存在互相调用、互相配合，而不是简单的罗列、叠加，只有在这些函数全部存在，并且按照既定调用关系执行，才能实现心电算法的全部功能；缺少任何一个部分代码，无论这部分代码是否公开与否，都使心电算法不完整，不能实现原有的全部功能。据此，法院认定迈瑞公司主张的"心电算法技术"，具备商业秘密所要求的非公知性特征。

迈瑞公司提交的证据显示，迈瑞公司对其"心电算法"技术信息采取了保密措施，其中包括相关保密协议及设置在软件上的加密手段，他人不能通过正当手段或者反向工程获取这些技术信息。迈瑞公司将其"心电算法"技术用于医疗器械等技术领域，这不仅提高了我国的临床医疗诊断技术，也给迈瑞公司带来了丰厚的经济利益。故迈瑞公司主张的"心电算法"技术，具备商业秘密所要求的价值性和实用性特征。

综上，迈瑞公司主张的"心电算法"技术不为公众所知悉，迈瑞公司对该技术采取了保密措施，同时该技术能为迈瑞公司带来经济利益、具有实用性。因此，迈瑞公司主张的"心电算法"技术符合商业秘密的法定条件，依法应被认定为商业秘密，受法律保护。

（二）关于科曼公司是否侵犯迈瑞公司的"心电算法"商业秘密的问题

通过鉴定机构的鉴定，可以认定科曼公司 C80 型号的多参数监控仪产品使用了迈瑞公司的"心电算法"商业秘密，但不能得出科曼公司 STAR8000A 型号的监护仪使用了迈瑞公司的"心电算法"商业秘密的结论。

上述鉴定意见依法定程序作出，鉴定机构是原被告双方自愿选择，双方对鉴定组专家也均不提出回避，鉴定事项也是双方当事人申请的事项，最终鉴定结论经过原被告双方庭审质证，人民法院依法确认上述鉴定意见的真实性。

本案查明的事实证明：杨某于 2001 年 6 月至 2005 年 3 月在迈瑞公司任职软件开发工程师，参与了 PM－7000 软件的研发，并且接触了涉案的心电算法商业秘密。同时，能够证明杨某在迈瑞公司处离职后到科曼公司处工作，且在科曼公司处的杨某办公室被抓；从迈瑞公司处非法拷贝了 PM－5000，PM－7000 软件的源程序，且犯有侵犯商业秘密罪。故可以认定科曼公司有机会通过杨某接触到迈瑞公司的心电算法商业秘密。鉴于此，法院认定，科曼公司通过迈瑞公司跳槽至科曼公司的技术人员，非法获取并非法使用迈瑞公司的涉案商业秘密。科曼公司抗辩称，涉案技术是其自行研发的，但根据科曼公司提供的源代码编译不出与科曼公司涉案多参数监护仪产品相同的目标代码，而科曼公司型号为 C80 型号多参数监控仪产品之目标代码所对应的反汇编代码中存在与迈瑞公司"心电算法"程序目标代码所对应的反汇编代码相同或实质相同的代码段。因此，对科曼公司的上述抗辩主张，法院不予采信。此外，虽然科曼公司拒不交出 C80 型号监控仪及 STAR8000A 型号监控仪产品目标代码对应的源代码，应当承担举证不利的后果，但不能当然地认定 STAR8000A 型号监护仪使用了与迈瑞公司"心电算法"相同的源代码，故不能认定科曼公司 STAR8000A 型号监护仪侵犯了迈瑞公司的商业秘密。

（三）关于科曼公司应当承担的法律责任问题

一审法院认为，迈瑞公司提出的证据和理由虽然合理，但这并非迈瑞因被告侵权所造成的直接损失，不能直接采纳。此外，科曼公司也没有提交其财务账册的全部资料，因此不能对被告侵权获利情况进行查明。被告多参数监护仪产品系被告的主营产品，获利甚大，同时本案中被告还存在证据妨碍和披露情形，一审法院在综合考虑被告侵权行为性质、被告产品的单价和利润以及原告本案的支出合理等因素，酌情确定被告赔偿原告经济损失及合理维权费用共计人民币 200 万元。

二审法院认为，根据《最高人民法院关于审理不正当竞争民事案件应用法律若干问题的解释》，侵犯商业秘密的赔偿依据参照专利法的相关规定。而根据专利法的相关规定，在无法证明原告侵权损失及被告因侵权而获利的情况下，人民法院酌定法定赔偿最高额为 100 万元。一审法院判决科曼公司承担 200 万元的赔偿额没有依据，故予以纠正。

【代理律师说】

本案是一起发生在医疗器械领域涉及计算机软件类的技术秘密纠纷。案件的当事人双方均为该领域内占据一定市场影响力的企业。

在商业秘密案件中，因员工离职而产生的老东家与新东家之间的纠纷，是商业秘密最常见的样态之一。本案纠纷的产生，就源于迈瑞公司前技术开发人员跳槽科曼公司。

迈瑞公司主张权利的"心电算法"为一计算机软件程序，其具体的表现方式为计算机软件代码。在我国，计算机软件通常可以通过著作权进行保护，也可以通过商业秘密进行保护。这两种保护路径有各自的优缺点，下面简述之。

从权利的构成要件而言，特定的信息可以被认定为商业秘密首先必须具备以下几点要件：（1）秘密性，该信息应当不为相关公众所知悉，根据相关司法解释，这里的相关公众指所属领域的相关人员；（2）价值性与实用性，该信息具有现实的或潜在的商业价值，能为权利人带来竞争优势；（3）保密性，权利人必须对该信息采取了合理的保密措施。由此可见，通过商业秘密保护计算机软件程序的条件较为苛刻，上述三性检验中，尤其是秘密性和保密性，容易成为权利人主张权利的障碍。在秘密性上，由于计算机软件总要面向市场，而一旦该软件进入了市场流通，就存在利用反向工程反编译目标代码而获取源代码的可能性。这种情况下，该计算机软件自然就丧失了"秘密性"，从而不可能再构成商业秘密。

在本案中，被告科曼公司就主张原告迈瑞公司的"心电算法"因为公开销售而失去了秘密性。而迈瑞公司则指出"心电算法"所使用的语言编写的源代码，无法通过反汇编其目标代码获得，因此不存在反向工程的可能性，即公开销售相关产品不会造成"心电算法"程序源代码的公开。

通过商业秘密保护计算机软件的门槛虽然较高，但与之相应的，商业秘密保护的力度也较大，权利人甚至可以寻求刑法中公权力的介入。

与商业秘密路径相比，通过著作权保护计算机软件的门槛则较低。我国著作权对作品独创性的要求较低，权利人只要证明该软件是其独立创作完成的即可。与低门槛相对应的，通过著作权保护的力度也没商业秘密大，因为著作权不能限制他人接触该软件，也无法阻止离职员工将相关软件的源代码透露给新东家供新东家参考。

因此在现实的纠纷中，具体是选择以何种路径主张保护需要综合考量权利人的证据保存情况、实际研发情况、诉讼目的等，以选择最能满足权利人实际需求的路径。

回到本案中，迈瑞公司以商业秘密向科曼公司主张权利。根据1993年颁布的《中华人民共和国反不正当竞争法》（下称《反不正当竞争法（1993）》）第10条的规定，属于商业秘密侵权行为的有以下几种：（1）以盗窃、利诱、胁迫或其他不正当手段获取的权利人的商业秘密；（2）披露、使用或者允许他人使用以前项手段获取的权利人的商业秘密；（3）违反约定或者违反权利人保守商业秘密的要求，披露、使用或者允许他人使用其所掌握的权利人和商业秘密。第三人明知或者应知前款所列违法行为，获取、使用或者披露他人的商业秘密，视为侵犯商业秘密。

通常情况下，被告在面对商业秘密侵权的指控时，可以进行合法来源抗辩，如通过举证证明涉案商业秘密是其通过独立开发获得、合法购买、从公开渠道观察获得、合法接受许可获得或者通过反向工程获得等。

但本案中科曼公司接受了前迈瑞公司的技术开发人员，对于科曼公司而言，自然负有注意义务查清该离职员工所带来的资料是否是其老东家的商业秘密。因此，在没有提供足够且可信的证据的情况下，科曼公司仅抗辩其未从该离职员工处获得任何原告的商业秘密，是不足以认定合法来源的。

此外，在先刑事案件未将科曼公司列为被告不意味着民事案件中科曼公司就不构成侵犯商业秘密的行为，因为刑事案件未将科曼公司列为被告实质上是未对科曼公司的行为性质作出任何认定，而不是认定科曼公司不构成侵犯商业秘密，因此此种情况不妨碍在民事案件中依据民事侵权的判断标准确定被告科曼公司的相关行为定性问题。由于在先的刑事案件已经查明了曾为迈瑞公司员工的杨某实施了不正当的手段从迈瑞公司处获得相关商业秘密，被告科曼公司聘用杨某并制造了与迈瑞公司商业秘密相同的产品，属于《反不正当竞争法（1993）》第 10 条第 2 款所说的"第三人明知或者应知前款所列违法行为，获取、使用或者披露他人的商业秘密"，因此科曼公司的行为自然构成侵犯商业秘密的行为。

在商业秘密案件中，鉴定机构的鉴定结论对法院查明案件事实可以起到很大的辅助作用。司法鉴定，不仅局限于技术秘密案件中的技术事实，对于经营秘密案件而言，相关信息是否具有属于公知信息，以及是否具有价值性同样可以司法鉴定机构作出鉴定。对依照合法程序作出的鉴定结论，在不存在相反证据的情况下，自然可以成为法院判决的依据。

在本案中，就涉及了公知性鉴定和同一性鉴定，即相关"心电算法"是否为所属领域的相关人员所公知或容易获取以及科曼公司所使用的信息是否与迈瑞公司主张商业秘密的信息为同一信息。鉴定机构对迈瑞公司主张商业秘密的信息所作的鉴定成了法院认定事实的重要依据，尽管原被告双方针对鉴定结论都提出一定的反对意见，但是从该鉴定结论作出的过程来看，从鉴定机构的选定到鉴定资质及鉴定程序都不存在违法事项。在异议人没有提出其他相反证据的情况下，人民法院自然对该鉴定结论予以认可。

但是，并不是说商业秘密案件中的鉴定结论就是无可置疑的。商业秘密中的鉴定结论，在性质上仍然属于司法鉴定，在一定条件下可以被当事人挑战乃至推翻，通常情况下，挑战鉴定结论可以从以下几个方面入手：（1）鉴定机构及鉴定人员是否具有鉴定资质；（2）鉴定程序是否符合合法、公正、公平原则；（3）用于鉴定的材料本身是否存在瑕疵；（4）鉴定结论是否超出了事实鉴定的范围，对法律问题作出了判断；（5）鉴定结论的形式文书是否存在瑕疵等。

因此，挑战鉴定结论的理由必须足够充分，尽量从形式上寻找鉴定结论的瑕疵，而避免仅表达不认可鉴定结论的实体结论。

本案还存在一个争议问题在于如何确定商业秘密侵权损害赔偿额。根据相关司法解释，确定侵犯商业秘密行为的损害赔偿额，可以参照确定侵犯专利权的损害赔偿额的方法进行。因侵权行为导致商业秘密已为公众所知悉的，应当根据该项商业秘密的商业价值确定损害赔偿额。商业秘密的商业价值，根据其研究开发成本、实施该项商业秘密的收益、可得利益、可保持竞争优势的时间等因素确定。

而专利法相关条文则规定，侵犯专利权的赔偿数额按照权利人因被侵权所受到的实际损失确定；实际损失难以确定的，可以按照侵权人因侵权所获得的利益确定。权利人的损失或者侵权人获得的利益难以确定的，参照该专利许可使用费的倍数合理确定。赔偿数额还应当包括权利人为制止侵权行为所支付的合理开支。权利人的损失、侵权人获得的利益和专利许可使用费均难以确定的，人民法院可以根据专利权的类型、侵权行为的性质和情节等因素，确定给予1万元以上100万元以下的赔偿。

因此，商业秘密民事纠纷中的赔偿额大致有两种确定的依据。一是可以参照专利法对损害赔偿额的规定，按照被侵权人的实际损失、侵权人的获益、许可费的合理倍数、法定赔偿的顺序确定赔偿额。二是在侵权导致商业秘密被公众所知悉的情况下，则应当根据研究开发成本、实施该项商业秘密的收益、可得利益、可保持竞争优势的时间等因素确定赔偿额。之所以存在第二种计算方式，是因为某些商业秘密的价值正是体现在其不公开上，一旦公开则使权利人的竞争优势丧失，在这种情况下，所谓"竞争优势丧失"的损失难以衡量，但若参照专利法规定的1万至100万元的法定赔偿额又可能会显失公平，在这种情况下应当依据研究开发成本、实施该项商业秘密的收益、可得利益、可保持竞争优势的时间确定该商业秘密的潜在价值，从而确定赔偿额。

尽管存在上述规定，在司法实践中，确定商业秘密侵权损害赔偿额仍是一件存在困难的事。原因在于，无论是被侵权人的实际损失、侵权人的获益、许可费的合理倍数还是研究开发成本、实施该项商业秘密的收益、可得利益、可保持竞争优势的时间等因素都存在难以举证的情况。此外，商业秘密民事侵权纠纷还有一个难以回避的问题在于，如何确定涉案商业秘密在前述因素中所占的比重，如被侵权人销量的损失在多大的百分比上与涉案商业秘密有关、被侵权人的研发成本又有多大百分比会转化成经济价值？

因此，处于上述种种困难，在司法实践中大部分法院倾向于参照专利法规定的1万至100万元的法定赔偿额，而这又带来商业秘密民事侵权纠纷赔偿额普遍偏低的问题。无论是理论界还是实务界，都亟须探索更加合理的确定商业秘密民事侵权纠纷赔偿额的方法。

二十六、商业秘密中的"保密性"要件的认定

——金八达通讯设备有限公司诉邬某、
慧讯科技有限公司侵犯
商业秘密纠纷案[*]

【本案看点】

商业秘密的保密性是指商业秘密的权利人采取了保密措施，使一般人不易从公开渠道直接获取，该要件强调的是权利人的保密行为，而不是保密的结果

【相关法律法规】

《最高人民法院关于审理反不正当竞争民事案件应用法律若干问题的解释（2007）》第 11 条

【案情介绍】

金八达通讯设备有限公司（下称金八达公司）是一家从事计算机软件开发的企业。1996 年 9 月 25 日，金八达公司与某苏州公司（下称苏州公司）签订了"苏州本地网 112 集中受理测试管理系统苏州市供货合同书"，合同约定：金八达公司、苏州公司合作开发建设苏州 112 集中受理测试管理系统，

---

* 〔2003〕粤高法民三终字第 59 号。

由金八达公司提供 112 系统的硬件、设备及安装，112 系统硬件的性能指标满足双方指定的苏州本地网 112 集中测试管理系统合作建设议定书等六份附件。合同附件四"112 集中受理测试管理系统合作建设议定书合作建议议定书"的第 12 条约定：金八达公司按照与苏州公司共同指定的 112 集中受理测试管理系统技术规范，开发的系统应用软件的版权归双方共同拥有。合同签订后，金八达公司为苏州公司提供并安装了 112 集中受理测试管理系统软件（下称 112 软件）、硬件及设备。2000 年 6 月，苏州公司提出 112 软件扩容的想法，金八达公司就业务曾与苏州公司进行协商，2000 年 7 月金八达公司向苏州公司提供 112 软件系统扩容与新业务扩展解决方案资料一套。

邬某于 1994 年 4 月到金八达公司工作，曾任职总工程师、副总经理职务。在金八达公司工作期间，邬某参加了金八达公司 112 软件的研制开发、工程安装和 112 软件扩容技术方案的研究工作。2000 年 11 月 21 日，邬某向金八达公司提出辞职，并向金八达公司交接了有关 112 软件的文档和工程等资料。2000 年 11 月 30 日，金八达公司为邬某办理了辞退人员手续，金八达公司办公室、财务部等有关部门负责人在辞退人员手续签字表上签字。2000 年 12 月 1 日，邬某在辞退人员手续签字表上签字，办理辞退手续后，邬某离开金八达公司。

慧讯公司于 1997 年 11 月成立，经营范围为计算机软件、计算机通信网络系统技术开发等，邬某任该公司法定代表人。2001 年 2 月 2 日，慧讯公司承接了苏州公司 112 软件扩容工程项目，慧讯公司与苏州公司签订了"苏州 112 系统扩容和新业务扩展的扩容合同"。双方已经履行了合同。

金八达公司认为，苏州公司原 112 软件系统是由金八达公司研制开发，是金八达公司的技术秘密，苏州公司是金八达公司的特定客户。因此，苏州公司的 112 软件扩容项目必须有金八达公司的配合，在原 112 软件系统基础上方能进行扩容。苏州公司之所以找慧讯公司承接该项目，完全是邬某的原因，邬某原为金八达公司的总工程师，现任慧讯公司的法定代表人，曾参与金八达公司 112 软件技术开发工作，掌握金八达公司的技术秘密和客户信息。

郇某利用工作之便盗窃、披露金八达公司的技术秘密和经营信息给慧讯公司，郇某、慧讯公司的行为侵犯了金八达公司的商业秘密，构成不正当竞争侵权，金八达公司为此向法院提起诉讼。

一审法院审理后认为，金八达公司研制、开发的 112 软件技术不为公众所知悉，并且为金八达公司带来了一定的经济收益，具有实用性，该技术属于金八达公司的商业秘密，依法应受法律保护。我国不正当竞争法规定，经营者采用以盗窃、利诱、胁迫或者其他不正当手段获取权利人商业秘密的，属于侵犯商业秘密的行为。金八达公司就研制、开发的 112 软件技术版权问题曾与苏州公司约定，双方共同拥有该 112 软件的版权和修改权，金八达公司向苏州公司交接了 112 软件源程序文档资料，但双方未就 112 软件的使用范围、使用方式、保密的问题作出约定，苏州公司以自己使用为目的与慧讯公司进行技术合作，对共同拥有版权的 112 软件进行扩容升级，没有违反法律规定或者合同约定，是善意行使权利的行为。慧讯公司通过与苏州公司签订的合同取得 112 软件的使用权，是合法使用行为，不属于以盗窃、利诱、胁迫或者其他不正当手段获取权利人商业秘密的行为，因此，慧讯公司的行为没有构成对金八达公司商业秘密的侵犯，金八达公司的主张缺乏事实依据和法律依据，应不予支持。金八达公司认为，苏州公司是金八达公司的特定客户，属于金八达公司的经营信息，郇某、慧讯公司盗窃、披露、使用了金八达公司的经营信息，构成商业秘密侵权。而苏州公司系江苏省电信公司分公司，其经营范围主要是电信业务，因此，苏州公司这样的客户名单应属于公共领域的信息，不属于金八达公司的经营信息，不构成金八达公司的商业秘密。

因此，一审法院判决，驳回金八达公司的起诉。金八达公司不服一审判决，上诉至广东省高级人民法院。

【案件聚焦】

本案争议焦点包括以下两方面，一是本案中金八达公司主张的 112 软件相关信息是否具备商业秘密构成要件中的"秘密性";二是邬某是否构成对金八达公司商业秘密的侵权。

针对上述两个焦点，邬某在一审中提出，其在金八达公司辞职时，已向金八达公司交接了包括 112 软件等其他有关文档、设备，其没有盗窃、披露金八达公司的商业秘密。邬某向法庭提供了其在金八达公司辞职时的设备退库申请表、交接手续等证据据以证明上述事实。金八达公司对邬某已交接了112 软件文档、设备事实无异议，但认为邬某参与过 112 软件的技术开发工作，该技术已掌握在邬某的脑子里，因此，邬某存在盗窃、披露商业秘密的行为。慧讯公司认为，慧讯公司承接苏州公司 112 项目软件扩容工程项目，是正当的商业竞争活动，苏州公司曾与金八达公司、慧讯公司及广州、上海等多个厂家洽谈 112 软件扩容工程项目，最后决定由慧讯公司承接该工程项目，是苏州公司的意愿。苏州公司本身拥有 112 软件的源程序和版权，双方签订合同后，苏州公司向慧讯公司提供了 112 软件的源程序，因此慧讯公司使用 112 软件是通过合同合法取得。慧讯公司向法庭提交了苏州公司与慧讯公司签订的合同、金八达公司与苏州公司关于 112 系统解决方案以及关于没有邀请金八达公司技术交流的说明等证据。苏州公司与慧讯公司签订的合同约定：双方合作完成苏州 112 软件的扩容和新业务扩展，苏州公司拥有 112 软件源程序、软件开发文档、业务流程文档和工程施工文档，并拥有苏州本地网 112 软件的版权和修改权利。

【裁判定夺】

法院审理后认为，商业秘密是指不为公众所知悉，并且能为权利人带来经济利益，具有实用性并经权利人采取保密措施的技术秘密和经营信息。本案中，根据苏州公司与金八达公司签订的"苏州本地网 112 集中受理测试管理系统"合同附件四的第 11 条的约定，在 112 系统最终验收后，双方应签署相应保密协议。但是，金八达公司未依照双方合同之约定，与苏州公司就该系统的软件技术签订相应的保密协议。并且，金八达公司也未与邬某签订保密协议，对 112 系统软件技术采取必要的保密措施。同时在本案审理过程中，金八达公司也未能举证证明其已采取其他合理必要的保密措施，以保护 112 系统的软件技术信息，因此，112 系统的软件技术，不完全符合商业秘密构成要件，不应认定为商业秘密。

由于 112 系统的软件技术不属于商业秘密，邬某在离开金八达公司后，运用自己对于此类软件的知识、技能进行劳动创造，获取报酬的权利应依法予以保护。

此外，苏州公司出具的《关于没有邀请金八达技术交流的说明》中表明，苏州公司曾邀请国内外相关厂家参与对"苏州 112 系统扩容和新业务扩展"项目的竞争。因此，苏州公司及"苏州 112 系统扩容和新业务扩展"项目，应为公知的经营信息，也不应属于金八达公司的商业秘密。

广东省高院最终判决驳回金八达公司的上诉，维持一审原判。

【代理律师说】

本案的关键在于如何准确把握"商业秘密"中"保密性"要件的认定。《中华人民共和国反不正当竞争法》第 10 条第 3 款规定，商业秘密是指不为公众所知悉、能为权利人带来经济利益、具有实用性并经权利人采取保密措施的技术信息和经营信息。《中华人民共和国刑法》第 219 条"侵犯商业秘密罪"中"商业秘密"的概念与之完全一致。从概念即可看出，"商业秘密"具有严格的构成要件，即通常所言商业秘密具有"三性"：秘密性、价值性、保密性；商业秘密的表现形式分为两种形式：技术信息和经营信息。商业秘密的"三性"，三者缺一不可；但表现形式在实践中可以分别或并列出现于个案中，例如本案中就既涉及技术信息，又涉及经营信息。

虽然理论和概念是清晰的，但实践运用中总是灰色和充满歧义的。对于商业秘密的"三性"，在司法实践中也总是充满了这样那样的争议。本案中关于经营信息，一审、二审法院的认定是一致的，均认为苏州公司作为客户的信息属于公共领域的信息，不属于金八达公司特有的经营信息，不构成金八达公司的商业秘密。争议的焦点集中在 112 软件技术是否构成金八达公司的 "技术信息"。对此，一审法院虽然最终结论与二审法院相同，但其认定 112 软件技术构成金八达公司的商业秘密却存在着逻辑上的错误，二审法院予以纠正是正确的。

如前所述，"商业秘密" 具有严格的构成要件，只有同时符合了秘密性、价值性、保密性三个条件，才能被认定为商业秘密。在此基础上，才能继续探讨行为人是否构成以不当手段侵犯商业秘密的问题。本案中，原审法院认为 "金八达公司研制、开发的 112 软件技术不为公众所知悉，并且为金八达公司带来了一定的经济收益，具有实用性"，所以 "该技术属于金八达公司的商业秘密，依法应受法律保护"。但其接着又指出 "但双方未就 112 软件的适用范围、使用方式、保密的问题作出约定"，所以 "苏州公司以自己使用为目的与慧讯公司进行技术合作，对共同拥有版权的 112 软件进行扩容升级，没有违反法律规定或者合同约定，是善意行使权利的行为"。显然，其前半段论述的结论是 112 软件技术已经构成了金八达公司的 "商业秘密"，言外之意该软件技术已经符合了秘密性、价值性、保密性，但其后半段论述的结论却是 "金八达公司未对该技术实施必要的保密措施，所以不构成商业秘密，所以苏州公司对该技术的使用属于正当行使权利"。112 软件 "既是商业秘密，又不是商业秘密"，这显然是一个自相矛盾和错误的命题。二审判决虽未明言其中的逻辑错误，但清楚指出正是因为金八达公司未对 112 软件实施保密措施，所以导致其根本不构成商业秘密，所以得不到法律保护——"根据苏州公司与金八达公司签订的'苏州本地网 112 集中受理测试管理系统'合同附件四的第 11 条的约定，在 112 系统最终验收后，双方应签署相应的保密协议。但是，金八达公司未依照双方合同之约定，与苏州公司就该系统的软件技术签订相应的保密协议。并且，金八达公司也未与邬某签订保密协议，对 112 系统软件技术采取必要的保密措施。同时在本案审理过程中，金八达公司也未能举证证明其已经采取其他合理必要的保密措施，以保护 112 系统的软件技术信息，因此，112 系统的软件技术不完全符合商业秘密的构成要件，不应认定为商业秘密……"

事实上，在商业与司法实践中，商业秘密最容易被忽视的也正是其保密性。"三性"之中，秘密性、价值性可谓商业秘密的天然属性，但"保密性"却是后天人工附加的。换言之，商业秘密是权利人通过自行保密的方式产生的权利。如果权利人对其商业秘密未采取保密措施，法律自然没有必要加以保护，这也是保密措施在商业秘密构成中的独特价值所在。但很多人往往容易误认为"保密性"也是"天然的权利"，忽视了主动对商业秘密进行"加密"，从而在商业秘密保护中陷入被动和不利局面。本案中，金八达公司在一定程度上也是因为忽视了"加密工作"而导致最终败诉。此外，由于在司法实践中认定侵犯商业秘密比较困难，故司法机关事实上适当降低了保密措施的要求，以便更好地认定商业秘密，即只要求权利人在正常情况下足以防止涉密信息泄露的要求。例如，《最高人民法院关于审理反不正当竞争民事案件应用法律若干问题的解释》第 11 条规定："……具有下列情形之一，在正常情况下足以防止涉密信息泄露的，应当认定权利人采取了保密措施：（一）限定涉密信息的知悉范围，只对必须知悉的相关人员告知其内容；（二）对于涉密信息载体采取加锁等防范措施；（三）在涉密信息的载体上标有保密标志；（四）对于涉密信息采用密码或者代码等；（五）签订保密协议；（六）对于涉密的机器、厂房、车间等场所限制来访者或者提出保密要求；（七）确保信息秘密的其他合理措施。"

总结上述规定，商业秘密的保密性要件的关键在于权利人是否在主观上不愿意让其他人获取，同时是否在客观上为他人获取该信息设置了障碍，而无论该障碍是物理上的还是心理上的。

二十七、商业秘密纠纷先刑后民的处理策略

——深圳市某科技公司与深圳市某半导体有限公司、某集团公司商业秘密纠纷案*

【本案看点】

在商业秘密侵权纠纷中，当事人既可以提起民事诉讼也可以向公安机关报案以启动刑事程序，而对于同时存在民事程序和刑事程序的商业秘密纠纷，人民法院通常先审理刑事案件，待刑事案件结束后再审理民事案件

【相关法律法规】

《反不正当竞争法》第 2 条、第 10 条，《最高人民法院关于民事诉讼证据的若干规定》第 2 条

【案情介绍】

本案是一起发生在智能仪表领域的商业秘密纠纷案。原告深圳市某科技公司是一家专业从事智能水表仪器及其管理系统研制开发、生产经营的高科技企业。

自 1999 年至 2003 年，原告自主研发了 IC 卡智能水表及其配套的软件源代码等核心技术成果，共投入了 2000 余万元科研费用。为了保护自身的知识

---

* 〔2006〕深中法民三初字第 344 号。

产权，原告将目标代码经过加密后烧入 IC 卡智能水表的单片机内，使得即使通过反向工程也无法轻易知晓该 IC 卡智能水表配套软件的代码。同时，原告在自身公司内部也设立保密制度，并对该技术成果采取了严格的保密措施。

2004 年 8、9 月，原告发现被告一某集团公司销售的一款 IC 卡智能水表与原告的 IC 卡智能水表极其相似。被告一销售的 IC 卡智能水表的外观、电路部分以及所用的电子元器件都与原告生产的 IC 卡智能水表相同。

原告调查后了解到，被告一销售的 IC 卡智能水表是被告一通过原告研发部经理李某从被告二深圳某半导体有限公司处购得。李某于 2000 年 12 月 1 日在原告处工作，任职研发部经理，2003 年 8 月未经原告公司同意而离职，离职的时候没有办理任何手续。其间，涉案的 IC 智能卡水表为李某所在研发部集体开发完成的成果。

2006 年，原告以怀疑李某利用职务之便窃取原告的商业秘密并销售给被告一，向深圳市公安局经济犯罪侦查局报案。深圳市公安局对此予以立案，并展开调查。

深圳市公安局委托科学技术部知识产权事务中心对该刑事案件涉及的相关技术问题进行鉴定，科学技术部知识产权事务中心接受委托，分别出具了国科知鉴字〔2005〕8 号、15 号、16 号及 17 号技术鉴定书，对下列事实作出了鉴定：①原告技术资料中的"集抄水表原理图 a"为公知技术信息；②原告技术资料中的"4428 卡四型表 2020 版"软件源代码和"4442 卡集抄表 2012 版"软件源代码为非公知技术信息；③原告技术资料中的《4428 卡水表 2020 版数据结构》《IC 卡集抄水表的数据结构（2012 版）》《4428 卡水表 2020 版显示和状态说明》等技术文档为非公知技术信息；④李某台式电脑主机中包含了与原告所主张商业秘密的计算机软件完全相同的软件，其中完全相同部分，包括程序语句、变量名定义、变量的排列次序，注释和排版格式均相同；不同程序设计人员在不同时期独立设立的源程序内容，不会存在上述数量的非自动生成的源程序段完全相同。

深圳市南山区人民法院就该刑事案件作出〔2006〕深南法刑初字第

149 号刑事判决书，其中认定：2000 年 12 月至 2003 年 8 月，被告人李某利用其担任原告研发部经理的工作之便，窃取了原告 IC 卡智能水表项目的软件源代码等核心技术，该技术是原告自主研发的非公知技术。2004 年 8 月至 2005 年 3 月，被告人李某利用其窃取的相关技术，共生产了 37 370 块 IC 卡智能水表电子控制模块，并销售给了被告一及其关联公司，非法牟利人民币 541 685.78 元。最终，深圳市南山区人民法院判决李某犯侵犯商业秘密罪成立。

在刑事案件审理完毕后，原告由对被告一及被告二提起了侵犯商业秘密的民事诉讼，原告明确其技术秘密是 IC 卡智能水表中的电子模块中的源代码。

原告认为，被告一在知悉李某担任原告研发部经理的情况下，通过李某向被告二购买侵犯原告商业秘密的 IC 卡智能水表电子控制模块，并自行组装成 IC 卡智能水表产品，用于最终销售。被告一的这一行为属于采用非法手段获取原告的商业秘密。并且，被告一为了抢占市场，将使用原告技术秘密和仿冒原告外观设计专利的 IC 卡智能水表大规模低价倾销，平均销售价格比原告的销售价格低 100 多元人民币，极大地冲击了原告开拓的市场。同时，被告一还在智能水表行业市场当中散发信息，指其公司产品与原告产品根本不同，质疑原告拥有的智能水表电子模块核心技术是否具备真正的商业秘密法律特性，诋毁原告商业信誉，使得原告在智能水表行业拥有技术领先以及高市场占有率的形象大受影响，给原告在商业信誉以及市场销售造成了重大经济损失。

被告一答辩称，在主观上，被告一不明知或应知从被告二处购得的 IC 卡智能水表产品为侵权产品，因此被告一的行为并不符合我国法律规定对商业秘密侵权的构成要件。被告一的行为根本不构成侵犯原告的商业秘密权利。

被告二答辩认为，本案真正生产商是李某和案外的其他生产商。被告一与被告二之间签订的销售合同虽然盖有被告二的公司印章，但被告二只是该合同的名义签订人，而李某才是实际履行人。被告二只是在李某使用原告商业秘密过程中代开票和收付款，并没实际实施侵犯原告商业秘密的行为，因此根据《反不正当竞争法》规定，被告二不应成为本案被告，不构成侵犯商业秘密。

【案件聚焦】

本案的争议焦点有三点，第一点在于被告一是否采取了非法手段获取原告的商业秘密。

原告认为，被告一是在明知李某担任原告研发部经理的情况下，仍然通过李某购买 IC 卡智能水表电子控制模块，并且李某随后受聘于被告一，为被告一处理和洽谈相关智能水表的销售业务，因此被告一属于采用非法手段获取原告的商业秘密。

为证明原告所主张的事实，原告提供了以下证据。

2004 年 7 月 20 日、2004 年 8 月 2 日、2004 年 11 月 1 日、2014 年 12 月 13 日分别签订了多方买卖合同，李某作为被告二的代表签名，约定由被告一向被告二购买逻辑加密卡水表电子模块、CPU 卡水表电子模块等产品，并在技术标准中约定主控电路板丝印"HLW. Main001"标识。上述证据以证明被告一从被告二及李某处，购买到了侵犯原告专利权的产品。

被告一水热表事业部于 2005 年 1 月向李某出具两份授权书，第一份授权书授权李某代理被告一生产的 IC 卡水表业务；第二份授权书证明，李某（个人）为被告一水热表事业部研究所所长（外聘），水热表事业部赋予其代为处理及洽谈事业部相关业务的权利。还提供李某担任被告一水热表事业部技术总监的名片。上述证据证明被告一在经营涉案产品的水表中，将李某作为其公司相关工作人员使用。

深圳市公安局于 2005 年 4 月 21 日对被告一热水表事业部技术主管杨某和部长徐某的询问笔录中证明：徐某经杨某介绍，已经明知李某于 2003 年任原告公司 IC 卡水表业务的研发部经理，仍与其在 2004 年 6、7 月与李某洽谈合作事项，约定李某解决合作中的技术问题，同时李某还是向被告一供应电子控制模块的供应商。原告认为，上述证据可以证明，由于被告一水热表事业部技术主管杨某和部长徐某的行为属于公司职务行为，又直接以公司名义在李某处购得涉案的 IC 卡智能水表电子模块，因此认定被告一存在明知李某制作的涉案 IC 卡智能水表电子模块侵犯原告商业秘密，仍以公司名义购买的情况。

本案的第二个争议焦点是赔偿的数额问题，原告主张两被告赔偿其经济损失人民币 10 390 277.50 元，包含开发费用 4 233 570 元和其预期收益的减少共 6 156 707.50 元。

原告主张上述赔偿额的计算依据包括以下几个方面。

深圳市公安局曾对原告研发资金投入情况进行了委托调查，并出具了会计鉴定审查报告书（广鹏司鉴字〔2005〕001 号），报告书中结论显示，2000 年 1 月 1 日至 2003 年 12 月 31 日原告为研发 IC 卡智能水表技术共投入资金 23 428 049.48 元。广东鹏城司法会计鉴定所于 2005 年 3 月 28 日出具广鹏所评估字〔2005〕004 号评估报告书，结论为评估的 IC 卡智能水表项目技术为 48 839 429 元。

深圳市人民检察院针对被告销售涉案专利产品的成本、收入，以及获利情况，委托给深圳市司法会计中心审计调查。在其出具的深司审字〔2005〕第 51 号专项审计报告中显示结论证明，被告一共购买 HLW. Main001a 型号逻辑加密卡水表电子模块 37 370 块，单位成本 39.7783 元，销售收入 20 282 00.85 元，销售利润 541 685.78 元。北京中联会计事务所有限公司深圳分所出具中联深所专审字〔2006〕第 566 号专项审计报告证明原告 IC 水表单位产品平均销售毛利，2004 年度每台人民币 164.75 元，2005 年度每台 151.45 元。

原告还提交了海淀区第二公证处开具的公证书，公证书包含一份北京市计量所出具的能够证明被告在北京市丰台区销售使用涉案水表的检测报告和证明原告向被告以 9000 元价格购买两个华立 IC 卡冷水表的销售发票，证明了被告以在北京地区销售涉案 IC 卡水表的事实。

综合上述内容，原告主张的计算方法是开发费用加上被告一购买涉案产品所导致的原告预期收益减少的赔偿。本案中被告一购买涉案产品 37 370 块，原告产品单位利润 164.75 元，得出赔偿额 6 156 707.50 元。同时根据广鹏司鉴字〔2005〕001 号司法会计鉴定审查报告，除了设备资产不纳入赔偿范围之外，开发的总投入为 14 111 901 元，在此基础上乘以30%，得出被告赔偿开发费用额为 4 233 570 元；因此，原告主张最终的赔偿额为 10 390 277.50 元。

争议点三为被告是否应当对原告承担赔礼道歉的侵权责任。原告主张被告在行业市场当中散发信息，诋毁原告商业信誉，并拒绝承认原告涉案专利的商业秘密性质，对公司声誉产生重大不利影响，故认为被告方应对其公开赔礼道歉。就这一主张，原告所提交的证据如下：被告一曾在《京华日报》接受采访时表示，其生产出来的产品与原告方的产品根本不同，原告方主张的技术内容是否为商业秘密也要经过权威机构的进一步认定；并且其与被告二的合作仅限于部分的技术合作，陷入纠纷也是未严格考察合作伙伴的缘故，以此证明被告一确有诋毁商业信誉的行为。

【裁判定夺】

对于被告是否存在使用了非法手段侵害原告商业秘密的行为，法院认为本案的争议内容属于侵犯商业技术秘密的纠纷。经过司法鉴定，证明原告在本案中请求保护的 IC 卡智能水表中的电子模块中的源代码属于原告自主研发的非公知的技术秘密；该技术信息不能被直接获得，且原告方采取了必要的保密措施，符合相关法律规定的要件，应当受到法律保护。

本案的初审刑事判决书〔2006〕深南法刑初字第 149 号已认定李某利用其担任原告研发部经理的工作之便，窃取了原告涉案技术秘密等核心技术，李某曾伙同董某等其他原告公司员工利用窃取的有关技术，共生产了 37 370 块 IC 卡智能水表电子控制模块，并销售给了被告一方，非法牟利人民币 541 685.78 元的事实。并且，被告一与被告二签订的购销合同和履行合同的增值税发票等证据，以及原告提交的北京一住宅小区使用水表的公证书及原告购买被告一的水表发票，均可证明被告一在销售并使用被控侵权水表，且该水表中的核心技术 IC 卡智能水表电子控制模块来源于李某制作的 IC 卡智能水表电子控制模块，李某制作的 IC 卡智能水表电子控制模块使用了原告本案请求保护的技术秘密的案件事实。

被告一对外销售的其制作的涉案水表除硬件部分外，核心技术都在于本案中原告主张保护的 IC 卡智能水表电子控制模块。而该模块是由被告从李某处购买的原告方的 "HLW. Main001a" 型号逻辑加密卡水表电子模块，故被告一将该模块用于其自己制作的水表中属于使用的性质。再根据北京市计量测试所出具的关于被告一生产的该水表的检测报告，以及证明被告一使用的逻辑加密卡水表电子模块来源于李某等的证据，应当认定被告制造销售的涉案型号的水表使用了原告商业秘密制造的 "HLW. Main001a" 型号逻辑加密卡水表电子模块。深司审字〔2005〕第 51 号深圳市司法会计鉴定中心专项审计报告，以及深圳市南山区人民法院〔2006〕深南法刑初字第 149 号刑事判决书，均证明被告一购买 "HLW. Main001a" 型号逻辑加密卡水表电子模块 37 370 块。被告一未提交其实际使用及库存的数量。因此，法院认定被告使用了 "HLW. Main001a" 型号逻辑加密卡水表电子模块 37 370 块。

根据公安机关刑事侦查时对李某及相关工作人员的笔录，以及被告一给李某开具的委托书和李某对外的称呼证明，被告一与李某等人来往较为密切，且被告一的工作人员明知李某在原告处担任技术经理，掌握原告方的技术秘密，也了解涉案型号的逻辑加密卡水表电子模块使用的技术（源程序）来源于原告的事实，故推定被告在明知所使用的 "HLW. Main001a" 型号逻辑加密卡水表电子模块包含原告商业秘密的情况下仍然购买并使用的情况。

被告一明知涉案 IC 卡智能水表电子控制模块技术来源于原告，而在未经原告同意的情况下，通过李某披露使用原告 IC 卡智能水表电子控制模块技术，侵犯了原告 IC 卡智能水表电子控制模块商业技术秘密，应当承担侵权责任。而被告二虽不是实际的披露人，但是由于被告二出具了相关手续，并在合同上盖章并收取款项，故成为名义披露人且应当承担相应的法律责任。由于该类案件的侵权行为是披露和使用结合起来共同发生的，无法具体分割，因此，法院认为原告要求两被告承担连带赔偿责任，理由成立，予以采纳。

对于赔偿额的认定，知识产权侵权案件的赔偿，可以依据原告因被告侵权行为所造成损失，也可以依据被告因侵权行为获得的利润进行赔偿。但由于本案被告没有提交其因侵权行为获得利润的证据，故本案只能依据原告因侵权行为受到损失进行赔偿。原告计算其因侵权行为受到损失 6 156 707.5元，由原告单位产品利润和购买使用涉案产品的数目计算得出，而原告单位产品利润有真实可靠的审计报告证实，涉案产品的使用数目也有审计报告和刑事判决书予以认定，故法院认为原告的算法及结果科学合理，予以采纳。但是法院对于原告主张同时赔偿其技术研发的成本投入未予以肯定，原因是产品开发的投入由产品的销售利润回报，因此要求赔偿过损失后再赔偿成本投入不合理，法院不予支持。

对于被告方是否应当向原告方赔礼道歉的问题，法院认定本案侵权被告一对其行为应当知道其侵权性质，而其在新闻媒体上发表了不利于案件事实、有损原告商业信誉的报道，系属故意。给原告造成的商誉损失，原告要求被告一公开赔礼道歉，理由成立，法院予以支持。

综上，法院依据《反不正当竞争法》第 2 条第 1 款、第 10 条第 1 款第 2项和第 3 款、《最高人民法院关于民事诉讼证据的若干规定》第 2 条之规定，判决：（1）两被告的被诉行为属于侵犯原告商业秘密的侵权行为，要求两被告立即停止该披露、使用原告商业技术秘密的侵权行为；（2）两被告公司对原告的损失承担连带责任，共同赔偿原告经济损失人民币 6 156 707.50 元；对于原告主张的技术开发成本则无须赔偿；（3）被告一在深圳特区报刊登消息公开向原告公司赔礼道歉，道歉内容需经法院审核；（4）案件受理费人民币 7010 元，由两被告共同承担。

【代理律师说】

（一）案件本身焦点评析

本案所涉及的争议焦点有三点。

第一个焦点在于被告是否实施了侵犯原告商业秘密的行为。

本案中，对于原告所主张商业秘密的技术是否符合商业秘密的构成要件（原告方的技术是否为公众所知晓，是否采取了一定的加密手段，是否具有实用性和经济价值），双方之间即使存在争议，也被在先刑事案件的相关鉴定报告所支持。

被告一所提出的重要抗辩为，其是从李某处以一定对价取得相关的 IC 卡智能水表电子模块，因此并没有实施侵犯原告商业秘密的行为。

根据《反不正当竞争法》相关条款，侵犯商业秘密的表现形式主要有：（1）以盗窃、利诱、胁迫或者其他不正当手段获取权利人的商业秘密；（2）披露、使用或者允许他人使用以前项手段获取的权利人的商业秘密；（3）违反约定或者违反权利人有关保守商业秘密的要求，披露、使用或者允许他人使用其所掌握的商业秘密；（4）第三人明知或者应知前款所列违法行为，获取、使用或者披露他人的商业秘密，视为侵犯商业秘密。

故根据上述法律规定，即使被告一是从第三人李某处取得某些商业秘密信息，若被告一是明知该第三人李某是以不正当的手段获取该商业秘密信息的，被告一的行为同样构成侵犯商业秘密。

而根据在先刑事案件中刑事侦查过程所产生的笔录，被告一的此种主观故意是十分明显的。因此，在这种情况下，被告一的抗辩自然不成立。

第二个争议焦点则在于如何确定赔偿数额的问题。

对于侵犯商业秘密的侵权行为的赔偿责任，根据《最高人民法院关于审理不正当竞争民事案件应用法律若干问题的解释》的相关条款，可以参照确定侵犯专利权的损害赔偿额的方法进行。因此，参考专利侵权案件中的赔偿数额的计算依据，商业秘密侵权的赔偿依据可以为权利人的损失、侵权人的获利或者在以上两者都无法证明的情况下采取法定赔偿额。

本案中，原告证明并算出了自身的利益损失，并以此作为赔偿额确认的基础，在法律实务中，原告方可选择根据已经掌握的证据情况，组织并选择有利于自己的计算方式来进行定额索赔。

第三个争议焦点在于赔礼道歉的责任承担方式。

赔礼道歉虽然是民事责任的一种，但在知识产权诉讼中并不常见，由于赔礼道歉的民事责任往往是发生在侵犯人身权的场合，而在知识产权案件中，除了少数会对企业声誉发生影响的情况外，大部分案件只涉及财产权被侵犯。在本案中，被告一通过公开诋毁商业声誉侵犯了原告公司法人的商誉，基于这样的侵权事实，法院支持了原告要求被告方需要承担赔礼道歉的诉讼请求。

（二）商业秘密案件中"先刑后民"的一般处理做法

除了上述案件本身的焦点问题外，本案的典型性在于反映了我国商业秘密案件处理中"先刑后民"的处理思路。侵犯商业秘密的行为同时也在刑法体系当中被认定为应受刑罚惩罚的犯罪行为。所谓商业秘密"先刑后民"是指对于同一起商业秘密侵权纠纷，当事人既可以提起民事诉讼也可以向公安机关报案以启动刑事程序，而对于同时存在民事程序和刑事程序的商业秘密纠纷，人民法院通常先审理刑事案件，待刑事案件结束后再审理民事案件。尽管并不存在明确法律规定这一原则，但是这一"先刑后民"的处理方式在我国长期的商业秘密司法实务中属于常态。从我国目前的司法实务来看，对于同时存在刑事案件及民事案件的商业秘密纠纷，通常先对刑事案件进行审判，在此之后再进行民事裁判。"先刑后民"的处理原则不仅出现商业秘密纠纷中，也是刑事诉讼法的一个原则：在涉及刑事案件与民事案件存在牵连的案件，如果民事案件的审理需要刑事审判的结果确认的情况出现，则民事案件的处理应当先等待刑事处理结果。之所以采用这种做法，是出于以下考虑：在法的位阶层面，刑法所保护的社会公共利益要优于私人权益的保护，因此对刑事的审判优于对民事的审判。

采用"先刑后民"的处理方法，无疑对权利人来说是有极大好处的。我们在本案中不难发现，针对原告方的相关举证，如调查被告方当事人的内部关系、产品的技术信息等不为公众所知晓等通常情况下属于权利人取证困难的部分，大多由刑事审判机关调查完成。显然，公权力的调查取证能力要远远强于私权利主体，在这种情况下，这对于本来就具有隐蔽性的知识产权侵权案件来讲，由公权力介入调查无疑是有助于案件事实的查清的。

但同时，本案中仍然有一大部分的证明材料需要原告方自行举证，包括侵权产品的认定环节、赔偿额度的确认和要求承担赔礼道歉责任的依据。这表明了知识产权案件的特殊性：由于知识产权侵权主要发生于一个封闭的相关市场内部，侵权及损害结果也往往具有很强的针对性且不易被公权力所直接发觉，这种隐蔽性直接导致了刑事检察机关的被动性，往往需要原告提出初步的证据证明其受损害的事实和侵权行为发生的事实，以提起自诉。而本案中该证明较为简单，不需要专业的技术鉴定，直接购买侵权方产品就可直接获得侵权的证据。但是在更多的知识产权诉讼中，其技术隐蔽性更强，也就更加需要原告方能够提出有针对性的技术鉴定结论，而这样的过程显然只有在民事诉讼中，通过双方当事人的举证质证，有一个良好的对抗环境，才能更快更好地查清案件事实。同时，由于被侵害方对于侵权行为最为敏感，对于被侵权的事实认知更为全面，这样也就导致原告在民事诉讼中可以提出十分具体的诉讼请求，也更有利于保护权利人的权利，而刑事审判往往仅停留在评价并惩处犯罪行为的层次，不会过多地关注权利人的权利保障；而虽然"先刑后民"的结果是最终也会有民事审判的环节帮助权利人维护权益，但是由于刑事侦查审判复杂烦琐，知识产权侵权又具有在短时间内对被侵权人产生巨大不利影响的特性，使得这样的流程对权利人的权利保障存在了漏洞。在这一点上，"先刑后民"又凸显出了其局限性。

针对知识产权的诉讼，国内学者也提出了"先民后刑"的观点，用民事诉讼能够更全面、更快捷地认识案件事实的优点来帮助刑事案件的审判，同时更好地保护权利人的合法权益，而这种制度实现显然需要一个更加成熟完备的知识产权司法系统。

二十八、具有艺术美感的工业产品的综合保护路径

——深圳市安吉尔电子有限公司与深圳市新世纪饮水科技有限公司系列纠纷案*

【本案看点】

在我国，具有艺术美观的工业产品的外观可以通过外观设计、著作权以及知名商品特有包装装潢这三个路径寻求保护，以不同的路径主张保护有着不同的优缺点，当事人应当综合自身的客观条件，寻找最有利的策略

【相关法律法规】

《最高人民法院关于审理侵犯专利权纠纷案件应用法律若干问题的解释（二）》第2条，《中华人民共和国著作权法》第3条，《中华人民共和国著作权法实施条例》第2条、第4条，《中华人民共和国反不正当竞争法》第5条

【案情介绍】

深圳市新世纪饮水科技有限公司（后名称变更为深圳市安吉尔饮水产业集团有限公司，本案简称新世纪公司）成立于1992年，是国内知名的制造、销售饮水机、供水设备、净水设备等产品的企业。其"ANGEL安吉尔"商标（见图28-1）是饮水设备领域内国内外驰名商标。

＊〔2003〕粤高法民三终字第68～77号。

ANGEL 安吉尔

图 28 - 1　"ANGEL 安吉尔"品牌

深圳市安吉尔电子公司（下称安吉尔电子）同样是位于深圳市的一家主要从事饮水机制造、销售的企业，成立于 1997 年 7 月 7 日。安吉尔电子在成立早期是新世纪公司的合作厂商，负责为新世纪公司组装制造部分饮水机产品；后安吉尔电子开始销售自身"Angel 深安"品牌的饮水机产品。

2003 年，新世纪公司认为安吉尔电子销售饮水机的行为，侵犯了其包括外观设计、著作权、知名商品特有包装装潢等权利，遂向安吉尔电子发起一系列民事诉讼。

安吉尔电子涉嫌生产侵权系列产品而被新世纪公司起诉，安吉尔电子方涉案产品如表 28 - 1 所示。

表 28 - 1　安吉尔电子涉案产品汇总

案号	被控侵权对象	请求权基础
〔2003〕粤高法民三终字第 68 号	"深安" 16LK - SX、16LK - SX（B）款、16L - SX（B）号饮水机	外观设计
〔2003〕粤高法民三终字第 69 号	"深安" 16LD、16LK、16L、36LD、36LK、36TK、36TD 等型号饮水机	知名商品特有包装装潢
〔2003〕粤高法民三终字第 70 号	"深安" LK、LD（立式）和台式饮水机包装、装潢	知名商品特有包装装潢
〔2003〕粤高法民三终字第 71 号	"深安" LK、LD（立式）和 TK、TD（台式）饮水机外包装、装潢	著作权
〔2003〕粤高法民三终字第 72 号	"深安" 16LD 系列饮水机说明书	著作权
〔2003〕粤高法民三终字第 73 号	"深安" 16LK 系列饮水机说明书	著作权
〔2003〕粤高法民三终字第 74 号	"深安" 36LK 系列饮水机说明书	著作权
〔2003〕粤高法民三终字第 75 号	"深安" 36LD 系列饮水机说明书	著作权
〔2003〕粤高法民三终字第 76 号	"深安" 36TK 系列饮水机说明书	著作权
〔2003〕粤高法民三终字第 77 号	"深安" 36TD 系列饮水机说明书	著作权

【案件聚焦】

本次系列纠纷案涉及三类纠纷，分别是外观设计、知名商品特有包装装潢以及著作权。

（一）新世纪公司以外观设计为请求权依据提起的诉讼

涉及外观设计纠纷的案件为第 68 号案。

在第 68 号中，新世纪公司主张权利的外观设计为 ZL00321105.3，名称为"带展示柜的立式饮水机"专利（见图 28 -2），该专利申请日为 2000 年 4 月 4 日，公告日为 2000 年 11 月 29 日。

新世纪公司认为安吉尔电子制造、销售的被控侵权产品的外观包括正面、背面、侧面形状及整体都与其 ZL00321105.3 外观设计基本一致。被控侵权产品与外观设计专利存在的细微差别，不影响两者之间整体视觉效果一致。

而安吉尔电子则认为，新世纪公司的专利不具有新颖性而应当无效，对此举证了 1996 年韩国克鲁巴公司印刷的产品样本以证明。同时，安吉尔电子也向国家知识产权局申请了涉案专利的无效。但在一审期间，国家知识产权局作出了维持

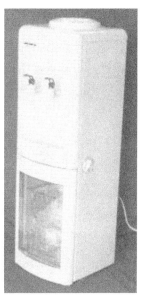

图 28 - 2 "带展示柜的立式饮水机"专利产品

涉案专利有效的决定。安吉尔电子不服该无效宣告请求审查决定，向北京市第一中级人民法院提起行政诉讼。

2003 年 11 月 27 日，北京市第一中级人民法院作出行政判决书，判决撤销国家知识产权局专利复审委员会的《无效宣告请求审查决定书》，判令国家知识产权局专利复审委员会重新作出审查决定。该行政判决经北京市高级人民法院二审后得到维持并生效。2004 年 9 月 8 日，国家知识产权局专利复审委员会最终宣告 ZL00321105.3 外观设计专利专利权全部无效。

（二）新世纪公司以知名商品特有包装装潢为请求权依据提起的诉讼

新世纪公司在第 69 号案及第 70 号案中，以知名商品的特有包装装潢主张权利。

新世纪公司认为其生产销售"安吉尔"牌饮水机系列在 2000 年度及 2001 年度获得多个奖项，市场反应良好，信誉过关，应认定其"安吉尔"牌饮水机系列产品为知名商品。其在 2001 年 11 月初委托深圳市了然美术设计有限公司的专业设计人员设计了"安吉尔"品牌系列产品的外包装、装潢，该设计人员书面确认该产品外包装、装潢著作权归新世纪公司拥有。新世纪公司同时也将该外包装、装潢申请了外观设计专利（见图 28－3）。

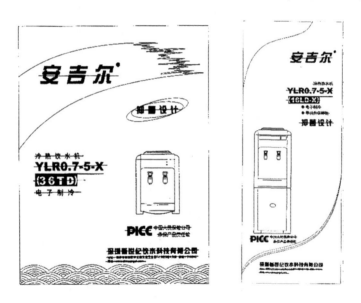

图 28－3 "安吉尔"牌饮水机涉案专利一种实施例的立式空调及其分解结构

新世纪公司提供了鉴定意见，经过安吉尔电子产品包装、装潢与新世纪公司产品包装、装潢对比：新世纪公司产品包装、装潢分立式和台式两类型，而安吉尔电子生产的相关涉案产品与新世纪公司此两种产品的包装装潢大致相同，安吉尔电子指出的细微差别，不影响两者之间整体视觉效果，应认定安吉尔电子产品包装、装潢与新世纪公司产品包装、装潢相同。

然而，安吉尔电子则辩称，首先，新世纪公司的"安吉尔"品牌饮水机不是知名商品，不符合知名商品特有包装装潢的构成要件；其次，新世纪公司主张权利的外包装、装潢申请所对应的 ZL02321638.7 和 ZL02321637.9 的外观设计专利申请日期均为 2002 年 1 月 25 日，公告日分别为 2002 年 8 月 21 日及 2002 年 10 月 30 日。而根据专利法的"先申请后使用"的原则，可以认定新世纪公司在上述申请日之前并没有在相关饮水机产品中采用该外包装、装潢进行销售。同时，安吉尔电子提供了大量充足有力的证据证明其比新世纪公司更早推出启用此外包装、装潢的饮水机系列产品。

（三）新世纪公司以著作权为请求权依据提起的诉讼

在第 71 号案至第 78 号案中，新世纪公司以著作权主张其权利：（1）认为安吉尔电子在其销售的"深安"牌饮水机中配套的产品说明书与新世纪公司在"安吉尔"牌饮水机中配套的产品说明书在文字表述形式、文字与产品设计图、文字与表格的组合及编排和表格编排及产品部件编排顺序号和相应解释均构成相同，而不同之处不足 5%；（2）认为"深安"牌饮水机的包装、装潢也侵犯了其对"安吉尔"牌饮水机外包装盒装潢享有的著作权。

安吉尔电子答辩认为：第一，产品说明书不具有独创性，不属于著作权法保护的客体。功能简单的日常生活用品说明书对产品构造、特点、功能、规格、安装使用、注意事项等的描述，表达方式非常有限，对唯一的表达和有限的几种表达，不能享有著作权；第二，新世纪公司主张权利的说明书是双方合作期间由安吉尔电子制作的，即使这些说明书属于作品，其权利也应当归属于安吉尔电子；第三，新世纪公司所主张的包装、装潢不属于我国著作权法的保护范围，工业商品包装不是艺术作品，不是我国著作权法保护的客体；第四，安吉尔电子的"深安"牌饮水机产品外包装、装潢是由安吉尔电子的职员独立创作、设计的，安吉尔电子同样对其享有权利，即使产品外包装、装潢属于作品，安吉尔电子也对"深安"牌饮水机产品外包装、装潢享有著作权；第五，新世纪公司在另案中还就同样的包装装潢和被诉侵权产品主张了知名商品特有包装、装潢权，这几个案件相互之间存在竞合，新世纪公司只能获得一次赔偿。

【裁判定夺】

（一）针对外观设计纠纷

一审法院认为，新世纪公司的专利权合法有效，应得到法律保护，新世纪公司外观设计专利的产品与安吉尔电子被控侵权产品皆为饮水机，属同一种产品。两者外观形状基本相同，两产品主要部分与整体视觉效果相同，应认定安吉尔电子构成侵权，应承担相应法律责任。安吉尔电子主张新世纪公司的专利属于公知公用技术，但因安吉尔电子不能提供在涉案专利申请日之前其已经公开生产、销售产品的证据，国家知识产权局亦认为安吉尔电子所主张的理由不能成立，决定维持新世纪公司的专利有效，为此法院对安吉尔电子主张其使用的是可自由利用的已有技术范围，对于新世纪公司的专利已丧失新颖性的抗辩，不予采纳。

在二审阶段，因为相关外观设计专利已经被国家知识产权局专利复审委员会宣告无效，二审法院认为被无效的专利权应视为自始即不存在，不受法律保护，故对新世纪公司的诉讼请求应予驳回。

（二）针对知名商品特有的包装、装潢纠纷

一审法院认为，擅自使用知名商品特有的名称、包装、装潢，或者使用与知名商品近似的名称、包装、装潢，造成和他人的知名商品相混淆，使购买者误认为是该知名商品的行为属于我国反不正当竞争法所禁止的行为。新世纪公司的"安吉尔"饮水机系列产品经过10年来的经营，已经是全国市场同类产品销量第一名的产品、中国环保产品质量信得过重点品牌、国家权威质量检测合格产品、中国消费者放心产品信誉品牌、中国消费者公认名牌产品等，应当认定其"安吉尔"饮水机系列产品为知名商品。安吉尔电子锁生产销售"深安"牌饮水机系列产品的外包装与新世纪公司"安吉尔"饮水机系列产品包装、装潢，无论是形状、色彩、不同色彩的搭配，还是图案与文字的布局都相同，应认定安吉尔电子的产品包装、装潢与新世纪公司的产品包装、装潢相同。同时，新世纪公司提供了设计招标书、设计人陈述的设计过程及设计原稿、对产品包装和装潢改版的电子邮件及书面通知、加工纸箱单位证明、销售新包装产品证明等证据，已经形成了完整的证据链，足以证明这些包装装潢的设计完成时间是 2001 年 11 月，生产时间则是 2001 年 12 月。而安吉尔电子没有提供设计方面证据，不能证明其使用的新包装、装潢是其设计，更不能证明其产品包装、装潢使用在新世纪公司使用之前。安吉尔电子未经新世纪公司许可在与新世纪公司相同的产品上使用与新世纪公司知名商品包装、装潢相同的包装、装潢，足以使一般消费者产生混淆，误认为安吉尔电子的产品为新世纪公司的饮水机知名商品。安吉尔电子的上述行为属于不正当竞争行为，构成对新世纪公司知名商品特有产品外包装、装潢侵权。

　　二审法院则认为，要判断是否构成不正当竞争，应审查新世纪公司的"安吉尔"饮水机的包装、装潢是否是特有的。所谓商品特有的包装、装潢是指该包装、装潢非为相关商品所通用，并具有显著的区别性特征，该特征具有市场意义，已在消费者心目中形成了一定的认知，消费者通过产品该外包装、装潢能够直接联想到该品牌商品。新世纪公司的饮水机系列产品的外包装、装潢只是该类商品常见的普通的包装、装潢，不具有显著的独特性。同时，一审法院在认定新世纪公司将新款外包装、装潢推向市场的时间上存在错误，根据国家专利局关于新世纪公司饮水机包装盒外观设计专利授权公告上记载的内容，应当认定新世纪公司的新款外包装、装潢的时间应该在 2002 年 1 月下旬。由于本案双方当事人 2002 年饮水机产品的包装、装潢推向市场的时间接近，都是在 2002 年 1 月，新世纪公司饮水机的外包装、装潢推向市场的时间很短，又没有其他因素促使该包装、装潢在消费者心目中形成独特的记忆，不具有明显的市场意义。因此，新世纪公司的饮水机的外包装、装潢不构成知名商品特有包装、装潢，一审对此认定事实错误，适用法律错误，应当予以纠正。

（三）针对产品说明书的著作权纠纷

一审法院认定，汇编作品是将两个以上的作品、作品的片段或不构成作品的数据或者其他材料进行选择、汇集、编排而产生的新作品。新世纪公司请求保护的"安吉尔"产品说明书，包含文字、图形、表格及文字与图形组合、文字与图形或者表格之间的编排，文字部分是新世纪公司创作完成的文字作品，图形及文字与图形的组合为新世纪公司的产品设计图作品，新世纪公司将其文字部分和产品设计图及表格有机地汇集、编排在一起形成产品说明书作品，具有独创性，属于汇编作品，应认定新世纪公司拥有本案请求保护的说明书汇编作品著作权。安吉尔电子主张说明书属于有限表达，但未提供足够证据证明，人民法院对安吉尔公司的主张不予采纳。安吉尔电子在其"深安"牌36LK系列饮水机产品使用的说明书，无论是文字的内容、产品设计图，还是文字与图形组合、文字和图形及表格的编排均与新世纪公司产品说明书相同，不同部分只是安吉尔电子根据其产品特点更换了企业名称或者必需的文字内容删除或者添加，且所占比例很小，况且安吉尔电子使用说明书的时间为2001年12月，在新世纪公司公开使用产品说明书之后，应认定安吉尔电子产品说明书剽窃了新世纪公司产品说明书，属于侵犯新世纪公司著作权行为，应当承担相应的侵权责任。二审法院采取了和一审法院一致的观点，维持了一审判决。

（四）针对产品包装装潢的著作权纠纷

一审法院认为，新世纪饮水公司请求保护的饮水机产品包装盒的装潢，包含图案和文字，主要是以线条、色彩和文字组合构成具有审美意义的作品，应受著作权法保护。安吉尔电子在其"Angel深安"牌台式饮水机外包装上使用的包装盒上的装潢与新世纪公司"安吉尔"台式饮水机包装盒上的装潢高度近似，安吉尔电子又无充分的证据证明自己拥有产品包装盒上的装潢的著作权，因此应认定安吉尔电子的产品包装盒上的装潢抄袭新世纪公司产品包装盒上的装潢，构成对其著作权的侵犯。二审法院采取了和一审法院一致的观点，维持了一审判决。

（五）关于重复赔偿的问题

一审法院认为新世纪公司在知名商品特有包装装潢纠纷中及包装装潢的著作权纠纷中，是针对同一事实所提起的重复请求，故一审法院在认定安吉尔电子分别构成侵犯著作权及侵犯知名商品特有包装装潢权之后，仅就其中的知名商品特有包装装潢纠纷作出了赔偿损失的判决，而在包装装潢的著作权纠纷中就未再判决被告承担赔偿损失的责任。

由于二审法院认定安吉尔电子不构成侵犯知名商品特有包装装潢，故二审法院在包装装潢的著作权纠纷中又重新作出了赔偿损失的判决。

最终二审法院判决：（1）安吉尔电子不构成侵犯新世纪公司外观设计专利；（2）安吉尔电子不构成侵犯新世纪公司知名商品特有包装装潢；（3）安吉尔电子构成侵犯新世纪公司著作权，并应当承担赔偿损失的责任。

【代理律师说】

该系列案件是新世纪公司针对安吉尔电子的饮水机产品发起的一系列诉讼。新世纪公司分别以饮水机外观设计、饮水机外包装的知名商品特有包装装潢及饮水机外包装的著作权、说明书的著作权提起诉讼。

在我国现行的知识产权制度下，一件商品可能同时承担了多类知识产权，不同种类的知识产权之间甚至可能会发生重叠保护的竞合问题。常见的如商标权与著作权的竞合、商标权与知名商品特有名称的竞合、外观设计与著作权的竞合等情况。而本案就涉及外观设计、知名商品特有包装装潢以及著作权三者之间的竞合问题。新世纪公司的饮水机包装，既存在外观设计专利，同时也有构成作品及知名商品特有包装装潢的可能性，而这三种知识产权在权利构成要件都不尽相同，以不同的知识产权主张权利有其各自的利弊，下面将逐一评述之。

外观设计专利是我国现行专利制度规定的三种专利类型之一，它的形成来源于国家的授权，因此具有极大的公示公信效力，只要是未经国家知识产权局专利复审委员会宣告无效，该外观设计专利就应当被认定为有效。但是这也带来一个弊端在于，若外观设计专利被国家知识产权局专利复审委宣告无效，则权利人直接就失去了其权利基础，就如同被釜底抽薪，权利人的诉讼请求将被直接驳回。

包装上附有的图案、图形设计如果具备了独创性，则也可以作为美术作品而在著作权法中获得保护。采取著作权保护的路径，优势之处在于著作权的产生不需要登记或是注册，而是自创作完成后就自动产生。同时，我国现行的著作权法对独创性的要求较低，特别是在美术作品中，只要有基本美学意义上的图形设计，且该设计是经过设计人个人的创作而来，则可以被认定为构成美术作品，从而享有著作权法的保护。并且，著作权一旦因作品被创作而产生，就不可能存在被撤销或者无效的情况。因此，相比外观设计专利，以著作权主张权利的优点就在于权利人不需要事先获得专利权，同时权利人不需要担心著作权稳定性的问题。但是，以著作权主张权利的劣势在于，在不存在抄袭的情况下，基于自身的独立创作而完成相似或类似的作品，著作权人则无法制止他人对相似作品的利用。

知名商品特有包装装潢权则是我国反不正当竞争法中所规定的一项权利，根据《反不正当竞争法》第 5 条第 2 款的规定，经营者可以制止他人擅自模仿自己在知名商品上特有的名称、包装、装潢并造成购买者误认的行为。因此，要构成知名商品特有包装、装潢必须同时具备以下三个要件：（1）需要是知名商品；（2）需要是该商品特有的包装、装潢，所谓特有也即同类产品不会采用该包装、装潢；（3）必须会造成购买者的误认。只有同时满足前述三个条件，某一商品的包装装潢才会被认定为是知名商品特有的包装装潢。知名商品特有的包装装潢是我国反不正当竞争法所规定的一种权利，相比外观设计专利及著作权，知名商品特有的包装装潢是从市场公平竞争的角度界定权利，从而以制止搭便车的不正当竞争行为。因此，相比外观设计专利及著作权权利边界的稳定，知名商品特有包装装潢的边界是随着市场的情况变化而变化的，知名商品特有包装装潢的三个要素"知名"、"特有"、"误认可能"都是没有明确边界的概念，必须在个案中具体根据证据的情况进行认定。

　　在实际案件中，权利人需要根据自身的现实情况，选择能最大化保护其合法权益的路径。本案中，新世纪公司在选择以其中的知名商品特有包装装潢以及著作权来保护其在饮水机外包装上的权益。新世纪公司的这一选择，从诉讼策略上来看，可以达到双保险的目的，即只要其中一个诉讼请求得到法院支持，新世纪公司的诉讼目的就已经达到了。

　　但是，从诉讼经济性的角度来看，新世纪公司全面撒网的策略并不一定适合所有的权利人。新世纪公司这一系列诉讼中最终只有涉及著作权的案件得到了法院支持。在新世纪公司以外观设计专利权为请求权基础提起的诉讼中，最终因为外观设计专利被无效而丧失了权利基础，在这种情况下，二审法院驳回新世纪公司的起诉并无不妥。而在知名商品特有的包装装潢的案件中，新世纪公司的饮水机外包装未达到"特有"的标准，因此不符合知名商品特有包装装潢的构成要件。未得到支持的外观专利纠纷及知名商品特有的包装装潢纠纷就造成了诉讼成本的浪费。

　　特别是案件的两审法院都提到了重复诉讼的问题，尽管对于不同权利类型法院可以分别作出侵权或不侵权的认定，但是在存在重复诉讼的情况下，只有其中一个案件可以得到损害赔偿。

　　因此，对于希望全方面展开维权工作的权利人而言，必须根据自身的现实情况，在成本收益分析基础上确定最适合自身的维权策略。

二十九、特殊的行业资质可否成为商标法
不使用撤销制度中的"正当理由"

——广东省万和新电气股份有限公司
商标撤销复审行政纠纷案*

【本案看点】

因为特殊的行为资质的限制而不能使用特定商标的情况下，商标权人仍应当积极向有关主管部门提交从业申请或者有准备从事该业务的计划和行动，否则不能作为三年不使用撤销制度中的"正当理由"

【相关法律法规】

《中华人民共和国商标法（2013）》第49条第2款，《中华人民共和国商标法实施条例（2014）》第67条

【案情介绍】

万和集团有限公司是一家综合性的大型集团公司，其主营业务除了燃气设备和厨卫设备外，同时兼顾资本运营、汽车配件、旅游、地产等领域。

万和集团有限公司于2002年10月22日在第36类银行、金融评估（保险、银行、不动产）、金融贷款等商品上申请注册第3342435号"万和"商

---

* 〔2015〕高行（知）终字第2877号。

标（见图29-1），诉争商标专用自2004年8月21日获得注册公告。该商标后经变更转让，现所有人为广东省万和新电器股份有限公司（下称万和新电气公司）。

万和

图29-1 诉争商标3342435号

2013年，万和证券有限责任公司（下称万和证券公司）针对诉争商标提出撤销申请，理由为诉争商标在3年内未使用。

2013年6月4日，国家工商行政管理总局商标局（下称商标局）就万和证券公司提起的撤销申请作出撤销诉争商标的决定。万和新电气公司不服该决定，于法定期限内向国家工商管理总局商标评审委员会（下称商标评审委员会）提出复审申请，主要理由在于，《中华人民共和国银行业监督管理法》（下称《银行业监督管理法》）第19条规定："未经国务院银行业监督管理机构批准，任何单位或者个人不得设立银行业金融机构或者从事银行业金融机构的业务活动。"其因政策性限制这一客观事由未能实际使用诉争商标，其不使用具有合法理由，且"万和"为万和新电气公司及其关联企业"广东万和集团有限公司"旗下知名品牌及商号，请求对诉争商标维持注册。

2014年11月26日，商标评审委员会作出决定，维持商标局的撤销决定，理由是银行业监督管理法确有上述规定，但万和新电气公司未提交证据证明其曾经向国务院银行业监督管理机构提交从业申请，也没提交其他证据证明曾经有准备从事诉争商标核定服务的计划和行动。因此，万和新电气公司不能证明在复审期间其对诉争商标进行了真实、有效的使用，其对诉争商标的不使用也不能认定具有合法理由。

万和新电气公司不服商标评审委员会的上述决定，向北京知识产权法院提起行政诉讼，请求撤销商标评审委员会的决定。万和证券公司作为第三人被通知参加诉讼。一审法院经审理认为万和新电气公司诉讼请求没有事实和法律依据，判决予以驳回，理由是：银行业监督管理法的上述规定属于对从事银行金融业活动的主体资格设立的行政审批制度，但万和新电气公司没有提交证据证明其曾经向国务院银行业监督管理机构提交从业申请，也没提交其他证据证明其有准备从事诉争商标核定服务的行为。因此，万和新电气公司主张其未使用具有正当理由没有法律依据。

万和新电气公司不服一审判决，向北京市高级人民法院提出上诉，请求撤销原审判决。

【案件聚焦】

本案的争议焦点在于特殊地行业资质可否成为商标法不使用撤销制度中的"正当理由"。

万和新电气公司认为，其之所以未在核准的第36类银行、金融评估等服务下使用"万和"商标，是因为银行业监督管理法规定的政策性限制而无法从事该项服务，故其有不使用的正当理由，诉争商标不因被撤销。

而商评委及一审法院则认为，根据银行业监督管理法的相关规定，设立银行业金融机构或者从事银行业金融机构的业务活动需要由国务院银行业监督管理机构批准。而万和新电气公司未提交任何证据证明其曾经向国务院银行业监督管理机构提交从业申请，也没提交其他证据证明曾经有准备从事诉争商标核定服务的计划和行动，故不能证明万和新电气公司对诉争商标进行了真实、有效的使用。

【裁判定夺】

北京市高级人民法院审理后认为，万和新电气公司提交的诉争商标档案及变更转让公告仅能证明其商标主体变更等情况，不能证明诉争商标在2007年7月16日至2010年7月15日，在其核定使用服务上存在真实、有效的商业使用。同时，根据银行业监督管理法的相关规定万和新电气公司没有提交证据证明其曾经向国务院银行业监督管理机构提交从业申请，也没提交其他证据证明其有准备从事诉争商标核定服务的行为。故万和新电气公司主张其未使用有正当理由没有法律依据，不予支持。

维持一审判决，驳回万和新电气公司的上诉。

【代理律师说】

《中华人民共和国商标法》第49条第2款规定，注册商标没有正当理由连续三年不使用的，任何单位或者个人可以向商标局申请撤销该注册商标。该条款的规定在学理上被概括为"不使用撤销制度"，司法实践中俗称"撤三"。该制度设立目的和宗旨是促使商标权人实际使用商标，发挥商标的功能，防止商标资源浪费。该制度同时规定了"正当理由"下的例外情形。《中华人民共和国商标法实施条例》第67条也对"正当理由"进行了细化解释："下列情形属于商标法第四十九条规定的正当理由：（一）不可抗力；（二）政府政策性限制；（三）破产清算；（四）其他不可归责于商标注册人的正当理由。"但司法实践中围绕"正当理由"的认定依然会产生认识或主张的分歧。本案便是围绕涉案情形是否成立"政府政策性限制"这一"正当理由"的一例。

对于不可抗力、破产清算，较为容易定性，而政策性限制的问题，则认为其主要是指对某项行业采取准入原则而致使商标权人需要等待审批手续等情形。可以作为注册商标不使用正当理由的政策限制，应当是临时性、偶然性的政策，不被商标权人了解且不受商标权人控制。如果政府机关的政策是一直稳定且持续的，那么不能以政府政策为由主张不使用的正当理由。具体到本案，应该说政府关于设立银行业金融机构或者从事银行业金融机构的业务活动是一项相对稳定的政策，是由银行业监督管理法专门予以规制的。换言之，除非立法发生变动，则从事银行业金融活动的准入条件是相对确定和可预期的。相关主体只需按照要求提供相应的资质和材料报请审核即可。但本案中万和新公司没有提交证据证明其曾经向国务院银行业监督管理机构提交从业申请，也没提交其他证据证明其有过准备从事诉争商标核定服务的行为。所以，商标局、商评委及一审和二审法院一致认定其没有使用注册商标并非受到国家限制性政策的影响是完全正确的。

本案的争议商标事实上并未进入"使用"的阶段，因此不具有实质性争议。事实上，商标"撤三"案件的争议点主要集中在商标是否实质性使用及相关证据的收集和认定方面。在商标"撤三"案件，商标权人常会提供如许可协议、购销合同等证据从证明诉争商标的实际使用，但需要注意，商标"撤三"案件中的"使用"认定标准是否存在真实、实际的使用。因此，单一的许可协议、购销合同等证据，在未形成证据链的情况下，一般难以被认定为具有真实的使用行为。

例如，在鸿信贸易公司与国家工商行政管理总局商标评审委员会一案（北京知识产权法院〔2016〕京73行初5200号行政判决书）中，法院认为，鸿信贸易公司提交的与水之源公司的代销合同及两张订货单、发货单、点菜单，在无其他证据佐证的情况下，不足以证明鸿信贸易公司在指定期间在核定使用的商品上对复审商标进行了真实、有效的商业使用。水之源公司的门面照片未显示复审商标，开具的发票显示为餐费无法证明复审商标的实际使用情况。鸿信贸易公司所提交的证据尚不足以形成完整的证据链条，无法证明复审商标在指定期间在核定商品上进行了真实有效的商业使用。

又如，在天瑞集团铸造有限公司诉国家工商行政管理总局商标评审委员会一案（北京知识产权法院行政判决书〔2015〕京知行初字第2550号）中，法院认为，商标的商业使用包括将商标用于商品、商品包装或者容器以及商品交易书上，或者将商标用于广告宣传、展览以及其他商业活动中。天瑞公司提交商标使用许可合同缺乏被许可方对诉争商标使用的相关材料，不能证明诉争商标的实际使用情况；天瑞公司提交的产品照片复印件，虽标有诉争商标图样的显微外科手术器械包，但未显示形成时间，亦未证据证明该产品进行实际销售，或未显示与天瑞公司的关联，均不能证明诉争商标于指定期间在其核定使用商品上的使用。因此，在案证据不足以证明诉争商标自2010年4月26日至2013年4月25日在"外科仪器和器械、牙科设备"等商品上存在真实、有效、合法的商业使用。

三十、涉外定牌加工行为中的商标使用问题

——美国耐克国际有限公司与西班牙 CIDESPORT 公司等商标侵权纠纷案*

【本案看点】

定牌加工行为是否属于商标法意义上的使用

【相关法律法规】

《中华人民共和国商标法（2001）》第 52 条

【案情介绍】

1979 年 7 月 28 日，美国比阿埃斯公司向中华人民共和国国家商标局申请注册"NIKE"拉丁字母文字商标。1981 年 5 月 15 日，商标局授权公告了该文字商标，注册证号是第 146658 号；核定使用商品是 53 类（商品国际分类是第 25 类）：运动衣；有效期限是 1981 年 5 月 15 日至 1991 年 5 月 14 日。

1984 年 1 月 9 日该商标的商标权人变更为奈古国际有限公司。"奈古"即为"NIKE"的中文翻译，即现在的"耐克"。奈古国际有限公司即为现在的美国耐克国际有限公司（下称耐克公司）。

CIDESPORT 公司是一家西班牙本土的运动服饰销售公司。另一家

---

* 〔2001〕深中法知产初字第 55 号、〔2003〕粤高法立民终字第 107 号。

西班牙公司 FLORABERTRANDMARA 持有一件同样为 NIKE 文字的西班牙商标，该商标的注册类别是第 25 类商品（运动服装）。商标专用权人 FLORABERTRANDMARA 在西班牙向 CIDESPORT 公司提供了商标许可证，许可 CIDESPORT 公司使用西班牙商标 NIKE 在西班牙从事运动服装制作和批发。

浙江省畜产进出口公司（下称畜产进出口公司）及浙江省嘉兴市银兴制衣厂（下称银兴制衣厂）则都是中国大陆境内的民事主体。

2000 年 3 月至 5 月，CIDESPORT 公司委托畜产进出口公司和银兴制衣厂加工制作男滑雪夹克，并贴上 NIKE 的文字标识。委托人 CIDESPORT 公司提供布料、纽扣、印有 NIKE 文字的挂牌纸以及标有 NIKE 标识的衣物包装胶袋等；畜产进出口公司负责原材料的进口和服装成衣的报关出口；银兴制衣厂负责服装的加工制作。后银兴制衣厂加工制作了滑雪夹克 4194 件，服装上缝制的商品标识、悬挂的吊牌和外包装物上均标注由 NIKE 商标标识。在银兴制衣厂将本案服装加工制作完成后，直接交付畜产进出口公司进行报关出口。2000 年 8 月 12 日畜产进出口公司通过深圳海关报关出口，拟经香港转口出口到西班牙，交付给委托人 CIDESPORT 公司。

2000 年 8 月 24 日，深圳海关根据耐克公司的申请，扣留了畜产进出口公司报关出口的 NIKE 商标男滑雪夹克 4194 件。

耐克公司认为 CIDESPORT 公司、畜产进出口公司以及银兴制衣厂的上述相关行为侵犯了其注册商标专用权，因此向法院提起诉讼。

CIDESPORT 公司辩称，首先，在西班牙，原告没有 NIKE 商标的注册商标专用权，NIKE 商标权由 FLORABERTRANDMATA 享有。而本案的服装消费者在西班牙，西班牙人不会对由 FLORABERTRANDMATA 享有商标权并许可答辩人使用的 NIKE 与耐克公司在中国享有商标权的 NIKE 产生误认。其次，CIDESPORT 公司也不存在《商标法》第 52 条所规定的使用行为。商标只有投入市场才能视为使用，本案商品的消费市场是西班牙，在中国没有使用。最后，因为本案商品不在中国市场销售，因此 CIDESPORT 公司的行为没有给原告造成损害，按照侵权行为构成的要件看，其行为也不构成侵权。

【案件聚焦】

本案的争议焦点在于贴牌加工的行为是不是我国商标法意义上的商标使用行为。

在本案中，标有 NIKE 标识的男滑雪夹克是由 CIDESPORT 公司委托并提供部分原料、银兴制衣厂贴牌加工并最终由畜产进出口公司出口至西班牙，在整个过程中相关产品并没有在中国市场流通，而 CIDESPORT 公司又是 NIKE 标识在西班牙的合法商标权人。因此，CIDESPORT 公司认为在既不可能存在实际混淆或者混淆可能性，又对耐克公司没有实际损害的情况下，应当不构成商标侵权。

【裁判定夺】

一审法院审理后认为，原告是在美国注册登记的法人，在中国其是 NIKE 商标注册的专用权人，NIKE 商标在中国一经被核准注册，就在国家商标局核定使用的商品范围内受到保护。无论是中国的当事人，还是外国的当事人，都不得侵害原告的 NIKE 注册商标专用权。CIDESPORT 公司在西班牙对 NIKE 商标拥有合法的专有使用权，但是商标权作为知识产权，具有地域的特性，在中国法院拥有司法权的范围内，原告取得 NIKE 商标的专有使用权，被告在未经原告许可的情况下，就不得以任何方式侵害原告的注册商标专用权。原告的 NIKE 注册商标核定使用的商品是第 53 类（商品国际分类是第 25 类）：运动衣，被告在本案中被控侵权的商品是滑雪夹克，其与原告的 NIKE 注册商标核定使用的商品属于同类商品。在本案中，CIDESPORT 公司未经原告许可，以商业目的在中国境内委托制造并出口标识为 NIKE 商标的滑雪夹克；畜产进出口公司未经原告许可接受 CIDESPORT 公司的委托进口用于加工 NIKE 商标的滑雪夹克材料和商标标识，服装制作完成后，又负责报关出口；银兴制衣厂接受 CIDESPORT 公司的委托，并与畜产进出口公司相配合加工制作 NIKE 商标的滑雪夹克。三被告在本案的侵权行为中主观上有意思上的联络，行为上有明确的分工，共同构成一个完整的行为。应当认定法院经审理判决：他们的行为侵害了原告的 NIKE 注册商标专用权。原告请求法院判令被告停止商标侵权行为，消除侵权结果和赔偿侵权损失主张，理由正当，法院予以支持。

但是考虑到本案被控侵权商品已经被海关查扣，客观上尚未给商标权人造成实际上的商誉损害，原告请求被告赔礼道歉一项，法院不予支持。

（1）被告 CIDESPORT 公司、畜产进出口公司和浙江省嘉兴市银兴制衣厂立即停止侵害原告美国耐克国际有限公司 NIKE 商标权的行为，销毁侵权标识或者侵权物；（2）被告西班牙 CIDESPORT 公司向原告耐克公司赔偿侵权损失人民币 20 万元；畜产进出口公司和银兴制衣厂于本判决生效后 10 日内向原告耐克公司分别各自赔偿侵权损失 4 万元和 6 万元；被告 CIDESPORT 公司对畜产进出口公司和银兴制衣厂的本案赔偿责任承担连带责任。

【代理律师说】

本案主要涉及涉外定牌加工案件中的商标使用问题。贴牌加工，也即 OEM（Original Equipment Manufacturer，原始设备生产商），又被称为定牌加工、定牌制造、代工制造等，是指委托方提供委托其他企业进行加工生产，并向这些生产企业提供产品的设计参数和技术设备支持，来满足对产品质量、规格和型号等方面的要求，同时生产出的产品贴上委托方的商标出售的一种生产经营模式。

在改革开放初期的中国，大部分企业的自主创新能力以及品牌能力都极为薄弱，而通过与外资企业展开定牌加工的合作，有助于我国企业吸收外资、提高生产制造能力、学习外资企业的技术、管理等。因此，定牌加工的生产经营模式对于我国企业的早期发展而言是十分重要的一种生产经营模式。

本案就是定牌加工模式下的一起典型的商标纠纷。

本案的实质在于当最终制造的商品完全不在国内流通时，我国商标法是否应当禁止该种行为。对于这一问题，从我国客观的经济发展水平及产业结构考虑，并非可以简单回答的问题。

本案发生的时间较早，是在早期涉外定牌加工认定的一起经典判决。本案中，人民法院认定定牌加工行为属于商标侵权行为的理论依据有二：一是出于遵守商标的地域性；二是由于商标的"准物权"性质使得其侵权构成要件不同于一般的民事侵权。

在本案判决中，法院就认为尽管 CIDESPORT 公司认为其使用的商标不会导致消费者对商品来源的误认，因为该批商品的目的地是西班牙，消费者也在西班牙；而案件发生时，FLORABERTRANDMATA 是 NIKE 商标在西班牙的合法注册人，当地消费者不会认为是原告所生产。但根据商标权的地域性，尽管 CIDESPORT 公司经西班牙 NIKE 注册商标权人 FLORABERTRANDMATA 的许可，在西班牙对 NIKE 拥有合法的专有使用权，但不能依此推断在中国境内也拥有同样的权利，其商标权的效力仅限于西班牙管辖范围，所以 CIDESPORT 公司不能在中国境内依西班牙的商标专用权进行加工生产带 NIKE 标识的商品。而原告在中国依中国商标法取得 NIKE 的商标专用权，按照中国的法律应受到保护。

本案中 CIDESPORT 公司针对"是否构成侵权"的问题提出抗辩，被告认为：（1）被告不存在侵权的主观故意；（2）本案商品不在中国市场销售，消费市场在西班牙，因此不会对中国 NIKE 的商标所有人在中国大陆的市场销售产生影响，不会对原告造成损害。

然而，法院则认为，我国一般的民事侵权行为构成要件为四点：（1）行为人的过错；（2）侵权行为的发生；（3）损害事实的存在；（4）侵权行为和损害事实的因果关系。商标侵权应适用无过错原则，其构成要件不同于一般的民事侵权行为构成要件，不以侵权人的过错和损害事实的实际发生为要件。商标权具有准物权性质，应把商标权作为对世权而不是一般的债权加以保护，要以比一般侵权更简单的构成要件来判断商标侵权，才更有利于制裁侵权，保护权利人的合法利益。根据我国商标法，每个的民事主体应对商标权负有普遍性的不作为义务，若违反这种不作为义务，即违反法律规定未经权利人许可一旦实施了侵犯商标权的行为就构成侵权，而行为人的主观过错以及是否造成了实际的损害后果只是作为考虑责任大小的情节。综合上述因素考虑，法院最终认定本案的被告构成侵权。

近几年，有关涉外定牌加工行为的定性问题，一直在学术界和实务界引起多方讨论。从总体趋势来看，更多的意见是倾向于认为涉外定牌加工行为不属于商标法意义上的使用，不对商标权人造成实际损害。2009 年 4 月 21 日《最高人民法院关于当前经济形势下知识产权审判服务大局若干问题的意见》中指出需要"妥善处理当前外贸定牌加工中多发的商标侵权纠纷，对于构成商标侵权的情形，应当结合加工方是否尽到必要的审查注意义务，合理确定侵权责任的承担"。根据最高人民法院的这一态度，认定涉外定牌加工是否构成侵权的一个重要考虑因素是"加工方是否尽到必要的审查注意义务"。

在〔2014〕民提字第 38 号浦江亚环锁业有限公司与莱斯防盗产品国际有限公司侵害商标权纠纷中，最高人民法院指出："亚环公司受储伯公司委托，按照其要求生产挂锁，在挂锁上使用'PRETUL'相关标识并全部出口至墨西哥，该批挂锁并不在中国市场上销售，也就是该标识不会在我国领域内发挥商标的识别功能，不具有使我国的相关公众将贴附该标志的商品与莱斯公司生产的商品的来源产生混淆和误认的可能性。"

在最近的〔2016〕民再 339 号江苏常佳金峰动力机械有限公司、上海柴油机股份有限公司侵害商标权纠纷再审判决中，最高人民法院再一次指出："一般来讲，不用于识别或区分来源的商标使用行为，不会对商品或服务的来源产生误导或引发混淆，以致影响商标发挥指示商品或服务来源的功能，不构成商标法意义上的侵权行为……考虑到定牌加工是一种常见的、合法的国际贸易形式，除非有相反证据显示常佳公司接受委托未尽合理注意义务，其受托加工行为对上柴公司的商标权造成了实质性的损害，一般情况下不应认定其上述行为侵害了上柴公司的商标权。"

因此，我们可以从中总结，从最高人民法院的态度来看，涉外定牌加工在大部分情况下并不对商标权人带来实质性损害，因此不构成侵权。不过，实际上贴牌加工的问题远比其表面上要复杂得多，其涉及产业政策导向、国内外多方利益的平衡，当存在加工方明显存在恶意，并且对商标权人造成了实际性的损害，那么应当可以在个案中认定定牌加工行为构成侵权。

后　记

我从事知识产权法律事务，迄今已经有 30 年了——自 1987 年大学毕业，我便进入国家知识产权局从事专利审查工作。此后我被调入深圳市专利服务中心，继续从事专利代理服务。至 1995 年，我从机关辞职，从此开始从事专职律师工作至今。

在这 30 年的从业历程中，我深刻地感受到我国知识产权制度的蓬勃发展。1985 年我国制定第一部专利法时，人们还在担心专利制度是否会在我国水土不服，而到了 2011 年我国受理的专利申请量跃居世界第一。1993 年北京法院系统率先建立专门的知识产权审判庭，1994 年一年的收案量为 200 余件，而到了 2017 年，北京地区三级法院一年受理的一审知识产权案件则达到了近 26 万件。上述对比，无疑让人感叹我国知识产权发展的盎然生机和累累硕果。

2017 年，党的十九大报告强调了"倡导创新文化，加强知识产权创造、保护、运营"，这对于我国知识产权制度建设而言，无疑是一个新篇章的起点。同时，2017 年对于我个人而言，也是具有纪念意义的一年。在我从业的 30 年中，我有幸成为中国知识产权制度发展的见证者，也有幸成为中国知识产权制度建设的参与者。从正式作为专职律师执业至今，我前前后后代理了不下 500 件知识产权案件，其中绝大部分案件涉及专利纠纷。这些案件，是我个人执业经历的心得体会，也反映了我国知识产权制度建设的轨迹和脉络。

我从中挑选了 30 个案件，解析、点评、编排成册，形成本书，希望能以我个人的经历为知识产权法律实务提供一些微小的研究素材。因为个人能力及时间问题，本书不免会存在纰漏或不妥之处，对此欢迎各位读者予以批评和指正。

　　最后，希望借由本书以自勉，鼓舞自己，愿为我国的知识产权建设贡献下一个十年。